金子租税法学の
回顧と継承
―金子宏先生追悼論文集―

Retrospect and Prospect of Professor Kaneko's Tax Law Scholarship

日税研論集
Journal of Japan Tax Research Institute

VOL 86

まえがき

　金子宏先生は，2022年8月に逝去された。金子先生は，日本税務研究センターの設立当初から指導的立場にあられ，日税研論集第1号（1986年）以来，多くの共同研究を主催されてきた。

　本論集では，金子先生を追悼するための論集として，金子先生が築かれた租税法学の足跡を改めて振り返り，その学問的意義を未来に継承することを目指した。そのために，金子先生の論文の1つないし複数を対象として，①その（論文執筆当時の）同時代的意義を明らかにしつつ，②同じテーマについてのその後の理論的展開ないし現在の理論水準の観点から，論評対象の金子論文（群）の意義（と限界）を論じ，③租税法学の今後においてどのようにその論文（群）を位置づけ継承していくべきか，といったことを意識して論じることとした。もちろん，金子先生の業績に対する敬意に立脚した学問的批判を妨げず，むしろこれを推奨するものであることは，いうまでもない。

　共同研究会は，中里実を部会長として，2023年夏から2024年春までの間に，以下の日程で開催した。各担当者がドラフトを持ち寄り，全員で議論を行う，というスタイルである。毎回の研究会は和気あいあいとした雰囲気で進められ，席上，金子先生のなつかしい想い出が語られることも多かった。研究会には随時，瀬上富雄専務理事が出席された。

2023年7月21日　中里実「金子宏先生の学問業績の概要」

2023年8月10日　渕圭吾「行政機関による情報の取得と憲法32条の『裁

判を受ける権利』―情報化とグローバル化による変容の行方」，増井良啓「横浜国立大学時代の金子宏先生―国際課税を中心として」

2023 年 10 月 6 日　神山弘行「国際連帯税の意義と課題：租税法と空間」，佐藤英明「離婚時の財産分与をめぐる夫婦の課税関係」

2023 年 11 月 21 日　吉村政穂「法人税法における権利確定主義」，浅妻章如「tax mix 賛否の分かれ目」

2023 年 12 月 22 日　渋谷雅弘「財産評価に関する金子説とその展開」

2024 年 1 月 9 日　藤谷武史「金子租税法学における信義則」

2024 年 2 月 27 日　長戸貴之「課税ベースの算出方法と申告のために必要な情報」，藤岡祐治「金子宏『経済政策手段としての租税法―景気調整税制とその憲法上の限界―』(1974) の広がりとその可能性」

2024 年 3 月 19 日　藤原健太郎「金子宏の Arm's Length 研究について振り返る」

　このような共同研究会での議論を踏まえ，各執筆者の責任において研究をとりまとめ，編集作業を経て一冊にしたのが，本論集である。事情により研究会では報告の機会がなかったものの，当初からの計画に基いて寄稿された論文も収録している。なお，2024 年 8 月 1 日に「金子宏先生を語る」と題する座談会を催し，税研 238 号 1 頁に掲載していただいた。この座談会は，本論集の発刊を前に，金子先生の想い出などを語り合おうという趣旨のものである。

　私どもからの心からの追悼の気持ちを込めて，本論集を世に送る。この間，多数にわたる構成員間の調整を行い，円滑な研究会運営と本論集出版を可能にした事務局をはじめとして，お世話になった関係各位に対し，この場を借りてあつくお礼を申し上げる。

2025 年 2 月
執筆者一同

目　　次

まえがき

金子宏先生の学問業績の概要………………………………中里　実・1

はじめに……………………………………………………………………1
第一部　金子先生の租税法研究………………………………………2
はじめに　租税法の歴史と金子先生の租税法…………………………2
　　　1　戦前の租税法……………………………………………………2
　　　2　シャウプ勧告……………………………………………………3
　　　3　新しい租税法の誕生……………………………………………4
　一　金子先生の研究活動…………………………………………………5
　　　1　理論的側面………………………………………………………6
　　　2　政策的側面………………………………………………………7
　　　3　金子租税法の学問的な位置づけについて…………………8
　二　教育活動………………………………………………………………10
　三　学会活動………………………………………………………………11
　四　ハーバード大学との交流…………………………………………11
　五　国際的研究・教育活動………………………………………………12
　まとめ……………………………………………………………………13
　　　1　日本における租税法の発展と金子先生……………………13
　　　2　金子理論からその先へ………………………………………14
　第二部　金子先生の著作………………………………………………20

一 書評・金子宏『所得課税の基礎理論』全三巻，
(1995〜1996，有斐閣)……………………………………………20
　　1　金子宏著「所得概念の研究」…………………………20
　　2　金子宏著「課税単位及び譲渡所得の研究」……………21
　　3　金子宏著「所得課税の法と政策」………………………24
　　4　まとめ………………………………………………………27
二　その他の主要著書…………………………………………………28
　　1　『租税法〔第 24 版〕』………………………………………28
　　2　『租税法理論の形成と解明』全二巻………………………28
　　3　『所得税・法人税の理論と課題』…………………………29

離婚時の財産分与をめぐる夫婦の課税関係

………………………………………………… 佐藤　英明・31

　Ⅰ　はじめに………………………………………………………31
　　1　本稿の目的…………………………………………………31
　　2　離婚時の財産分与の課税関係に関する金子説の確認……32
　Ⅱ　金子説の検討と評価…………………………………………34
　　1　金子説の検討………………………………………………34
　　2　金子説の評価………………………………………………39
　Ⅲ　財産分与時のキャピタルゲイン課税………………………41
　　1　昭和 50 年最判の再検討……………………………………41
　　2　財産分与時の課税繰延について…………………………45
　Ⅳ　財産分与時の分与請求権者課税……………………………50
　　1　課税実務とこれまでの学説………………………………50
　　2　財産分与請求権法定債権説に立ったアプローチ………52
　Ⅴ　結びに代えて…………………………………………………55

横浜国立大学時代の金子宏先生—国際課税を中心として
………………………………………………………………増井　良啓・57

Ⅰ　はじめに………………………………………………………………57
Ⅱ　この時期の金子先生の公刊論文……………………………………58
　　1　国際課税を研究の柱とする……………………………………58
　　2　国際課税に関する3論文………………………………………59
Ⅲ　この時期の金子先生の国際学術交流………………………………62
　　1　米国と欧州………………………………………………………62
　　2　ハーバード………………………………………………………63
　　3　国際租税協会……………………………………………………67
Ⅳ　税制調和化という金子先生の夢……………………………………72
　　1　「一つの世界，一つのマーケット」…………………………72
　　2　金子（1992）の税制調和論を内在的に理解する……………74
　　3　金子（1992）に対する増井の応答……………………………75
　　4　今後に向けて……………………………………………………77

財産評価に関する金子説とその展開……………渋谷　雅弘・79

Ⅰ　財産評価に関する金子先生のお考え………………………………79
　（1）概観………………………………………………………………79
　（2）法令と課税実務のギャップ……………………………………80
Ⅱ　行政先例法……………………………………………………………83
　（1）行政法学における行政先例法…………………………………83
　（2）租税法独自の問題………………………………………………83
Ⅲ　平等原則………………………………………………………………85
　（1）評価水準の平等…………………………………………………85

（2）評価方法の平等……………………………………………88

Ⅳ　結び…………………………………………………………91

tax mix：一元的担税力と多元的担税力………浅妻　章如・93

Ⅰ　序………………………………………………………………93

　Ⅰ-1.　問題意識………………………………………………93

　Ⅰ-2.　本稿の構成……………………………………………95

Ⅱ　議論の前提……………………………………………………96

　Ⅱ-1.　公平，中立，簡素から効率性と分配的正義へ…………96

　Ⅱ-2.　帰結主義………………………………………………97

Ⅲ　double distortion theory をめぐる概ねの共通了解………………98

　Ⅲ-1.　double distortion theory の概説……………………………98

　Ⅲ-2.　包括的所得概念に基づく所得課税だけでも tax mix であ

　　　　　る………………………………………………………100

　Ⅲ-3.　社会保障の賦課ベース…………………………………101

　Ⅲ-4.　賃金課税（又は消費課税）以外の税は効率性追求ならば

　　　　　double taxation theory に反しない…………………………102

　Ⅲ-5.　再分配目的ではなく効率性追求目的の複数税率………102

　Ⅲ-6.　価格差別………………………………………………103

Ⅳ　double distortion theory をめぐり共通了解が形成されていなさ

　そうな部分………………………………………………………104

　Ⅳ-1.　消費概念の曖昧さ……………………………………104

　Ⅳ-2.　課税単位：個人単位主義 vs. 消費単位主義（夫婦，世

　　　　　帯）…………………………………………………………106

　Ⅳ-3.　時：稼得時 vs. 消費時そして生涯 vs. 年（又は随時）‥107

　Ⅳ-4.　越境：源泉と居住，そして移住………………………109

　Ⅳ-5.　double distortion theory の弱点は tax mix を導くか…110

V　担税力の一元的な把握と多元的な把握……………111
　　V-1.　担税力試論……………111
　　V-2.　金子宏の tax mix 賛成論の両義性……………113
　　V-3.　一元的担税力観の tax mix……………113
　　V-4.　多元的担税力観の tax mix……………114
　　V-5.　まとめ……………116

行政機関による情報の取得をめぐる法的理解の変遷
「行政調査」概念を手がかりとして……………渕　圭吾・117

Ⅰ　はじめに……………117
　（1）本稿の意義……………117
　（2）なぜ国家は所得税・法人税に関して人々の経済活動に関する情報を集める必要があるのか……………118
Ⅱ　国家による租税情報収集の手段にはどのようなものがあり，また，その法的位置づけはどのように変わってきたのか……124
　（1）弱い情報収集権限及び限られた実効性確保手段………124
　（2）情報収集の法的位置づけの変遷……………126
Ⅲ　私人の支配する領域への物理的な侵入：「即時強制」…………126
　（1）「即時強制」の一例としての質問検査権の行使？………126
　（2）最大判昭和47年11月22日刑集26巻9号554頁（川崎民商事件）……………129
　（3）最三小決昭和48年7月10日刑集27巻7号1205頁（荒川民商事件）……………134
　（4）行政調査の適法性の争い方……………134
Ⅳ　行政目的実現の手段としての物理的な侵入から情報への着目へ：「行政調査」概念を通じた変容……………135
　（1）包括的概念としての「行政調査」の登場……………135

（2）情報の取得に関する手続保障：佐藤幸治の見解 ………139

（3）判例の展開：情報それ自体に着目する理解へ ……………143

（4）受忍義務から情報提供義務へ：所得課税の文脈で ……145

（5）まとめ ………………………………………………………148

Ⅴ　補論 ……………………………………………………………………149

（1）本稿を構成要素とする研究の全体像について …………149

（2）行政調査には行政処分が介在するのか ……………………151

金子租税法学における信義則 ………………藤谷　武史・157

Ⅰ　本稿の問題意識 ………………………………………………………157

Ⅱ　金子租税法学と信義則 ……………………………………………160

（1）信義則に関する金子説 …………………………………………160

（2）信義則肯定説を支える論拠—金子説における租税法律主
義の機能主義的理解 ………………………………………………164

（3）先行学説・同時期の学説 ……………………………………165

（4）金子説における信義則の読み直し …………………………169

Ⅲ　信義則の機能主義的再定位—金子説を手がかりとして ………176

（1）金子説を再訪する意味 …………………………………………176

（2）補助線—米国租税法の金子説への影響 ……………………177

（3）課税庁のコミットメント手段—「合意」の機能的等価物
としての信義則 ……………………………………………………179

（4）機能主義的に再構成された信義則の射程 ………………188

Ⅳ　結語 ……………………………………………………………………190

権利確定主義はどこへ──法人税法 22 条の 2 創設は
何を変えたのか？……………………………………吉村　政穂・191

Ⅰ　問題の所在…………………………………………………………191
Ⅱ　法人税法 22 条の 2 創設までの議論 …………………………193
　　1　客観的なリーガルテスト（権利確定主義）と
　　　現実の企業経理という対比…………………………………193
　　2　法的分析の洗練化に向けて………………………………194
　　3　裁判所の動向…………………………………………………196
　　4　小括……………………………………………………………197
Ⅲ　収益認識基準と平成 30 年度税制改正………………………198
　　1　収益認識基準の開発…………………………………………198
　　2　法人税法 22 条の 2 創設 …………………………………199
　　3　小括……………………………………………………………202
Ⅳ　結語──権利確定主義の今後の位置付け……………………202

国際人道税・国際連帯税の構想：地球規模課題と租税法
学の空間的拡張………………………………………神山　弘行・205

Ⅰ　はじめに…………………………………………………………205
　　1　本稿の回顧対象とその意義…………………………………205
　　2　議論の背景：地球規模課題への対応と財源………………207
　　3　本稿の構成と用語法…………………………………………208
Ⅱ　国際人道税の構想：金子構想の理解…………………………208
　　1　Kaneko（1998）の構想……………………………………208
　　2　国際人道税の特徴……………………………………………209
　　3　国際人道税と国際連帯税の比較……………………………211

Ⅲ　国際連帯税の諸構想とその展開 …………………………………211

　　1　国際連帯税構想 …………………………………………………211

　　2　日本における議論状況 …………………………………………215

Ⅳ　考察 ……………………………………………………………………220

　　1　国際連帯税（国際航空券税）の正当化と課題 ………………220

　　2　普通税と目的税の相克 …………………………………………224

　　3　IFFIm と法的課題 ………………………………………………228

Ⅴ　結語 ……………………………………………………………………234

累進的消費課税の執行とプライバシー──中央銀行デジタル通貨（CBDC）に関する議論の参照………長戸　貴之・237

Ⅰ　はじめに ………………………………………………………………237

Ⅱ　包括的所得概念に基づく所得税の実装 ……………………………238

　　1　包括的所得概念の支持 …………………………………………238

　　2　包括的所得税実装のための提案 ………………………………240

Ⅲ　直接消費税とその執行のために必要な情報 ………………………246

　　1　過去の直接消費税に関する提案 ………………………………246

　　2　Viswanathan による個人勘定累進的消費課税（IAPCT）の提案 ……………………………………………………………247

　　3　IAPCT におけるプライバシー権侵害のおそれ …………248

Ⅳ　おわりに ………………………………………………………………259

景気安定化の手段としての租税制度の可能性とその限界
………………………………………………………………藤岡　祐治・261

Ⅰ　本稿の検討対象及び目的 ……………………………………………261

Ⅱ　金子（1974）の内容 …………………………………………………262

	1 金子（1974）の時代背景	262
	2 金子（1974）の紹介	263
Ⅲ	金子（1974）の位置付け	269
	1 研究手法	269
	2 憲法上の制約に関する再検討	269
Ⅳ	租税法を景気安定化の手段として用いることの可能性と課題	
		273
	1 各種の景気安定化政策	273
	2 各景気安定化政策の性質	275
	3 景気安定化政策としての租税法	280

「租税情報開示禁止原則」について ……………田中　啓之・285

Ⅰ	はじめに	285
Ⅱ	「租税情報開示禁止原則」の意義	287
	1 法的根拠	287
	2 「租税情報」の意義	288
	3 「開示」の意義——具体的な類型と例外	289
	4 小括	293
Ⅲ	「租税情報開示禁止原則」の背景	296
	1 個人情報保護法	296
	2 情報公開法	299
	3 個人番号法	300
Ⅳ	「租税情報開示禁止原則」の現在	301
	1 立法の現在	301
	2 解釈の現在	308
Ⅴ	おわりに	319

金子租税法学の回顧と継承

金子宏先生の学問業績の概要

東京大学名誉教授 中里 実

は じ め に

　一人の研究者が，70 年近くもの間継続してきた多岐にわたる研究の成果を，簡潔にまとめることは困難なことである。しかし，学問が歴史的な連続の中での真理探究活動の継承・発展であるとすれば，一つの学問分野を打ち立てた研究者の業績について正確な位置づけを行い，これを後に伝えることは，現在の世代の者，とりわけ直接に教えを受けた者にとっての必須の作業ということになろう。この紹介は，このような視点から，金子宏先生の業績のうち，純粋に学問研究の分野のものに限って，分類・整理しようとするものである[1]。なお，本稿においては，私達がいつもそうしていたように，「金子先生」とお呼びすることにする。

　以下の第一部においては，金子先生の活動を，一から五の大きく五つの分野に分け，それに，「はじめに」と「まとめ」を加えて，次の順序で叙述した。ことがらの性質上，一の研究活動の箇所が，最も分量が多くなって

---

[1]　なお，本稿は，これまでに私が金子先生について書きためてきた未公開の文章，および，すでに公表された文章（これについては，個別に発表場所を引用してある）を整理してまとめたものである点をご理解いただきたい。

いる。また，第二部においては，金子先生の著作を代表する『所得課税の基礎理論上巻・中巻・下巻』の分析と，その他の単著についてのごく簡単な紹介を行う。

第一部　金子先生の租税法研究
　はじめに　租税法の歴史と金子先生の租税法
　一　金子先生の研究活動
　　　　理論的側面
　　　　政策的側面
　二　教育活動
　三　学会活動
　四　ハーバード大学との交流
　五　国際的研究・教育活動
　まとめ

第二部　金子先生の著作
　一　書評・金子宏「所得課税の基礎理論」全三巻（1995～1996，有斐閣）
　二　その他の主要著書

第一部　金子先生の租税法研究

はじめに　租税法の歴史と金子先生の租税法[2]

1　戦前の租税法

　明治期において近代的な租税制度が導入されて以来，日本は，ヨーロッパ諸国の租税制度の影響を強く受けて自らの租税制度を発展させてきた。例えば，明治20年（1887年）勅令5号により導入された所得税は，構造に

おいて分類所得税（schedular taxes）とは異なるものとはいえ，基本的には
イギリスの制度にならったものであった。また，1940（昭和15）年の税制
改革は，所得税を各種の分類所得税と，その合計額に対して課される累進
税の二本立てとするもので，フランスにおいて20世紀の初頭に導入され
たSystème Caillauxと呼ばれる制度と類似するものであった[3]。さらに，
戦前の租税法研究の中の最高のものとされる杉村章三郎『租税法』（昭和
15年）は，ドイツのAlbert Henselの租税法理論の影響を強く受けたもの
であった。

2　シャウプ勧告

　このようなヨーロッパの制度や理論に強い影響を受けるという状況に変
化がもたらされたのは，第二次世界大戦後のことである。すなわち，その
時期以降，日本の租税理論・租税制度は，アメリカの租税理論・租税制度
の強い影響の下におかれることになった。その重要な契機となったのは，
1949年のシャウプ勧告[4]である。アメリカの租税理論を代表する経済学
者・法学者等からなる使節団の手になる水準の高い報告書は，日本の租税
制度に根本的な変革を迫るだけでなく，それ以後の日本の租税制度・租税
理論の発展に影響を与え続けてきた。

---

(2)　この部分は，マーク・ラムザイヤー＝中里実「戦後日本における租税法の成立と
　　発展—金子租税法学を中心に」金子宏編『租税法の発展』55頁（有斐閣，2010
　　年）より抜粋。
(3)　フランスの20世紀初頭の大蔵大臣，Joseph Caillauxは，1907年に，比例税率に
　　より課される分類所得税（所得類型により税率が異なる）と，累進税率による一
　　般所得税の二本立てからなる税制改革案を作成した。そして，この案に基本的に
　　そった改革が，1914年3月29日法律，1914年7月15日法律，および，1917年
　　7月31日法律により行われた。ここに成立した一般所得税と7つの分類所得税
　　からなる所得税制度を，Système Caillauxと呼ぶ。
(4)　Report on Japanese Taxation by the Shoup Mission, vol. 1-4 (1949).　なお，cf.
　　Minoru Nakazato, The Impact of the Shoup Report on Japanese Economic
　　Development, in Lorraine Eden ed., Retprospectives on Public Finance, pp. 51-
　　66, 1991.

のみならず，シャウプ勧告は，日本の租税法の研究・教育にも多大な影響を与えた。すなわち，東京大学と京都大学の法学部に租税法の講座が開設されたのは，1949年の第一次シャウプ勧告および1950年の第二次シャウプ勧告[5]により，法学部に租税法の講座を設けることが勧告されたからであった[6]。

3 新しい租税法の誕生

日本の経済学・財政学の理論において，シャウプ勧告の受容は比較的すばやく行われたのに対して，日本の租税法研究においてシャウプ勧告とアメリカ租税法の影響が直接的なかたちで見られるようになるのは，金子先生の登場以降のことであるといってよかろう。

金子先生は，伝統的な法律学の基盤の上に立ちながら，シャウプ勧告とその背後に存在する経済学・財政学の理論を受け止めて，それを法理論の中に反映させるという道を選んだ。それは，租税法理論の変革にとどまらず，経済理論を背景にもつ租税理論を法律学の枠組みの中に取り込むとい

---

(5) Second Report on Japanese Taxation by the Shoup Mission, 1950.

(6) 第一次シャウプ勧告 (1949) 〔シャウプ使節団『日本税制報告書』〕は，

"*Courses in Tax Law* --- The Law Departments of the Universities should institute courses in Tax Law as a distinct subject in itself. Attention should be directed toward the substantive and technical provisions of the tax laws and to the specialized aspects of tax administration."

と勧告している〔附録D，E節，第5款b(3)〕。

そして，第二次シャウプ勧告 (1950) 〔シャウプ使節団『第二次日本税制報告書』〕では，University Courses in Taxation において

"The University Law Schools should institute courses in the legal aspects of income taxation, as distinguished from the fiscal policy and public finance aspects. Such courses would do much to interest attorneys in tax matters and to increase informed criticism of the system. It would of course also bring about needed academic research into the legal phases of taxation. Sufficient funds should be provided in the budget to permit such course to be given by the Law Schools.

と第一次シャウプ勧告よりも，租税法講座の開設についてさらに具体的な勧告をしている〔附録書F.3.〕。

う点において，学際的な性格を帯びるものであった。この点こそ，金子先生の法理論の特色として位置づけることができるのではないかと考えられる。

1930年に長野県上田市に生まれた金子先生は，1953年に東京大学法学部を卒業後，助手に採用され，1956年に助教授に昇任した。当初は行政法を担当していたが，しばらくして租税法専攻となり，シャウプ勧告に基づいて1951年に東京大学法学部に開設された租税法講座の最初の専任担当者となった。

金子先生は，1961年8月から2年間，ロックフェラー財団のフェローとしてハーバード・ロー・スクールに滞在した。サリー（Stanley Surrey）がケネディー政権の財務次官補としてワシントンに出ていたために，若いオールドマン（Oliver Oldman）と親しくなった。そこで，金子先生は，包括的所得税の理論について，本格的な法的研究を開始したのである。

一 金子先生の研究活動

金子先生が，日本において租税法という学問分野を作り出した功労者であることは，前述の，ハーバード・ロー・スクールのオリバー・オールドマン先生が，金子宏先生を，"The Professor of Tax Law in Japan" と定冠詞付きで呼んでおられたことからもうかがえる。

日本の租税法学の当時における到達点を示した，『所得課税の基礎理論』全三巻（有斐閣）や，『租税法〔第24版〕』（弘文堂）その他多数の著書や論文において示された研究業績を通じて，金子先生は，日本に租税法という学問を作り出し，それを根づかせた。

以下においては，金子先生の研究上の業績を，理論的側面と政策的側面の二つに分けて，述べる。

1 理論的側面

金子先生の研究上の業績を，その理論的側面に着目して要約すると，ほぼ，次のようになるのではないかと考えられる。

・租税法という学問分野の基礎の創設

第一に，日本においてはそれまであまり研究の行われてこなかった租税法という学問の基礎を作り出した点である。シャウプ勧告において1951（昭和26）年に設立された東京大学租税法講座の初代の専任担当者として，金子先生は，その付託にこたえて職責をまっとうし，困難な作業を完成させた。

・租税法の体系の樹立

第二に，租税法という新しい学問分野を体系化した点である。それまでは行政法の各論の一部として取り扱われてきた租税法を，金子先生は，課税要件を中心に位置づけることによって，独立の法分野として体系化した。課税要件の分野は他のいずれの法分野においても研究の対象とされていない租税法独自の分野であり，この分野に重点をおくことによって租税法を独立の法分野として研究していくという道が開かれた。

・所得概念の研究

第三に，当時において，（租税法と財政学の両者を含めた）課税の分野における基本的な問題であり，租税体系の中心をなす所得税・法人税の根幹である所得の概念の研究に1960年代に取りかかり，これを理論的に完成させたことである。著書『所得概念の研究』（『所得課税の基礎理論』第一巻）に示された「包括的所得概念」の理論によって，当時の日本においては，学問研究のみならず，租税政策の基本的方向性が決定されたといってよかろう。

・租税法基礎理論の開拓

第四に，法律学としての租税法を作り出す過程において，様々な国の伝統的な法律学の方法論を比較検討した上で，租税法の方法論を確立した点である。特に，私法と租税法の関係について詳細な研究を行い，租税法を

取引法の一部として捉えるという視点が示されたことの意味は大きい。私的な経済主体は，私法とともに租税法を念頭において経済取引に関する意思決定を行うのであり，その意味で，租税法は，民法や商法と並ぶ取引法の一部として位置づけることが可能である。

• 公共政策の基礎理論の提示

第五に，法律の解釈のみならず，立法論をも提供できるような政策的な視点を公法の分野に導入した点である。これは，金子先生が，解釈理論の形成に際して，財政学や会計学といった他の学問分野における成果を意識的に参考にしたことの結果であると思われる。公法学が伝統的に政策論に無関心であったのに対して，金子先生は，租税法を素材として公法学における政策論の重要性を説き，その際の経済学等の利用の仕方を示した。

同時に，金子先生は，国家間の利害の錯綜する国際課税の分野を開拓し，みなし外国税額控除制度や移転価格税制を素材として，国際租税法に関する論文を発表することによって，国境を越える租税政策と法制度の関わりについて理論的な分析を加えた。

2　政策的側面

次に，金子先生は，上のような理論的研究を行うのみならず，そのような学問的な成果を現実の世界に応用する道筋をつけ，以下に述べるように，法律学という，実務を離れては成立しえない学問分野における理論的研究の応用可能性を実証した。

• 現実の租税政策への理論の反映

いずれの国においても，現実の税制改革は，経済学の議論と法律学の議論とが渾然一体となって行われるものである。金子租税法は，このような税制改革を対象とする，租税に関する学問の本質を反映して，法律学と経済学の架橋たらんことを意識したもので，法律学を基本としながらも，学際的な性格を有したものとなっている。その結果，その理論は，日本におけるシャウプ勧告以来の現実の租税政策をめぐる議論の支柱をなすものと

位置づけられてきた。特に，その理論は，金子先生が長年メンバーを務めた税制調査会における税制改革論議に基づいて租税政策が現実の法律に組み込まれる過程での正当化根拠を与えるものとして尊重されてきた。

・法律実務に対する理論的指針の提示（理論と実務の融合）

金子租税法学は，実務の指針としても機能するものであり，その学問は，日本における課税庁や裁判所における実務の理論的な支柱となってきた。このことにより，日本の課税実務は，法律学の理念から見て水準の高いものとなっているといえよう。これは，金子先生の学問が，現実的で具体的な問題解決を目指しながら理論構築された結果であり，『租税法〔第24版〕』は，そのような方向の集大成である。

また，金子先生は，長い間，研究者，法務省，国税庁と合同の租税判例研究会を主催（月に2度で，現在960回ほどになっている）し，理論と実務の融合をはかってきた。この研究会により，日本の租税法の研究者と実務家双方の水準が向上したといえよう。

・外国の税制改革への提言

金子先生は，また，シャウプ勧告に関する日本における経験を生かして，途上国の税制改革において日本の果たす役割を念頭において，理論構築を行い，現実に，途上国支援のための各種のプロジェクトに参加してきた。また，その教えを受けた者達が，実際に，中央アジア，中国，モンゴル，ベトナム等における税制改革に参加してきた。

3　金子租税法の学問的な位置づけについて

金子先生の学問の特色は，財政学や経済学における成果を取り入れた「政策指向的（policy-oriented）」なところにある。しかし，金子先生は，ただ，財政学や経済学の成果を租税法に持ち込んだだけではない。第一に，金子先生は，その論文「租税法における所得概念の構成」（『所得課税の基礎理論』第一巻である『所得概念の研究』に所収）において，シャンツ，ヘイグ，サイモンズという流れの中で形成されてきた包括的所得概念を法的に再構

成するのみならず，その内容を理論的に深めた。また，第二に，金子先生は，財政学や経済学における概念を租税法に導入する際の解釈論的構成を慎重に行った。すなわち，所得という概念の解釈において，所得税法の条文の解釈論的な論理的操作により所得の概念の全体像が導けるという立場（それは，条文の論理的操作を重視し，政策論的考慮を排除するものである）に必ずしも拘泥せずに，所得税法以前に「所得」という概念が存在することを認める一方で，解釈論的緻密さを追求し，「所得」という概念を固有概念（租税法に固有の概念）として位置づけることで民法的な元物・果実という区分論から一旦切り離すことにより，財政学・経済学における所得概念を所得税法の解釈に結びつけることを可能にした。

　金子先生の論文「租税法における所得概念の構成」は，法解釈と，政策論・制度論・歴史的研究を統合した視点に立つ総合的研究であった。この論文があったが故に，日本の租税法学は，所得概念に関して，19世紀的な概念論的な議論に陥らずにすんだといえよう。のみならず，この論文を出発点として，金子先生は，租税法学を従来の行政法各論的な地位から脱却させ，租税実体法を中心とする体系を産み出したが，そのことは日本の租税法の進歩に対する大きな貢献であった。

　同時に，租税政策的に見ても，この論文は，シャウプ勧告において示された財政学的な立場を法理論的に正当化することにより，日本の戦後における租税政策の理論的基礎を提供したといえよう。この論文により，日本の戦後における所得課税中心の租税制度の法理論的基礎が打ち立てられたのである。

　また，金子先生の租税実体法重視の立場は，租税政策論重視の法律学ということになろうが，政策論重視の視点が法律学において示されたことは，金子先生の議論が租税法を超えて法律学全体にインパクトを及ぼしうることを意味する。課税要件を中心とする実体法（行政法からいえば「各論」）に光を当てることにより，公法のあり方に関する議論に一石を投じたのが金子理論であるといえるかもしれない。金子先生が租税法において行ったこ

とは，租税以外の公的介入に関する法分野においても可能である。今後，公的介入の各分野において行政行為中心の手続的な見方と同時に，実体法中心の政策論的な見方にも焦点が当てられることにより，行政法「各論」が独立・発展していくことさえ考えられないわけではない。

　また，金子先生の理論は，法律学における政策論的視点の重要性や，そのために経済学を素材として利用することの有用性を示すことにより，法律学研究の新たな視点を開いた。政策論を意識的に避けるという解釈学の伝統の強かった時代において，また，租税法の研究者の関心が実体法的な問題にはなかった時代において，金子先生のような論文を発表することは冒険であったと考えられるが，それ故に，現代の研究者はその恩恵に浴することができるのである。

二　教育活動

　金子先生は，また，「日本の大学の法学部に租税法の講座を設けるべきである」という，シャウプ使節団の第二次日本税制報告書における勧告に基づいて，1951 年に東京大学法学部に設けられた租税法講座の初代専任担当者として教育活動に従事し，「租税法」という学問分野を発展させた。

　金子先生は，シャウプ教授（コロンビア大学）や，サリー教授（ハーバード・ロー・スクール）や，ヴィックリー教授（コロンビア大学・ノーベル経済学賞受賞者）等のそうそうたる顔ぶれからなるシャウプ使節団の掲げた理想を，東京大学法学部の租税法講座専担者として受け継ぎ，発展させ，また，それらの方々と実際に親密な個人的交流関係を築きながら，後継の世代に伝えた。

　大学における講義や官庁における研修等を通じて，金子先生の教えを受けた行政官，裁判官，弁護士，研究者は多く，それらの者が，現在の日本における租税法の理論や実務の第一線を担っている。また，金子先生は，途上国から課税庁の職員を招いて日本の大学院でトレーニングを行うプロ

グラム（ODA の一環で，世界銀行や OECD 等とも連携している）に関与し，講義その他を通じて，海外の税務職員の教育にもあたった。

なお，研究室における直接の教え子には，年齢順に，碓井光明，水野忠恒，中里，佐藤英明，増井良啓，渋谷雅弘がいる。

三　学会活動

金子先生は，1972 年に，（現在，日本の租税法研究の中心的組織となっている）租税法学会を設立し，その理事長を設立以来 20 年間（1972 年から 1992 年まで）の長きにわたって務め，租税法の発展に寄与した。学会を通じて，金子先生は，最先端の課税理論を日本の様々な研究者や実務家に広めた。金子理事長の指導の下に，租税法学会において毎年取り上げられてきたテーマや，そこにおいて行われた議論は，日本における租税法の健全な発展に貢献してきたといえよう。

また，現在活躍中の日本の租税法研究者の多くは，金子先生の指導を直接的・間接的に受けてきた。租税法という新しい学問分野においては，このような一種の啓蒙的活動のもつ意味は想像以上に大きい。

さらに，金子先生は，ハーバード大学のオールドマン先生とともに，世界銀行の研究プロジェクトをリードし，途上国の税制改革のためにアジア諸国の経験をどのように役立てるかという問題に関する報告書 "Taxation and Economic Growth", 1993 を出したが，ここでの経験が，後の，中央アジアや中国やモンゴルやベトナムに対する日本からの税制支援において現実に果たした役割は大きい。

四　ハーバード大学との交流

金子先生は，また，服部高顯元最高裁長官の後を次いで，ハーバード・ロー・スクール日本同窓会の会長として同スクールとの国際交流に尽力し

た。

　60 年近く前にハーバード・ロー・スクールに留学した金子先生は，その後，数度にわたって同スクールに研究のために滞在し，日本の法学界とハーバード大学との友好関係の維持・発展に多大の貢献をした。多くの留学生（官庁や大学からの者，弁護士，企業からの者）が，金子先生の助言を受けて，同ロー・スクールに留学した。

　また，金子先生の東京大学法学部における直接の教え子であるマーク・ラムザイヤー教授は，現在，ハーバード・ロー・スクールの日本法担当教授として，研究および教育活動を通じて，日本とアメリカの間の友好関係の確立に尽力している。

五　国際的研究・教育活動

　さらに，金子先生は，国際租税協会（International Fiscal Association, 本部ロッテルダム）の日本支部長および，本部パーマネント・サイエンティフィック・コミティーのメンバーとして学問の国際的発展に貢献してきた。国際租税協会は，全世界を網羅する，租税法に関する世界最大の，かつ最も権威ある研究学会であるが，金子先生は，その日本地域の代表者として，2007 年 9 月には，1,000 名近い租税専門家を各国から招聘，国際租税協会の第 61 回大会を，日本代表者として京都で成功裏に主宰した。

　また，金子先生は，ロンドン大学やミュンヘン大学の客員教授を務め，ヨーロッパとの研究交流にも多大の貢献をなした。特に，ミュンヘン大学のクラウス・フォーゲル先生（元ドイツ公法学者大会会長）と親しく，金子先生の国際的活動を記念して，フォーゲル先生が中心となり，1996 年 9 月にミュンヘンで金子先生のための国際シンポジウムを開催した。その成果は，"Interpretation of Tax Law and Treaties and Transfer Pricing in Japan and Germany (in honor of Prof. Kaneko)", Kluwer, 1998 という書物にまとめられた。

ま　と　め

1　日本における租税法の発展と金子先生[7]

　金子先生は，2012年に文化功労者として顕彰され，2018年には文化勲章を授与された。このことには，先生の個人的な業績を超えて，租税法という学問全体から見て，例えば，以下のような意義がある。

　第一は，日本の法学界が，新しい学問の成立・発展に前向きだったことである。法律学のような長い伝統を引き継ぐ学問の中では，なかなかに難しいことであるが，東京大学法学部は，租税法という新しい法分野の初代専担者として金子先生を選任し，先生の研究をサポートし続けた。

　第二は，金子先生の研究は，シャウプ勧告や，その重要メンバーであるスタンリー・サリー教授の所属しておられたハーバード・ロー・スクールに多くを負っているという点において，真の意味での学問の継受・発展が行われたといえよう。また，金子先生は，今はなきオリバー・オールドマン教授の親友であり，現在ハーバードの教授であるマーク・ラムザイヤー教授の日本における指導教官であった。

　第三は，この顕彰により，租税法という学問分野が，外部から，真の意味で独立の法分野として認識されたという点である。民主主義の下，文明の対価である租税を司る専門家である租税法研究者・実務家の役割が縮小するということは，考えにくい。したがって，今後，租税法を専攻する研究者も，租税の世界で生きる実務家も，今まで以上に誇りをもって，職務に邁進していくことが必要であろう[8]。

　しかし，それもこれも，自然に，ないしは偶然にそうなったわけでは決してない。誰かがそうしようと努力したからこそ，そうなったのである。私達は，先生に代表される何人もの先達の（研究者および実務家の）方々の

（7）　この部分は，中里実「金子宏先生の文化功労者としての顕彰」税研167号16頁（2013年）による。

日々たゆまざる努力により，今の状況がもたらされたことを決して忘れて
はならないであろう。したがって，金子先生のみならず，租税法の発展に
人生を捧げてこられた，それらのすべての先達の方々――逐一名前を挙げ
ることはできないが――に，ここで心より敬意を表したいと思う。

2　金子理論からその先へ

　ところで，いかなる理論についてもそうであるように，金子理論におい
ても未完の課題がないわけではない。教え子の一人として，ここでは，あ
えて，その点についても，可能な限り触れておくこととしたい。それぞれ
が複雑で，その全体について詳しく論ずることはできないので，ごく簡単
に思いついたところを若干挙げてみると，例えば，以下のような点である。

①　所得課税中心主義の限界

　現代は，もはや累進税率で課される総合的所得税万能の時代ではなく，
実務的にも理論的にも付加価値税が重要な意味を有する時代であるといっ
てよかろう。

　もちろん，現代のそのような状況の下において望ましいとされるであろ
う新たな租税体系の提示は，そう簡単に行えるものではない。しかし，こ
の点について正面から取り組む必要があることはいうまでもない。今後の
租税法研究者にとって，これはきわめて重い課題となるであろう。

②　所得概念論と借用概念論の関係

　所得概念論が「所得」という経済的概念の提示を行っている（それ故に，
一応は私法と切り離されている）のに対して，借用概念論は私法の尊重をう
たっており，両者の間には本質的な対立関係が内在するといわざるをえな

---

(8)　私自身の個人的な感想に触れることをお許しいただくならば，官庁への就職も決
　　まっていた 1977 年の秋に，その年の夏に 2 度目のアメリカ留学からお帰りにな
　　り 47 歳になられたばかりの先生の租税法の授業と，租税政策に関するゼミを受
　　講したことによって，人生の方向がまったく異なるものとなった。その当時の租
　　税法のおかれたさみしい状況と比較すると，現在の状況はまるで夢のようである。

い。この点についてどのように考えるかが，金子租税法に関する議論における最大の課題であるように思われる。

　この根本的な矛盾を解消するために，金子先生が，あえて意図的に，所得を固有概念と位置づけることにより，私法尊重の原則の枠外に押し出したことは，確かに，解釈論として精緻なものであった。しかし，枠外に押し出したからといって，矛盾が解決されるわけでは必ずしもない。金子理論の，私法上無効な行為から発生した利得も所得に該当するという取扱いは，（もちろん，租税法上の特別な定めが存在すれば別ではあるにしても）基本的にはやはり矛盾を含むものであるかもしれないのではなかろうか。

　また，このような扱いは，突き詰めると，租税債権を私債権と同種のものとして捉える租税債務関係説との間で深刻な矛盾を産み出すことになるのではなかろうか。そもそも，経済的概念である所得に対して課される所得税に関する租税債権についても，私債権と類似のものとして租税債務関係説で語ってよいのであろうか。この点，所得という経済的概念から租税債権が生まれる際の法的メカニズムに関するより詳細な議論が必要なのではなかろうか。

　このことはまた，所得計上時期に関する管理支配基準の提唱にも波及してくるように思われる。すなわち，所得を経済的概念として捉えるならば，私法と離れて「管理支配」を考えることができようが，そのことが課税所得算定の会計準拠とどのように結びつくのか，説明はそれほど簡単ではないといえよう。

③　制定法と普通法の関係

　制定法（statute）と普通法（law）は，本質的に異なる存在である。租税法規は制定法の世界の典型的な存在であるのに対して，課税の対象である私的取引は基本的に普通法により規律されているところから，そのような状況の下で私法尊重という発想を貫くために（租税法律の中に取り入れられた普通法の概念は普通法におけるように考えるところの）借用概念論という金子先生の学説における重要な理論が産み出された。

そのような理論を提示するに際して，その基礎について，歴史研究や比較法研究が必須であると思われるが，金子先生は，半ば直感的に，借用概念は私法におけると同様に解釈すべきであるという（正しい）結論を導いておられる。しかし，なぜそのような結論が可能なのかという点に関する説明は必ずしも与えられていない[9]のである。

この問題は，租税法における「資産」の概念についても顕著に表れる。私法や憲法においては，（例えば，不動産という財産について所有権という財産権が成立するとか，あるいは，特許という財産に関して特許権という財産権が成立するといったかたちで）「財産」と「財産権」の関係が語られる。

これに対して，租税法において用いられる「資産」の概念は法的なものではない（私法上の概念でもないし，租税法律において定義されてもいない）が故に，「資産」が物であるのか財産権であるのか，あいまいなのである。「資産」は，むしろ会計的なものであり，それを租税法規が（特別な定義を与えずに）無自覚に採用しているところから問題が生ずるといえよう。租税法が法律学である以上，会計的概念ではなく，民法の財産権との関係に関する検討が必要であると思われるが，この問題を解決するために，金子先生は，（所得概念論と借用概念論の場合と同様に）「資産」を固有概念と位置づける（その結果，それを私法の枠外のものとする）ことにより，本質的な議論を避けながら，妥当な解釈論を展開しておられる。しかし，この点については，理論的にさらに突き詰めた検討が必要であろう。

④ 政策規定の限定解釈

外国税額控除事件（最高裁平成 17 年 12 月 19 日判決・民集 59 巻 10 号 2964 頁）について，金子先生は，「外国税額控除制度の趣旨・目的にてらして規定の限定解釈を行った例であると理解しておきたい」（『租税法』24 版 141 頁，2021 年）と述べておられる。実際のところ，特定の目的追求のために設けられた政策税制について政策的観点から解釈することは，租税法の文理解

---

(9)　この点について，検討を加えたのが，中里実「制定法と普通法」（中里実『財政と金融の法的構造』（有斐閣，2018 年）第 3 章第 1 節），である。

釈と必ずしも矛盾するものではない。

このような観点は，実は，租税特別措置法について，大きな意味を有するように思われる。すなわち，租税特別措置（の中の租税重課措置）は，一定の場合に政策的観点から特別に重い課税を行おうとするものであるから，立法技術の稚拙さ故に，単に形式上課税要件に該当するように見えるにすぎないような場合についてまで文理解釈を貫徹して，本来課税のターゲットとされていないようなものにまで課税するという事態が生じないようにすべきなのではなかろうか。すなわち，政策的観点から特別に重い課税が行われる場合においては，課税の要件について一層厳格に解釈すべきである（単に，文理上課税しうるから課税するという思考を排除する）という解釈も成立しうるのではなかろうか。すなわち，そのような場合は，租税法の画一的文理解釈の例外と考えることも可能であろう。

一例を挙げると，タックスヘイブン対策税制について，租税回避の否認とはまったく関係のないような事案についてまで，形式的要件を文理解釈の名の下に強調して，例えば来料加工の事案について課税するような判断を行うから，後の立法で，その場合は課税されないというような定めをおかなければならなかったという点は肝に銘ずるべきであろう。このような場合には，東京高裁令和4年3月10日判決・訟月70巻6号719頁（タックスヘイブン対策税制の過大取込み［over inclusion］が問題となった事案）におけるように，立法の前の解釈の段階で，課税しないという判断もまったく不可能というわけではなかったのではなかろうか。

⑤　会社における時価の認定

会計方針の選択は基本的に会社の役員の経営判断に属する事項であると考えられるが，そのことは，租税法における価格の決定について難しい問題を引き起こす。

すなわち，役員の経営判断に基づいて決定された取引価格について，客観的な時価と異なるという理由で，どこまで更正処分が可能であるかという問題である。また，役員報酬についても，同様に，経営判断に基づいて

決定された額を，簡単に，合理性がないと判断してしまってよいのであろうか。

この点，取引価格の決定や会計方針の選択に関する役員の経営判断は，課税においても原則として尊重すべきなのではなかろうか[10]。例えば，役員の経営判断に基づいて決定された取引価格について，それと異なる「客観的な時価」を持ち出すとすれば，それは，租税法律の明文の定めのない否認を認めることと等しいことになってしまうからである。

⑥　適正所得算出説

適正所得算出説は，移転価格税制等に配慮して，金子先生が法人税法22条2項について，現行制度を正当化するために提唱した考え方である。

法人税法22条2項は，無償取引について，いわば仮想の収益の計上を要求するもので，本来，その理論的な位置づけが難しい存在である。課税所得算定の企業会計準拠を考えると，無償取引・低額取引についての同項の定めは，奇異なものといえよう。この点，アメリカにおいては，内国歳入法典482条によって，収益や費用の取引当事者間における（租税法上の）配分の問題として，租税回避防止を目的とするという考え方で対応しているので，理解しやすいが，日本の法人税法22条2項はそうではない。

結局，適正所得といっても，何故に，法人税法22条2項においてそのような取扱いを定めなければならないかという点から考えると，同項の論理的な説明はかなり困難なのではなかろうか。

⑦　財政と議会の歴史

租税法律主義の背景をなす議会と財政との関係については，マグナカルタだけではなく，中世以降のヨーロッパの歴史を細かく見ていく必要があることはいうまでもない。この点，金子先生がどのような研究を行ってお

---

(10)　この点については，中里実「会社法上の経営判断と租税法上の価格決定・会計方針選択（上）（下）旬刊商事法務2288号4頁・2289号36頁（2022年）参照。ただし，もちろん，同族会社の否認規定等が存在する場合は，それを適用すればよいのであって，ことさら，「客観的な時価」を強調する必要はないかもしれない。

られたのか，必ずしも明らかではないが，中世ヨーロッパの領邦領主をめ
ぐる課税権および租税の誕生について叙述した論文は公表されておらず，
この点に関しては，後に続く私達の世代の課題であるといえよう[11]。

⑧　国家主権と課税

また，金子学説においては，国家主権と課税権の間の関係についての詳
しい叙述は行われていない。国家主権の問題は，国際課税について考える
際の基本となるものであるから，それに関する丁寧な分析が必要となる。
この点，主権本来の絶対的な性格と，領邦領主の財産権から発展した財産
権的性格（国家の財産権としての性格）の両方の色彩を併せ持つ課税権につ
いて正当に位置づけることは，かなり困難な作業といえよう[12]。

なお，以上は，批判というよりも，金子先生から私達に託された今後の
課題について述べたものである。考えてみると，私自身も，以上の諸点を
常に念頭において，その部分を「補充」すべく，これまでの研究活動を行
ってきたといえるように思われる。

そして，これらの点に関する問題意識を正面から受け止めて今後の研究
を進めることにより，租税法理論のさらなる進化を目指すことこそ，直接
または間接に金子先生のご指導を受けた私達の責務であるといえよう[13]。

---

(11) この点に関する私の暫定的な検討の一部が，中里実「財政法と憲法・私法──財
　　政の法的統制」（『財政と金融の法的構造』第4章第2節）であるが，未だ十分な
　　ものとはいえない。
(12) なお，この問題に関する金子先生に対する私の回答が，中里実「主権国家の成立
　　と課税権の変容──公法の成立」（『財政と金融の法的構造』第2章第1節）であ
　　る。
(13) 以上からうかがえるように，何か問題がある場合に，その解決方法をコモンセン
　　スを用いてアドホックに提唱し，その集積が金子理論の中に組み込まれていくと
　　いう，いわばコモンローの如き存在が金子理論であり，そのような集積の過程こ
　　そが，金子先生の学説の神髄であるように思える。

20

第二部　金子先生の著作

一　書評・金子宏『所得課税の基礎理論』全三巻，（1995〜1996，有斐閣）

　『所得課税の基礎理論』全三巻は，金子先生の租税法に関する論文をまとめた論文集である。この論文集は，日本の租税法学の当時における到達点を示したものであり，金子先生の論文のうち所得に関するかなりの部分を手軽に参照できる。各論文の末尾に，著者の手になる付記ないし補論が付されているが，これも，読者にとって参考になる。

　以下は，1996年に私がこの三巻の論文集について，**税経通信**に掲載した以下の三つの書評を整理・要約したものである。なお，この税経通信の連載において，下巻についての書評が51巻6号，中巻についての書評が51巻7号と時間的に逆になっているのは，論文集の公刊の時期の関係である点に留意されたい。

◆金子宏著「所得概念の研究」(『所得課税の基礎理論』上巻・有斐閣)
　＝『税経通信』51巻4号（通巻709号）137-138頁，1996年4月
◆金子宏著「課税単位及び譲渡所得の研究」(『所得課税の基礎理論』中巻・有斐閣)
　＝『税経通信』51巻7号（通巻712号）127-128頁，1996年6月
◆金子宏著「所得課税の法と政策」(『所得課税の基礎理論』下巻・有斐閣)
　＝『税経通信』51巻6号（通巻711号）127-128頁，1996年5月

1　金子宏著「所得概念の研究」(『所得課税の基礎理論』上巻・有斐閣)，
1995年11月刊・444頁

　本書は，金子先生の租税法に関する論文をまとめた全三巻の論文集『所

得課税の基礎理論』のうちの上巻で，所得概念に関連するものを体系的に整理したものである。

この上巻は，「所得の概念をどう構成するかは，所得課税における最も重要で基本的な課題である」という視点に立って，所得概念に関連する論文を編集したものである。所得とは何かという問題に対して検討を加えた巻頭論文「租税法における所得概念の構成」をはじめとする，所得概念の内容そのものに関する6つの論文に加えて，所得の年度帰属に関する「所得の年度帰属——権利確定主義は破綻したか——」，所得概念と密接な関係をもつ不法な利得の申告義務を扱った「行政手続と自己負罪の特権——租税手続を中心とするアメリカ判例法理の検討」，および，直接的には租税手続に関する論文であるが，所得の正確な把握の手段として所得税の執行と重要な関連を有する税務調査について扱った「アメリカにおける税務調査——質問検査権を中心として」を含んでいる。また，株式配当の所得税法上の扱いや，利子所得課税のあり方，違法所得の申告義務に関する論文も収められている。

金子先生の学問の特色は，財政学や経済学の成果を取り入れた「政策指向的（policy-oriented）」なところにある。それは，本書の巻頭論文「租税法における所得概念の構成」以来，一貫した金子先生の基本的な立場であるといってよい。そのように，所得税法における所得の概念を経済理論的な所得概念と対比して説明することにより，結果として，課税の公平性を実現しようというのが，金子先生の意図であったと思われる。金子先生の研究は，法解釈と，政策論・制度論・歴史的研究を統合した多角的な視点に立つ総合的なものであった。

2　金子宏著「課税単位及び譲渡所得の研究」（『所得課税の基礎理論』中巻・有斐閣），1996年3月刊・364頁

本書は，全三巻の論文集『所得課税の基礎理論』のうちの中巻であり，所得課税上の基本問題である課税単位と譲渡所得に関する論文を整理した

ものである。

　上巻のテーマである所得概念論の具体的な適用に関する，いわば応用問題を扱っている。もっとも，この中巻においても，金子先生の政策論重視の姿勢は随所に見られるので，その意味で，本書は，下巻とも密接な関係に立つといえよう。本書には，具体的には，課税単位に関する論文2編と，譲渡所得に関する論文6編（そのうち，キャピタル・ゲイン課税の基礎理論に関するものが4編で，土地税制に関するものが2編）が収められている。「課税単位は，所得概念と並んで，所得税の最も基本的な課題の一つであり，譲渡所得は，所得概念の延長線上の最も重要な問題の一つである」（本書・はしがき）という理由から，この二つのテーマのために，わざわざ一巻が割かれたものと思われる。この中巻に関する書評においては，包括的所得概念を総論とした場合にいわば各論にあたる部分に関する，金子先生の議論を紹介してみたい。

　承知のように，所得税に関するシャウプ勧告の理想は総合累進所得税であった。とりわけ，シャウプ勧告は，キャピタル・ゲインの全額課税とキャピタル・ロスの全額控除の必要性を強調した。しかし，現実の租税制度は，キャピタル・ゲインの取扱いをめぐってかなりの変遷をとげている。また，戦後，1947年の改正により，所得税に関して，従来の世帯単位主義から個人単位主義への移行がなしとげられたのであるが，この個人単位主義は，所得税法の基本として現在も維持されている。金子先生は，本書において，戦後における日本の租税法上の最も重要な論点であるこの二つの問題について，詳細な検討を行っておられる。ここでは，その中で注目すべきものをいくつか例示してみよう。

　第一に，金子先生は，土地を造成した後に譲渡した場合に，その譲渡から生ずる所得は，事業所得（ないし雑所得）と譲渡所得の複合したものであるから，課税上分割して取り扱うべきであるという，「二重利得法」を提案しておられる（「譲渡所得の意義と範囲」）。これは，一つの取引からは一つの所得類型の所得しか生まれないという従来の常識に挑戦した考え方

である。この考え方は，所得税に関してのみならず，消費税に関しても非課税取引と課税取引の複合といったかたちで重要な意味をもちうるものと思われる。

　第二に，金子先生は，非業務用資産の取得のための借入金利子に関して，資産使用開始以前の期間に対応する利子は取得費に含まれるが，それ以後の期間に対応する利子は取得費には含まれないという解釈を，帰属所得の概念を用いて導いておられる（「譲渡所得における『取得費』の意義」）。すなわち，使用開始後は，当該資産は非課税の帰属所得を産み出しているのであるから，それと対応する利子も取得費に算入しないことが，tax arbitrage（すなわち，借入金で取得した資産から非課税所得を得ながら，借入金利子の控除を受けること）防止の観点から望ましいという理論である。

　第三に，キャピタル・ゲインについては，行政庁が毎年，資産価値の評価を行うことは執行上困難であるという理由から，現実には実現主義が採用されているのであるが，金子先生は，これに対して批判の目を向け，（発生時から実現時までの）課税繰延の利益に対して利子税をかけることを提案される（「キャピタル・ゲイン課税の改革」）。この考え方は，アメリカにおいても，時価主義（実現時ではなく発生時に課税することを要求する考え方）の代替策として主張された。

　第四に，金子先生は，経済政策の手段としての租税法の利用を，土地税制を例に説いておられる（「土地問題と租税制度」，「土地税制の今日的問題点」）。特に，金子先生の地価税に関する議論は興味深いものである。地価税は，土地政策という政策目的を前面に出して立法されたものである点において，環境税（炭素税）と似通った点を有している。金子先生の議論のように，租税法を，公共政策の手法の一つとして正面から位置づけることは，公法・行政法の発展において，重要な意味を有するといえよう。

　第五に，金子先生は，かなり昔に，女性の社会進出等をにらんで，課税単位に関する論文を発表しておられる（「所得税における課税単位の研究」）。そこにおいて，金子先生は，世界の主要国におけるこの点に関する制度の

詳細な検討の上に立って，二分二乗制度を批判し，二重税率表制度の提案をされている。

3　金子宏著「所得課税の法と政策」（『所得課税の基礎理論』下巻・有斐閣），1996 年 1 月刊・481 頁

本書は，全三巻の論文集『所得課税の基礎理論』のうちの下巻で，所得税と法人税（国際課税を含む）に関する金子先生の諸論文のうち，（広い意味の）租税政策に関連するものを体系的に整理したものである。

この下巻には，具体的には，所得税に関する論文 4 本，納税者番号制度に関する論文 3 本，国際課税に関する論文 4 本（「無償取引と法人税——法人税法 22 条 2 項を中心として」も，移転価格課税に関連するものとしてここに含めておく），法人税に関するもの 4 本（補論を含む）が収められている。

このうち，本書が「法と政策」と名付けられているのは，著者によれば，「シャウプ勧告に関する論文，今後における所得税と法人税のあり方等，いわゆる租税政策に関する論文がいくつか含まれているからである」（本書・はしがき）。このように，本書に収められた諸論文には，金子先生の「政策指向的（policy-oriented）」な姿勢が明確に表れているので，以下では，この租税政策という観点から，金子先生の業績について述べてみることとする。

そもそも，日本の法律学においては，政策論を「立法論」として忌避し，解釈論のみを尊しとする傾向が存在するように思われる。確かに，研究者は立法にたずさわるわけではなく解釈を行うことが多いという点にかんがみるならば，このような傾向には一理ある。しかし，このような傾向は，いつ，日本の法律学に根づいたのであろうか。この点について，評者は，次のような仮説（十分な論証を経ていないという点では，単なる「思いつき」といってもよい）をとっている。

民法典は，ローマ法のエッセンスを法典化した（普通法由来の）ものであり，（近代市民国家における）議会が一定の目的達成のために意図的に制

定した法律というわけでは必ずしもない。民法典（のことに財産法に関する
部分）に（議会による）改正があまり行われないのも，このように民法典が
本来的には必ずしも議会の手になる作品ではないという事情によるためで
あろう。いずれにせよ，民法典は，形式的には成文法というかたちをとっ
ているものの，立法者が意図的に作り出したものではなく，英米における
コモン・ローと同じように，議会以前に存在するものといえるかもしれな
い（いわば，憲法以前の存在として民法が存在するというような）。したがって，
そこでは，議会の介入＝法律改正という手続きによって頻繁に改正が行わ
れることは必ずしも想定されてはおらず，それ故に解釈論が重要な意味を
もちえたのであり，また，裁判官（や法律学者）の役割が重要視されてきた
とは考えられないであろうか。これは，民法が，国家の介入を目的とする
ものではなく，資本主義の基盤である市場メカニズムに関するルールを提
示することによって，私人間の利害の調整をはかることを目的とするもの
であったことと無関係ではなかろう。したがって，より直接的な公的介入
＝政策のための法は，公法や社会法として，民法とは別途に制定されるこ
とになる。

　このように，介入的な法律が民法とは別途制定されるにもかかわらず，
そのような介入的色彩の強い法分野においても，民法的なメンタリティー
が残存し，立法ではなく，解釈により問題を解決してしまうという傾向が
存在する。借地・借家法等は，かなり社会法的な色彩の強い法分野であり，
しかも，わざわざ議会の介入により制定されたにもかかわらず，制定後は
民法と同じように解釈により運用されてきているが，これなどは，介入的
色彩の強い分野に民法的なメンタリティーが強く残っていることの典型と
いえるかもしれない。しかし，介入的な色彩の強い分野においては，問題
の解決は，本来，立法によることが必要なのかもしれない。なぜなら，そ
のような法分野における法の中身（＝政策の内容）が，本来，議会により意
図的につくられたものだからである。

　さて，以上のような民法模倣傾向は，行政法においても強く存在する。

行政法が，法律行為を中心とする民法のドグマティークを模倣することにより，法律学として独立しようと（あるいは，民法と肩を並べようと）したという点を考えるならば，これは仕方のないことなのかもしれない。すなわち，公的介入に関する法分野＝公法・行政法を，（民法の法律行為にならって考え出された）行政行為の概念を中心にすえて体系化することにより，公的介入に関する法分野全体を支配する学問を打ち立てようとしたのが，行政法学であったと考えることができよう。もちろん，公法「各論」（すなわち，各種の公的介入の具体的中身に関する政策論）が未整備・未発展の段階においては，このようなやり方でよかったであろう。しかし，行政行為というのは，政策目的実現のための手段でしかないと考えることのできるものである。そのような手段にしかすぎないかもしれない道具概念でもって，公的介入の全分野を体系化することに，どのような意味があるのであろうか。民法の分野においては，公的介入＝政策というものが付随的な意味合いしかもたないから，法律行為という道具概念を中心として体系化を行うことが可能であるし，そのことに意味もあったであろう。しかし，公法の分野において重要なのは，公的介入の中身＝政策なのであり，その実現のための道具としての行政行為は，より控えめな地位しかもちえないと考えることも不可能ではないのではなかろうか。その意味で，公法は，公的介入＝政策，の目的ごとに，実体法中心の「各論」的なものとなることが必然的であるといってよいのではなかろうか。

　そして，このような，実体法（行政法からいえば，「各論」）に光を当てることにより，租税法の行政法からの独立をなしとげたのが，金子先生である。したがって，金子先生が租税法において行われたことは，租税以外の公的介入に関する法分野においても可能であろう（例えば，社会保障法を給付処分中心に体系化するのではなく，給付の内容に関する実体法に着目して体系化するというような）。今後，公的介入の各分野において行政行為中心の見方から，実体法中心の政策論的な見方へと視点が移行することにより，行政法「各論」が次々と独立していくことになるかもしれない。金子先生

は，このような公法の実体法中心化（＝行政法総論の縮小）の方向を，租税法を素材として示されたと考えることができよう。そのことによって，課税処分を中心に租税法の体系化をはかったオットー・マイヤー流の考え方が，日本の租税法においては副次的な地位を占めるにすぎなくなった点は，きわめて重要である。これは，そのような課税処分中心の考え方が本来，手段を目的に優位させるという点でいわば主客逆転の議論であったこととも無関係ではなかろう。もちろん，金子先生以前にも，所得税法，法人税法等の個別法律についての解説は存在した。しかし，法体系全体における租税法の明確な位置づけを背景として，そのような作業を行ったのは，金子先生であったといってよかろう。

　なお，本書には，所得税・法人税・国際課税に関する金子先生の労作が収められているが，その中で一つ特筆すべきなのが，「アメリカ合衆国の所得課税における独立当事者間取引（arm's length transaction）の法理——内国歳入法典 482 条について」である。この論文は，日本における移転価格課税制度導入のための理論的基礎をなしたものである。本書に収められた論文の中には，立法の際の基礎となったものが少なくないが，これこそ，真の意味の租税政策＝立法論といってよかろう。その意味で，本書は，租税政策に関する単なる議論を超えた，日本の租税政策の内容そのものに関する論文を収めたものなのである。

4　ま　と　め

　なお，本書を含む三巻の書物全体について，若干コメントをしておこう。この『所得課税の基礎理論』は，上巻，中巻，下巻のそれぞれが，単なる論文を集めたものではなく，一つの有機的構成をもった論文となっている。のみならず，この『所得課税の基礎理論』は，その「所得課税の基礎理論」という統一タイトルの存在が示すように，三巻の独立した書物からなる論文集ではなく，全体としてまとまった一つの論文をなすものと考えることも不可能ではない。確かに，この『所得課税の基礎理論』には，執筆時点

の異なる多くの論文が収録されてはいるが，それは，決して，論文をテーマ別に分類して収録した論文集なのではなく，全体を流れる一貫した主張の下に，三冊の本を体系的に構成した一つの論文として捉えることのできるものなのである。そのように捉えてこそ，本書の価値も正確に理解できるのであり，また，そのように捉えなければ，本書における主張を真に理解することは困難であろう。一言でいえば，この『所得課税の基礎理論』は，「租税法における所得概念の再構成」（上巻所収）を第一章として，所得税・法人税を通じた所得課税の法理論について，政策論的な視点をもまじえて総合的に論じた一つの論文なのである。

二　その他の主要著書

1　『租税法〔第24版〕』（1253頁，弘文堂，2021年，初版は1976年）

　租税法の体系書。租税法序説・租税実体法・租税手続法・租税争訟法・租税処罰法の5編構成で，理論と制度の両面から租税法の全体をカバーする。所得税・法人税をはじめとする個別租税の課税要件について，詳しい体系的叙述と検討を行う。毎年の税制改正を丁寧に反映して改訂し，公表された裁判例をほぼ網羅的に取り上げて位置づけており，立法・行政・司法に対して確かな羅針盤を提供している。

2　『租税法理論の形成と解明』全二巻

　○『租税法理論の形成と解明上巻』（664頁，有斐閣，2010年）

　租税法の論文集であり，課税要件法と基礎理論を中心に租税法理論の形成と解明を進めた成果である。上巻は，租税法の基礎理論，租税法学と租税制度，租税法の解釈，所得税の4編から成り，計26本の論文を収める。1966年初出の「市民と租税」は，租税法律主義と租税公平主義について，租税法および租税政策論の基本的問題を検討した。1972年初出の「租税法学の体系」は，公法学会における報告であり，租税債務法，特に課税要件

法が租税法の中心を占めるべきであると論じた。1978 年初出の「租税法と私法」は，借用概念に関する統一説の立場を提示し，現在の通説を形成した。

○『**租税法理論の形成と解明下巻**』（750 頁，有斐閣，2010 年）

上記論文集の下巻。法人税（組合課税を含む），国際課税，相続税，消費税，地方税，租税手続法の 6 編から成り，計 34 本の論文および 7 本の附録を収める。1998 年初出の「固定資産税制度の改革」は，固定資産税の性質につき財産税説を擁護し，土地評価のあり方について市場価格説を支持した。2008 年初出の「公益法人税制の改革」は，公益法人制度改革に伴う税制改革について検討している。

3　『**所得税・法人税の理論と課題**』（305 頁，日本租税研究協会，2010 年）

租税法の講演集。所得課税総論，所得税の理論，法人税の理論，国際課税，財政と税制，回顧と展望の編別に，講義・講演・座談会の記録を収める。

金子租税法学の回顧と継承

離婚時の財産分与をめぐる夫婦の
課税関係

慶應義塾大学教授　佐藤　英明

Ⅰ　は じ め に

1　本稿の目的[1]

　周知のとおり，離婚時の財産分与として資産が分与された場合につき，
最高裁昭和50年5月27日判決（民集29巻5号641頁。以下，「昭和50年最
判」という。）は，この資産の分与により分与者は財産分与義務消滅益相当
額の経済的利益を得ており，この分与は所得税法33条1項にいう「譲渡」
に該当すると判断した。これに対して，金子宏名誉教授は，この後2で内
容を確認する考え方（以下，「金子説」という。）を主張して，前述の判例を
原理的に批判された。その後，学説は金子説を通説または有力説と呼んで，
金子説が学界の大きな支持を得ていると評価している[2]。

　しかしながら，最高裁第三小法廷が昭和50年最判の判断を示した後，

---

(1)　本稿が扱う問題に関連する文献等で，本稿で引用したもの以外については，佐藤
　　英明「解説　離婚と所得税」松川正毅・窪田充見篇『新基本法コンメンタール
　　親族〔第2版〕』（日本評論社・2019）130頁以下（以下，「佐藤・前掲注1a」とし
　　て引用する。）参照。また，本稿の結論の方向性を簡潔に示すものとして，佐藤英
　　明『新版　信託と課税』（弘文堂・2020。以下，「佐藤・前掲注1b」として引用す
　　る。）245頁注62参照。

第一小法廷は最判昭和53年2月16日（家月30巻8号38頁）と最判昭和53年7月10日（税資102号68頁）において同じ結論を採用し、昭和50年最判以来約50年を経過した現在、判例が変更され、判例に金子説の結論が採用される可能性は、ほぼないと言ってよいように思われる。

　このような認識の下、本稿では、金子説の問題点と目的とを検討し、現在においては、金子説の目的がほぼ果たされていることを確認した上で、昭和50年最判の判断を前提として、離婚時の財産分与をめぐる夫婦の課税関係を立法論的に検討することとしたい。

2　離婚時の財産分与の課税関係に関する金子説の確認

　金子名誉教授は、昭和50年に公表された論文[3]で、以下のように主張された。

　「我妻栄博士が指摘しておられるように、民法768条の財産分与の請求は、夫婦共通財産の清算、離婚による損害の賠償、離婚後の扶養の三つを含むと解される。……夫婦共通財産の清算の意味で財産が分与された場合は、その実質は共有財産の分割であって、資産の譲渡には当らないと解される。右に引用した最高裁判所の判決〔佐藤注、昭和50年最判を指す。〕は、財産の分与によって分与義務の消滅という経済的利益が生ずることを強調している。これは、資産の譲渡が仮にあったとした場合に、それが有償であるかどうか、有償であるとした場合に譲渡による収入金額はいくばくか、を論ずる上では必要なことであるが、しかしその前提として、この場合に資産の譲渡があるといえるのかどうかが、まず検討されなければならないの

---

(2)　金子説を通説とするものとして、遠藤みち『両性の平等をめぐる家族法・税・社会保障　戦後70年の軌跡を踏まえて』（日本評論社・2016）71頁。金子説を有力とするものとして、浅妻章如・酒井貴子『租税法』（日本評論社・2020）60頁以下〔浅妻章如〕、金丸和弘「譲渡の意義（2）――財産分与」中里実ほか編『租税判例百選〔第7版〕』88頁、89頁。

(3)　金子宏「所得税とキャピタル・ゲイン」同『課税単位及び譲渡所得の研究』（有斐閣・1996、初出1975）89頁、102-103頁。以下、「本論文」という。

である。婚姻継続中に蓄積された財産は，夫婦のいずれの名義になっていても，実質的には夫婦の共有と見るべきものである。したがって，夫の名義となっている財産に対して，妻は潜在的な持分をもっていると考えてよい。夫婦共有財産の清算の意味における財産分与は，この潜在的持分に着目し，潜在的持分に応じて共有財産を分割する手続にほかならないと考えられる。とするならば，この場合，形式的には，夫の所有する財産が妻に移転するように見えても，その実質は，妻の潜在的権利を顕在化させ，それを正式に妻に帰属させることであるから，そこには資産の譲渡は存在しないと解すべきではなかろうか。我妻博士も，財産分与請求権の中心的思想が，『夫婦共同生活中において夫婦が協力して取得した財産は共有とみなしてこれを清算すべしとする思想』であることを強調しておられる。その意味で，右の最高裁判所の判決には問題が多いと思われる。

　尤も，このように解した場合に，分与された財産のうち，どれだけがこの意味における分与であるかを判定することは，決して容易ではない。何らかの立法的手当が必要であろう。」（下線は佐藤）

　本論文では，財産分与が夫婦共通財産の清算以外の意味でなされた場合の課税関係について，慰謝料の意味で財産が移転された場合には，「それによってその財産の時価相当額の債務が消滅することを意味するから」，それは資産の譲渡に該当するとし，また，離婚後扶養のために財産が分与された場合には資産が贈与されたものと解されるとしている[4]。

　なお，引用部分の最後に触れられた「立法的手当」としては，次のように注記されている。

　「財産分与においては，その相当部分が固有の意味の財産分与であること，慰謝料および生活扶養部分も実際上は任意の譲渡とはいえないこと，等

---

(4)　個人間の資産の贈与に関する所得課税は，昭和48年改正で現行法の姿とされるが，本論文では，みなし譲渡と選択的取得費の引継ぎという，同改正以前の法制度の適用があるとされている。その理由は，昭和50年最判の事案が，48年改正前の所得税法が適用される事案であったからであろう。

を考えると，一定の合理的金額を法定し，その範囲内では，財産分与は，その性質が三つのうちのいずれであるかを特に問うことなしに，譲渡にあたらず，したがって譲渡所得を発生させないものとすることが妥当ではないかと考える」（本論文105～106頁）。

II　金子説の検討と評価

1　金子説の検討

（1）共有法制との関係

Ⅰ2で確認した金子説については，少なくとも3つの観点から，問題点を指摘することができる。その第1は，民法の共有法制との関係である。

離婚時の財産分与においては，分与義務者名義の財産Aと財産Bのうち，財産Aをそのまま分与義務者の名義としつつ，財産Bを分与請求権者に分与する，というような分与のされかたが一般的であろう[5]。財産A，Bの双方が分与義務者と分与請求権者の共有であった場合の，このような現物分割の方法については，昭和50年最判当時の民法判例は，以下のように述べていた。

「民法258条によってなされる共有物のいわゆる現物分割は，本来は各個の共有物についての分割方法をいうものと解すべきであるが，数個の物であっても，たとえば，数個の建物が一筆の土地の上に建てられており外形上一団の建物とみられるときは，そのような数個の共有物を一括して，共有者がそれぞれその各個の物の単独所有権を取得する方法によ

---

[5] 先行業績においては，財産分与をする者を「夫」と呼び，財産分与を受ける者を「妻」と呼ぶ例がある。これはおそらく，実際の大多数の財産分与の実態を反映させた表現と言えよう。しかし，男女平等の観点からは，特定の社会的な役割を男女どちらかの性に割り振るのは適当ではない。そのため，本稿では，「財産分与義務者」「財産分与請求権者」という用語を用いて，特定のポジションにある者を表すこととしたい。ただし，この表現は繰り返し使うと煩瑣であるので，以下では，「分与義務者」とか「請求権者」など，誤解を生じない範囲で略すことがある。

り分割することも現物分割の方法として許されるものと解するを相当と
する。」（最判昭和45年11月6日民集24巻12号1803頁，下線は佐藤）

　この判例に照らせば，昭和50年最判当時は，たとえば，自家用車を分
与義務者の名義のままにとどめ，居住用不動産を分与請求権者に分与する
内容の分与は，共有物の「現物分割」の方法として認められていなかった
と考えられる。そのため，仮に婚姻中に蓄積された財産がすべて夫婦の共
有に属すると考えても，それらの財産が全体として一個の共有物をなして
いるわけではないから，結果的に持分割合に等しい経済的価値をそれぞれ
が得たとしても，個別の資産をすべて持ち分割合に応じて分割しない限り，
財産分与は常に持分の譲渡を伴うことになると指摘されていた[6]。金子説
は，当時のこのような民事法制について触れることなく，「潜在的持分」
に応じた現物分割について，持分の譲渡がないと解している。

　なお，この点は，後の判例変更により，「分割の対象となる共有物が多
数の不動産である場合には，これらの不動産が外形上一団とみられるとき
はもとより，数か所に分かれて存在するときでも，右不動産を一括して分
割の対象とし，分割後のそれぞれの部分を各共有者の単独所有とすること
も，現物分割の方法として許される」（最大判昭和62年4月22日民集41巻
3号408頁，下線は佐藤）とされたから，金子説は，この判例変更を先取り
していたとも評しうる。ただし，この新判例の下でも，先に挙げた例の財
産分与が共有物の現物分割として認められるためには，分割対象財産（金
子説の文脈だと，清算的財産分与対象財産）の全部が共有である必要がある[7]。
夫婦別産制を採る民法と個人単位主義を原則とする所得税法の下で，夫婦
の特有財産以外の財産の全部が，このような意味での共有であると考える
のは，やはり困難である[8]。

---

(6)　石井健吾「判解」最判解民事昭和50年度（1979）226頁参照。

(7)　渋谷雅弘「離婚時における財産分与と課税」野田愛子・梶村太市編『新家族法実
務大系第1巻親族〔1〕—婚姻・離婚』（新日本法規出版・2008）526頁，530頁
参照。

次に，これは今にいたるまで解決されていない問題であるが，金子説においても，共有物の共有持分に応じた現物分割が譲渡所得を発生させる譲渡に該当しないとの結論を導くロジックは，必ずしも明らかではない[9]。民事法における判例は，「共有物の分割は，共有者相互間において，共有物の各部分につき，その有する持分の交換又は売買が行なわれること」（最判昭和42年8月25日民集21巻7号1729頁，下線は佐藤）としているから，民事法の構成に従うならば，むしろ，共有物の現物分割は譲渡にあたるというべきであろう[10]。しかし，金子説は，この点の説明を省いている。

（2）「潜在的持分」の法的性質

金子説の問題点を指摘すべき第2の観点は，「潜在的持分」の法的性質が曖昧であり，それに関する課税関係が不明確なことである。

たとえば，これも一般的と思われる財産分与の方法として，分与義務者が分与請求権者に金銭を支払うという分与の方法がある。もし，分与請求権者が有する「潜在的持分」が共有物の分割に類似する性質の分与を請求しうる権利であるならば，この金銭の支払いは，判例上認められた価格賠償の方法による共有物の分割に相当する（最判平成8年10月31日民集50巻9号2563頁参照）。ある共有者が，自らの有する共有持分を共有者以外

---

(8) 清永敬次博士も，その教科書において，「例えば夫がその職業に従事することにより取得する所得は税法上夫の所得であり，その所得により取得する土地建物も夫の土地建物であり，このような土地建物を特段の規定なくして課税上夫婦の共有財産と同じように扱うことはできないであろう」（清永敬次『税法〔新装版〕』（ミネルヴァ書房・2013）96頁注12）とされる。筆者の確認した限り，この記述は，1990年刊行の同書「新版（全訂）〔第4版に相当する〕第1刷」には見られないから，遅くとも1998年刊行の同書「第五版第1刷（94頁注13）」から追記されたものと思われる。

(9) 共有物の現物分割等と譲渡所得との関係については，佐藤英明『スタンダード所得税法〔第4版〕』（弘文堂・2024）98頁参照。

(10) 後述するように，この問題は，結局，共有物の分割の時点でその共有物に生じていたキャピタルゲインに対する課税を，何時行なうべきかという問題に帰着する。筆者としては，この時点までに生じていたキャピタルゲインへの課税を繰り延べる積極的な理由は，納税資金の問題以外にはないように思われる。

の者に譲渡した場合に，それが共有持分の譲渡であって譲渡所得の発生原因であることは疑いがなく，そのこととの均衡を考えると，価格賠償の方法によって共有物が分割された場合は，共有持分の他の共有者への譲渡と考え，譲渡所得が発生すると考えるべきであろう。金子説は，金銭以外の資産が分与された場合を想定して検討が進められているので，この点についての検討がなされていないことは当然かもしれないが，後に見る金子説の実践的な意図に照らすと，現物による分与と金銭による分与とで，課税関係が大きく異なることを想定していなかったのではないか，との疑問を禁じ得ない。もしそうだとすると，この点の検討も不十分であることとなる。

　なお，同じ問題は，分与義務者の特有財産による財産分与がなされる場合に，資産の交換として譲渡所得が発生するか否かという問題として，生じることになる。裁判所は清算的財産分与として特有財産の分与を命じることはできないが，協議離婚においてそのような分与を行なうことは，当事者の自由である点に留意すべきである。

　また，夫婦のうちある財産の名義人でない方が，その財産について租税法上も潜在的持分を有すると考えることは，夫婦間で当該財産の売買や贈与があった場合の課税関係にも影響を与えるはずであるが，この点についても金子説は言及していない。

（3）租税法上の着目点

①課税のタイミングについて

　金子説を検討する第3の観点は，租税法上の検討課題に金子説がどのように向き合っているか，である。

　すでに指摘されているとおり，離婚時の財産分与が譲渡にあたるか否かを決する租税法上の実質的な考慮要素は，その時点がすでに発生したキャピタルゲインに対する課税のタイミングとして適切であるか否か，である[11]。先に引用したように，立法的措置を視野に入れるのであれば，財産分与時の譲渡所得課税を避けるためには，離婚時におけるキャピタルゲイ

ン課税を繰り延べるべき理由を挙げ[12]，課税繰延措置を提案する方が，法的性格が曖昧な「潜在的持分」を用いた解釈論よりも，真に問題の解決に迫るものであったというべきであろう。

②執行上の問題点

最後に，慰謝料部分は譲渡所得課税，清算的分与部分は非課税，離婚後扶養部分は贈与とする金子説は，わが国の離婚の大多数を占める協議離婚[13]の場合に，分与方法（結論）のみが示されるなら[14]，その課税関係を決定するために，財産分与のどの部分がどのような性質を有するかを決定する必要があるから，執行上，大きな問題を伴う。さらに，各部分において課税方法が異なるため，最も税負担が小さくなるような「区分け（性格付け）」を，財産分与契約書等で偽装することが多発することは，火を見るより明らかである。このような密室における密接な関係のある人間の間でなされた偽装を，税務調査によって覆すことには，大きな困難が伴う。

金子説も，この点は認めておられ，合理的な金額内の分与をすべて非課税とする提案をしておられる。しかし，それは問題から目を逸らせたに過ぎない。一定の場合には，その法定額を超える分与についてどのような課税をなすべきかが問題となるからである。その場合，全体として大きな額（価値）となる財産分与につき，どこから先に非課税部分をあてはめるかなどについて，相当複雑なルールが必要となろう。

おそらく，金子説においては，法定額を超えるような巨額の財産分与を

---

(11) 渋谷・前掲注 (7) 530 頁。

(12) 金子説において明示されていないが，財産分与時に分与義務者へのキャピタルゲイン課税をしない場合には，後に分与請求権者がその資産を譲渡する時点まで，課税が繰り延べられることが前提とされていたと考えられる。

(13) 二宮周平編『新注釈民法 (17) 親族 (1)』（有斐閣・2017。以下，「犬伏・前掲注 (13)」として引用する。）393-394 頁〔犬伏由子〕。少し古いが，同 404 頁によると，2015 年に離婚全体の 87.6％が協議離婚であったとされる。

(14) 前田陽一・本山敦・浦野由紀子『民法Ⅵ〔第 7 版〕』（有斐閣・2024）97 頁〔本山敦〕は「現実の協議離婚や調停離婚では，財産分与の内訳を細かく示さず，『財産分与として○○万円』，『解決金として○○万円』などのように合意されることが大半である」とする。

想定することは現実的ではない，との認識があったものと思われる。むしろ，その認識の基礎にある，財産分与の少なさ，少額さこそが，金子説を支えていたのであろうと，筆者は推測している。この点について，項を改めて考えてみよう。

2　金子説の評価
（1）金子説のねらい

1で指摘したとおり，解釈論としての金子説には，いくつもの検討課題が残る。しかも，解釈論として完結するものではなく，執行可能とするために立法的措置を必要とするとされている。立法論を視野に入れるのであれば，金子説のねらいが，財産分与時における分与義務者への譲渡所得課税を避けることにある場合，民法学説に基礎を置いた課税繰延措置の創設等を主張する方が，遥かに簡明であったように感じられる。それにもかかわらず，金子説がそのような主張をしなかったことは，金子説のねらいが，財産分与時における分与義務者への譲渡所得課税を否定するというよりも，「夫の名義となっている財産に対して，妻は潜在的な持分をもっている」点を主張し，強調することにあったと見ることが許されよう。

ここから，筆者としては，金子説は純粋な解釈論にとどまるものではなく，本論文執筆当時に見られた，離婚時の「妻」の経済的状況を改善することに向けた，ある種の運動論を内包していたと考えたい。そこでは，民法（家族法）の分野の学説が指向していた離婚時の「妻」の保護の拡充を，租税法の分野でも支持することに，もっとも大きな意義があったと思われるのである。

それでは，金子説のそのような実践的な意図は果たされたのであろうか。

現在の財産分与の実務では，多くは「寄与度」という概念を媒介させているものの，いわゆる「2分の1ルール」と呼ばれる，夫婦の寄与度を2分の1ずつと考えて財産分与の価額を決定する考え方が，定着しつつあるとされている[15]。これは，専業主婦の家事労働を夫の所得稼得活動と同等

に評価する考え方と見られ，主として家事労働に従事するため，目に見える形での経済的成果を上げない妻が離婚時に困窮する事態を，大きく改善する方向性である考えられる。「妻の潜在的持分」との概念を用いて——しかし，金子説も，妻の潜在的持分が2分の1であるとは明言しない——離婚時の妻の経済的立場を強化しようとした金子説の実践的な意図は，その後の家族法学説と離婚の実務を通じて，相当程度実現しているものと評価してよかろう[16]。それゆえに，筆者としては，あえてこう言いたい，金子説はその役目を終えた，と。

（2）金子説の残した問題

筆者が現時点での金子説の意義に否定的であるのは，金子説が家族法学説と相俟ってその後の財産分与の実務に良い影響を与えたとしても，租税法の世界に大きな副作用をもたらしたと考えるからである。

その第1は，解釈論としての金子説が，離婚による財産分与は所得税法33条1項にいう「譲渡」にあたらないとして，この場面での譲渡所得課税を，いわば原理的に否定し，かつ，多くの学説がこの説を支持したことによって，今後変わる見込みのない確立した判例を前提とした，財産分与時の課税関係のあり方に関する議論が進みにくい状況が出現していたことである。

第2に，より問題が大きいと考えるのは，実践的に「妻」の保護を目指す金子説においては想定されていないことと思われる，財産分与を受けた請求権者への課税関係についての検討が疎かになってきたことである。原則として分与を受けた請求権者には何らの課税もない現状は，「『なぜか』

---

(15)　犬伏・前掲注（13）415頁，二宮周平『家族法〔第5版〕』（新世社・2019）105頁，窪田充見『家族法—民法を学ぶ〔第4版〕』（有斐閣・2019）120頁。

(16)　金子説を「通説」とされる遠藤みち氏は，「これまで，多くの譲渡所得課税の訴訟を通して，専業主婦の潜在的な持分という考え方が定着した意義は大きい。」（遠藤・前掲注（2）64頁）とされる。ただし，「協議離婚を成立させるために，低額な財産分与で合意したり，そもそも財産分与の取決めをしないといった状況が少なくない」（窪田・前掲注（15）115頁）との指摘は，依然として重要である。

そう解されている」という程度の言及で放置されてきたのが現状と言えよう[17]。この点について，理論的な検討と，それにもとづく執行可能な制度の提言等が，学界からなされるべきだと考えられる。

本稿では以下，このような問題意識にもとづき，ここで述べた2つの問題について，簡単な考察を試みることとしたい。

Ⅲ　財産分与時のキャピタルゲイン課税

1　昭和50年最判の再検討

（1）批判説の検討[18]

財産分与を譲渡と構成することを批判する金子説を措くと，昭和50年最判に対する批判は，清算課税説を批判する立場と，有償譲渡構成を批判する立場とに分かれる。最近ではタキゲン株式低額譲渡事件判決（最判令和2年3月24日訟月66巻12号1925頁）でも明言されたとおり，清算課税説は確固たる判例であるから，現時点で前者の立場を採用することは難しい。

後者は，財産分与義務は協議・調停等によって方法や額が決められて初めて実体的権利となるのだから，売買契約締結後の目的物の引き渡しから経済的利益が発生しないのと同じく，財産分与からも経済的利益が発生しないと説く立場である[19]。

しかし，この説は，そもそも分与義務者はいかなる法的根拠により分与義務を負うか，という点を軽視しているように思われる。財産分与請求権

---

(17)　分与請求権者に所得課税がなされないことの根拠が明らかでないと指摘するものとして，岡村忠生・酒井貴子・田中晶国『租税法〔第4版〕』（有斐閣・2023）104頁〔岡村忠生〕，岡村忠生『所得税法講義』（成文堂・2007）85頁参照。

(18)　学説の詳細については，佐藤・前掲注1a，131-132頁参照。

(19)　特定物の引き渡しを内容とする財産分与を，昭和50年最判のように有償譲渡構成することは「課税のための形式論理である」と批判する，吉良実「財産分与の課税問題（2）」税法学331号（1978）36頁も参照。

は離婚時に民法の規定により夫婦の一方に与えられる法定債権であり，分与義務はそれに伴う法定債務である。そして，清算的財産分与についていえば，衡平上あるべき経済的状況と，夫婦別産制の下で現出している現実の法的状況とのギャップを埋めることにその意義があると解される。したがって，少なくとも租税法上は，その本質は経済的利益の移転にあり，移転の義務を負う者は，経済的利益の移転（の実行）により法定債務の消滅益を得ると言いうる。

このことは，特定物の引き渡しを約する（ないし命じる）財産分与については，確かに分かりにくいが，清算的財産分与の実務上の手順を見ると，同様の理解が可能である。すなわち，財産分与は，（ア）清算対象財産の確定・評価，（イ）清算割合（寄与度）の決定，（ウ）決定された清算割合にもとづく具体的取得分（金額）の決定，（エ）分与方法の決定・給付命令の内容特定というプロセスを踏むとされる[20]。ここで注目すべきは，何を引き渡すかという（エ）の手順に先立って，（ウ）において具体的取得分（金額）が決定されることである。すなわち，何円分の利益が分与されるべきかが先に決まり，具体的な特定物の引き渡しがなされるのは，いわばその「割り付け」に過ぎないと位置付けられる。したがって，特定物の引き渡しについても，その引き渡しによる，（先行して金額が確定された）分与義務の消滅益を観念することが可能である[21]。この点に着目し，分与義務者が資産の引き渡しにより分与義務の消滅益を得るとする考え方を，以下では「代物弁済的構成」と呼ぶ。

（2）財産分与請求権の租税法上の評価

（1）で清算的財産分与についても代物弁済的構成が妥当することを明らかにした。したがって，慰謝料的財産分与と離婚後扶養のための財産分

---

(20)　犬伏・前掲注（13）408頁，沼田幸雄「財産分与の対象と基準」『新家族法実務大系第1巻親族〔1〕―婚姻・離婚』前掲注（7）484頁，484-485頁。

(21)　協議離婚においては，自宅を夫婦のどちらが取るか，というような具体的な資産に着目した交渉が行なわれることがありうるとしても，抽象的に観念されるプロセスは，本文で指摘したのと同じと考えるべきであろう。

与について代物弁済的構成が妥当すると考える論者であれば[22]，財産分与全体に代物弁済的構成をあてはめて，譲渡所得の発生原因となることを肯定しうるものと考えられる。

しかし，本稿においては，一歩進んで，租税法上は財産分与に，民法学説に従った内容的な区分を想定することを止めて，全体として「1個の」法定債権（債務）であると考えることとしたい。

その理由の第1は，すでに指摘したとおり（Ⅱ1（3）②），内容の区分が明らかでない場合の，執行上の困難の問題である。

第2の理由は，家族法における財産分与の内容の融通無碍さにある。金子説においては我妻説を引用して，「民法768条の財産分与の請求は，夫婦共通財産の清算，離婚による損害の賠償，離婚後の扶養の三つを含むと解される。」と述べられていたところ，ある具体的な財産分与においてこの3つの内容が常に含まれるわけではない。判例は慰謝料を財産分与に含めることもできるし，財産分与と別個に請求することもできる——無論，二重請求は許されない[23]——としている[24]。さらに，過去の婚姻費用の清算も，判例上，財産分与において考慮することが認められている（最判昭和53年11月14日民集32巻8号1529頁）。他方，いわゆる離婚後扶養に補充性を認める立場では，清算的財産分与が十分な金額であれば離婚後扶養の財産分与は小さくなる，ないしは，なくなるとされる[25]。

判例が慰謝料や過去の婚姻費用の清算を財産分与として行ないうるとする根拠は，民法768条2項の「その他一切の事情」に，そのような考慮があたりうる点にある（最判昭和46年7月23日民集25巻5号805頁，および，

---

(22) 渋谷・前掲注（7）529頁は，昭和50年最判の考え方を代物弁済的構成だとしつつ（後掲注（27）参照），損害賠償および離婚後の扶養としての部分については，その考え方が妥当とする。これに対して，金子説は，離婚後扶養の部分を贈与と構成していたため，所得税の課税対象とするか，贈与税の課税対象とするかを，さらに論じる余地が残ることになる。

(23) 犬伏・前掲注（13）403頁，窪田・前掲注（15）128頁。

(24) 犬伏・前掲注（13）421頁。

(25) 犬伏・前掲注（13）418頁。

44

上記最判昭和53年11月14日参照)。わが国で一般的とされる協議離婚における財産分与においては，当事者の意思解釈として，ここで挙げた以外の要素が考慮されることもありうるであろうし，そのことは裁判所が判断する場合の「その他一切の事情」に相当するものとして，是認されると思われる。

このように「その他一切の事情」を考慮してなされる財産分与は，裁判所がその金額，内容を判断するために積み上げる要素として家族法学説において区分されるとしても，経済的な結果に着目すべき租税法においては，全体として1つの請求権，ないし，義務として扱うことが適当であるし，そう考えるほかはないと思われる。

このように考えると，少なくとも租税法の世界においては，財産分与請求権と分与義務とは，離婚により，その時に発生する，法定の債権債務関係であり，その形成過程——財産分与の内容とされるそれぞれの要素の，婚姻中の事情にもとづく考慮要素——を捨象して課税関係を考えるのが適切であると言えよう[26]。

（3）昭和50年最判の再検討

ここで昭和50年最判のロジックを確認すると，「離婚の成立によつて発

---

(26) ここで，少し長くなるが，昨年急逝された窪田充見教授による，次の言明を紹介しておきたい。この問題に対する，家族法学からの真摯な応答だと考えるからである。

　「ひとつの問題は，現在の財産分与という制度が，非常に不透明なものであるということにありそうです。財産分与が，清算と扶養を内容とするといっても，多くの場合には，比喩的な説明にとどまっていて，租税法上の議論に厳密に対応できるだけのものになっていないということのようにも思えます。

　さらに，この不透明さは，清算と扶養のそれぞれが不透明だというだけではなく，『財産分与は清算と扶養を基本的な内容とする』といった命題自体が，いったい何を意味しているのかという点にもありそうです。とりわけ，清算と扶養等の金額を積み上げたものが財産分与なのか，清算や扶養を考慮しつつひとつのものとして財産分与が観念されるのかということが，租税法上の扱いとの関係では重要な意味をもってくるということについて，よく理解できました。」(窪田・前掲注（15）594頁)。

生し，実体的権利義務として存在するに至」った財産分与債務の，「不動産等の譲渡等の分与の完了」による消滅を経済的利益と考えるのであるから，それは，離婚により発生した（1個の）法定債務たる財産分与債務の，不動産の引き渡しによる消滅を経済的利益としていることになる。この考え方は，資産の引き渡しによる財産分与を，いわば法定債務の代物弁済と構成するものと言えよう[27][28]。

　以上の検討から，昭和50年最判は法定債務の代物弁済的構成により財産分与から譲渡所得が発生するとしたものであり，解釈論として成立しうる考え方であると評価できよう。

2　財産分与時の課税繰延について

（1）課税繰延の適否

　1で検討したように，昭和50年最判の判断が解釈論として支持されうるものであることを前提に，立法論として，財産分与時に譲渡所得課税をすべきか，それとも，その課税を分与請求権者が当該資産を他に譲渡する時まで繰り延べるかについては，政策的な見地から議論する余地がある[29]。

----

[27]　渋谷・前掲注（7）529頁も，「本判決の見解は，財産分与を，債務の代物弁済と同様に考えているものと思われる。」とする。

[28]　なお，谷口勢津夫教授は，法定債務には「対価」を観念しえないとして代物弁済的構成を批判され，財産分与における経済的利益発生の構造は債務免除と同様であるとされる（谷口勢津夫『税法基本講義〔第7版〕』（弘文堂・2021）303頁）。しかし，法定債務の消滅に「対価」を観念しえないとしても，資産を手放して債務の消滅益を受ける点で，財産分与は，債権者の一方的意思表示によって行なわれる債務免除よりも，代物弁済に似ているように感じられる。

　　また，渋谷教授は，分与対象財産が値上がりすれば分与請求権者が分与を受けるべき金額も増加することを指摘し，財産分与は代物弁済よりも共有物の分割に近いと論じられる（渋谷・前掲注（7）529頁）。卓見であるが，1（2）で前述したとおり，財産分与の課税関係は，分与請求権の成立過程ではなく，分与請求権（義務）が発生する時点に着目して検討されるべきであるとの立場に立てば，なお，代物弁済的構成も維持できると考えられる。また，前述した部分の直後で，渋谷教授自身も，財産分与時の譲渡所得課税の可能性を否定しておられないことも指摘しておきたい。

「結局のところ，財産分与がキャピタルゲインに対する課税タイミングとして適当であるか否かという実質論が，重要なのではないか」[30]と解するのである。

学説においては早くから，ヴァリエーション豊かな課税繰延説が主張されてきた[31]。筆者もかねてより，この場面での課税繰延に利点があることを指摘してきた[32]。かなりの部分が繰り返しになるが，その理由は次のとおりである。

第1に，最判平成元年9月14日（判時1336号93頁）などの，分与時の譲渡所得課税に関する錯誤の判決などからうかがえる，「財産を分与した（手放した）側に課税される」という昭和50年最判と課税実務の結論は，一般の納税者の意識と相当程度食い違っており，この点を是正する（制度の姿を納税者の一般的な理解に近づける）ことの利点は大きいと思われる[33]。

第2に，死別の際の相続，婚姻中の贈与については，その時点で資産に含まれる値上益に課税されないこととのバランスがとれる。

第3に，税務執行上の課税庁の負担軽減に資する。わが国において，今後も離婚の件数は増えると見込まれるところ，現金以外の資産による財産分与があった事例につき，個別にその内容を検討し，資産の時価評価により課税処分等を検討することは，課税庁に大きな負担を強いる。この場面での課税を繰り延べれば，現実の譲渡の時点で，実際に授受される対価を総収入金額として課税すれば足りるので，課税庁の負担軽減につながる[34]。

---

(29) 判例も，清算課税説の下では個人間の贈与等の時にみなし譲渡課税がなされるべきであるが，「〔所得税〕法60条1項1号所定の贈与等にあっては，その時点における譲渡所得課税について納税者の納得を得難いこと」を，この場合の課税繰延の理由として指摘している（最判平成17年2月1日訟月52巻3号1034頁）。

(30) 渋谷・前掲注(7) 530頁。

(31) 詳細は，佐藤・前掲注1a，133頁参照。

(32) 佐藤・前掲注1b，245-246頁参照。

(33) 家族法学説からは，「この実務は市民の感覚になじまない。」（二宮・前掲注(15) 113頁）との指摘がある。

離婚時の財産分与をめぐる夫婦の課税関係　47

　第4に，分与義務者における資産の譲渡による総収入金額と，分与請求権者における資産の取得価額が食い違う事態を避けることができる[35]。

　最後に，やや消極的な理由であるが，所得税法60条1項に離婚時の財産分与による取得を加えることを想定するなら，わが国の課税繰延制度は簡潔であり，技術的にも困難が少ないと言えることも挙げてよかろう[36]。

　なお，居住用不動産を財産分与しようとしても，分与義務者に所得税等の負担能力がなく協議や調停を困難にしているケースがあるとの指摘があり[37]，この場面での課税繰延は，速やかな財産分与の実現に資するとも考えられる（ただし，次に指摘する点は，別の意味で，課税繰延は速やかな財産分与の実現に負の影響を与えるともいいうる）。

　他方，いわゆる Davis rule（United States v. Davis, 370 U.S.65（1962）により確立された，夫婦別産制を採る州における現物による財産分与が連邦所得税において所得を発生させるとするルール）を放棄し，離婚時の財産分与（と婚姻中の夫婦間の財産移転）を課税繰延の対象とした1984年の内国歳入法典改正の際に指摘されていた，分与請求権者にとっての不利益が問題となる。分与時の課税が繰り延べられると，分与請求権者は，いわば，取得時から分与時までの間に生じた含み益への税金を「背負った」財産の分与を受けることになり，正味でどれだけの財産の移転を受けたのかが曖昧になる，という不利益である[38]。これについては，協議や調停の場でその時の現行法を前提に調整を試みるほかはない。なお，協議離婚の場合は，当事

---

(34)　ただし，離婚後は元夫婦間の連絡が途絶する場合もあるため，分与義務者が分与された資産を取得した際の取得費等に関する情報を分与請求権者が確実に入手できるように，家庭裁判所等の協力を得た広報が必要とされる。
(35)　両者が食い違った事例として，東京地判平成3年2月28日行集42巻2号341頁参照。
(36)　アメリカにおけるかつての問題状況としては，佐藤・前掲注1b，243頁注55に対応する本文参照。
(37)　二宮・前掲注（15）113頁。
(38)　ただし，最も問題となりそうな居住用不動産の譲渡については，現行法上，3,000万円の特別控除がある（租税特別措置法35条参照）。

者（特に，交渉を代理する弁護士）が将来の所得税額を考慮すべきことを主
張することは自然であり，自由であるが，審判による場合にどうするかと
いう問題が残る。この点は，現在の審判において，財産分与義務者が負う
所得税額が財産分与において考慮すべき負債と考えられていないのであれ
ば，請求権者が負う将来の所得税負担も審判においては考慮されないこと
となろう。逆も同じである。

（2）課税繰延の範囲

分与時における譲渡所得の課税繰延を主張する説においては，その範囲
等について多様な主張がなされているところ，分与された財産全部につい
て課税繰延を主張する説はむしろ少数であり，多くの説は何らかの制限を
設けることを主張している。

すでに紹介した金子説においては，合理的な上限を設けるべきとされて
いたほか，課税されない最低限の寄与度を法定すべしとの主張もある。分
与財産の性質に着目して居住用不動産分与について課税繰延を認めるべき
とする説，および，課税繰延か否かを当事者の選択に委ねるとの主張もあ
った[39]。

しかし，金子説の上限論について指摘したとおり，金額または寄与度で
繰延上限を設けると，それを超えた財産分与があった場合に，課税が繰り
延べられる資産（分与請求権者における取得価額は分与義務者の取得価額を引
き継ぐ）と課税対象となる資産（分与請求権者における取得価額は分与時の時
価となる）の振り分けが複雑になり，執行上の問題が生じうる。

居住用不動産に限って課税繰延の対象とする説には，このような問題は
少ないし，現時点では，死別の場合に配偶者居住権（民法 1028 条）が創設
されたこととの平仄も合っているように思われる。他方，居住用不動産を
分与するか，他の資産を分与するかで課税関係が異なると，分与内容を決
定する際の意思決定に影響を与えるおそれがあり（たとえば，分与義務者に

---

(39)　各説については，佐藤・前掲注 1a，133 頁参照。

対する分与時の課税を避けるため，あえて居住用不動産を分与しつつ，分与請求権者が調整金を支払う内容の分与とするなど），問題なしとはしない。

　贈与や遺贈の場合は，関係する個人間の関係が概して良好であるのに対して，離婚時の財産分与では分与義務者と分与請求権者は対立する関係にあることを視野に入れると，当事者による選択を認める説には，協議離婚の場合に，結局，協議において力の強い方に有利な形で決着する結果となる危険が潜んでいるように思われる。

　以上の検討からは，財産分与時の譲渡所得課税の繰延を立法する際には，特に範囲に制限を設けず，所得税法 33 条 1 項にいう「資産」に該当するすべてのものの分与について，課税繰延を認めることが，簡明であり，かつ，財産分与の内容にとって中立的であると考えられる。

　そのためには，現行所得税法 60 条 1 項に「財産分与（民法 768 条 1 項（同法 771 条または 749 条で準用される場合を含む。）に規定する財産分与に限る。）」を独立の号として加えることが適切である。これにより，財産分与から譲渡所得が発生することも明示できる[40]。

　この結論については，課税繰延の範囲に制限を設ける説が抱いているであろう懸念，すなわち，非常に高額な財産分与による租税回避的な行為への懸念を軽視しすぎるとの批判があろう。しかし，この点は，後述するように，分与請求権者への所得課税をセットで仕組むことにより，非常に高額な財産分与が行なわれても何らの課税もない，という事態を回避することができる。この点については，節を変えて述べることとしたい。

---

(40)　津田顕雄「離婚に伴う財産分与に関する課税についての若干の意見」シュト 200 号（1978）131 頁，146 頁参照。

IV 財産分与時の分与請求権者課税

1 課税実務とこれまでの学説
（1）課 税 実 務

　財産分与時の分与請求権者への課税に関する現行課税実務として，相続税法基本通達9-8のただし書が，財産分与のうち「過当である部分」または「離婚を手段として贈与税若しくは相続税のほ脱を図ると認められる場合」において，「当該離婚により取得した財産」は贈与税の課税対象となるとしており，その前提として，同通達本文は，これ以外の財産分与により取得した財産は贈与により取得した財産とはならないとしている。しかし，この本文が対象とする財産分与について，所得税の課税関係を明言した通達等は，筆者の知る限り存在しない。結果的に，上記の通達のただし書以外の財産分与については，贈与税も所得税も課税されていないことになる。

　なお，相続税法基本通達9-8ただし書により課税された例はないとされている[41]。これは，ここで想定されている贈与税の課税がなされるためには，その前提として「正当な財産分与の額」を認定する必要があり，家庭裁判所すら個別のケースごとに判断しているこの問題について，課税庁が課税処分の根拠となりうる程度に確かな判断をすることが，ほぼ不可能であることを示すものと言えよう[42]。

---

(41) 小田修司「財産分与と第二次納税義務」税務事例研究139号（2014）56頁，69頁。これは2014年に公表された論稿であるが，その後現在まで，このただし書が適用された例はないと思われる。

(42) ただし，現実に，過当な財産分与がなされうることは，民法上の詐害行為取消権に関する最高裁判決（最判平成12年3月9日民集54巻3号1013頁）や，国税徴収法39条に関する札幌高判平成24年1月19日（訟月59巻4号1091頁）などの事例などから，明らかである。

（2）学　　説

　学説には，この財産分与非課税の扱いを積極的に肯定するものがある。その根拠は，慰謝料としての財産分与と離婚後扶養としての財産分与には，所得税および贈与税について非課税規定があること（慰謝料については，所得税法9条1項18号，扶養については同項15号と相続税法21条の3第1項2号），清算的財産分与については，すでに財産分与義務者への所得課税がなされているから課税済み資産の財産分与請求権者への配分に過ぎないことが挙げられている[43]。岡村教授は，確立された非課税扱いの「説明」として，清算的分与につきほぼ同様の説明をされた上で，離婚時にまで課税されていない含み益の部分について，分与義務者に譲渡所得課税がなされることで，分与請求権者の取得価額が離婚時の「時価」となるとされる[44]。

　立法論として離婚時の分与義務者への課税繰延を主張しつつ，財産分与をみなし贈与とし（これにより分与請求権者への所得課税が排除される。所得税法9条1項17号参照），その贈与税を非課税とする説（このみなし贈与への所得税法60条1項の適用を主張する）[45]も，財産分与について分与請求権者への課税をすべきではないとの結論を支持するものであろう。

　他方，財産分与は相続税法9条のみなし贈与に該当すると考えるが，これが否定された場合は，所得税において一時所得として課税されるべきであるとする説[46]，清算的財産分与の部分に限って，一時所得として課税すべきとする説[47]もある。これらの見解においては，少なくとも慰謝料部分は現行法の規定により所得税が非課税となること（右山説では扶養部分も同

---

[43]　岡正晶「譲渡所得課税と『財産分与』の実務」税務事例研究19号（1994）47頁，64頁。吉良・前掲注（19）43頁以下も同旨。

[44]　岡村忠生「さやかの幸せ」佐藤英明編著『租税法演習ノート〔第4版〕』（弘文堂・2021）94頁，101頁。

[45]　大塚正民「財産分与の税務──日米比較」税法学566号（2011）141頁，152頁。

[46]　津田・前掲注（40）143頁以下。なお，この津田論文は，将来，高額の財産分与が現れた際に課税が必要とされるとしつつ，同論文の解釈論的帰結に満足することなく，立法的解決を図るべきとする。

[47]　右山昌一郎「財産分与をめぐる課税の問題点」税弘27巻10号（1979）118頁。

様）が前提とされている。

　財産分与時の分与義務者への譲渡所得課税を繰り延べるとともに，財産
分与をみなし贈与として一旦は贈与税の課税対象としつつ相続税法19条
の2や同法21条の6の適用ができるようにすべき（この主張は理解しがた
いが，多額の「元配偶者控除」を設けるべきとの主張であろう）との説でも[48]，
高額の財産分与には贈与課税がなされる結果となろう。

2　財産分与請求権法定債権説に立ったアプローチ
（1）一時所得該当説

　これに対して，財産分与請求権を，その内容を区分することなく1個の
法定債権と評価し，昭和50年最判の代物弁済的構成を肯定する本稿の立
場においては，財産分与を受けた分与請求権者には，課税がなされるべき
である。なぜなら，分与請求権者は，離婚時に民法の規定により財産分与
請求権を与えられるところ，それは経済的利益にあたる。したがって，法
定債権の取得（ないし授与）による経済的利益という価値の流入について，
財産分与請求権者への課税が必要となる。そして，財産分与請求権の価値
は，現実に行なわれた財産分与によって測られることになり，金銭であれ
ばその金額，金銭以外の物，権利または経済的利益であれば，その離婚時
の時価がそれに相当する。他方，法定債権たる財産分与請求権の取得価額
は0円であるから，結果的に，財産分与を受けた金銭等の離婚時の時価の
合計額について，課税がなされることになる[49]。

　それでは，所得税を課税すべきか，贈与税を課税すべきか。

　本稿での立論は，財産分与請求権者の受ける利益は，財産分与義務者か
ら移転されるのではなく，民法の規定によって与えられるとの理解に拠っ
ている（財産分与請求権法定債権説）。したがって，それは個人間の贈与で

---

(48)　吉良・前掲注（19）41-42頁。
(49)　この点については，筆者は早くから，その方向性を示していた。佐藤・前掲注1b，
　　245頁注62参照。

はなく，また，贈与とみなす余地もない。他方，利子所得から譲渡所得までの8種類のどの所得類型にも該当せず，かつ，継続的に与えられるものでもないから，一時所得として課税すべきである[50]。

先にみたように，先行業績の多くは，財産分与請求権の内容や成立過程に着目するものであるが，租税法上，財産分与請求権は，離婚時に発生する1個の法定債権と評価すべきであり，前述したとおり，課税にあたってその内容を区分することは現実的ではないため，賛成することができない。また，このような分与請求権者への課税は「二重課税にあたる」との批判もありうるが，課税済み所得の夫婦間の贈与が原則としてその他の贈与と同様に贈与税の課税とされる（明文の規定により所得税が非課税とされる）ことに鑑みると，財産分与の場合を，ことさら「二重課税」にあたると解するのは不自然であるように思われる。さらに，財産分与を「みなし贈与」と解釈することも，そのような立法をすることも，すぐ前に述べたとおり，適切とは言えない。

（2）立法措置と政策的考慮の必要性

（1）で述べたのは，解釈論的結論である。しかし，（現実的な見込みはないが）課税庁が，突然，（1）の解釈を採って財産分与を受けた請求権者に一時所得としての課税を行なうことは，2つの点で適切ではない。

1つは，財産分与を受けた場合に，それが原則として何らの課税も受けないという「非課税扱い」はこれまでの課税実務において完全に確立して

---

(50) 岡村教授は，昭和50年最判の構成を「被分与者に財産分与請求権が原始的に発生していることを前提として」いることを指摘し，被分与者への課税について，「素直に考えれば，原始的に発生した財産分与請求権の取得費はゼロであり，その行使によりその時価が収入金額として実現されるから，結局は取得した分与財産の時価が，おそらく一時所得または譲渡所得として課税を受けることになるはずである。」（岡村・前掲注（44）101頁）とされる。別の書籍では，「財産分与は譲渡であるという立場を貫くとすると，分与を受ける側に発生する財産分与請求権を一時所得の収入金額として課税を行うことになろう。」（岡村・前掲注（17）85頁，下線は佐藤）とされている。また，「財産分与は民法上の義務であって贈与ではないから，贈与税の課税はない。」（同前）とされる。

おり，それは現在では，行政先例法と呼ぶにふさわしい地位を獲得していると考えられる。この「非課税扱い」は財産分与を受けた者に利益を与える扱いであるから，租税法における行政先例法に関する金子名誉教授の説においても，その成立が認められるであろう[51]。

　不文の法として成立している「非課税扱い」先例法は「法」であるから，行政庁の解釈変更によってこれを変えることは許されず，必ず立法が必要とされるのである。

　課税庁の解釈変更によって一時所得課税をなすべきではないと考えるもう1つの理由は，この課税には政策的考慮が必要だと考えられることである。すなわち，この課税には，離婚時の財産分与請求権者――沿革的には「妻」が多い――の経済的困窮に対応する，一定額の非課税枠を設けることが適当だと考えられる。1つの目安は，死別の際に配偶者に与えられる特例（相続税法19条の2参照）を参照して，1億6,000万円までの財産分与を非課税とすることが考えられる。これには，あまりに高額であり，より控えめな金額でも経済的困窮の解決に十分であるという立場と，相続税の場合には土地が時価の8割程度で評価されるなど納税者に有利な評価がなされるが，所得税の場合には，各資産の時価によって課税されるから，同額では相続税の場合との均衡がとれないという立場の両方がありうる。財産分与の実態なども考慮した上で，非課税の上限金額が法定されるべきであろう。

　以上の結論は，所得税法34条2項以下を以下のように改正することで実現される（下記の第3項にいう「●●●円」は，直前で触れた経済的困窮を考慮した非課税枠の金額である）[52]。

　所得税法34条
　2項　一時所得の金額は，次の各号に掲げる金額の合計額とする。

---

(51)　金子宏『租税法〔第二十四版〕』（弘文堂・2021）115頁参照。

1号　財産分与（民法768条1項（同法771条または749条で準用される場合を含む。）に規定する財産分与に限る。）により取得した金銭，金銭以外の物又は権利その他経済的な利益の合計額から財産分与特別控除額を控除した残額

2号　その年中の一時所得（前号に掲げるものを除く。）に係る総収入金額からその収入を得るために支出した金額（その収入を生じた行為をするため，又はその収入を生じた原因の発生に伴い直接要した金額に限る。）の合計額を控除した残額

3項　前項1号に規定する財産分与特別控除額は，●●●円（同号に規定する金額が●●●円に満たない場合には，当該金額）とする。

4項　第2項第2号に規定する一時所得の特別控除額は，50万円（同項に規定する残額が50万円に満たない場合には，当該残額）とする。

V　結びに代えて

本稿においては，現時点では，金子説に拘泥することなく，昭和50年最判の論理と結論を前提に，離婚時の財産分与をめぐる夫婦の課税関係を立法論的に検討すべきことを主張した。そして，財産分与義務者については譲渡所得の課税繰延をすべきこと，および，財産分与請求権者については高額な財産分与に一時所得として課税できるように法整備をすべきこと

---

(52)　本文のように解した場合，離婚に伴う損害賠償（慰謝料）については，これを財産分与として行なうと課税されるが，別途損害賠償請求を行なえば課税されないという結果がありうる。これを不当とする見解もあると思われる。しかし，当事者の法律構成によって課税の結果が変わることはむしろ自然であり，課税の有無を視野に入れて当事者が対応すべきものであろう。また，非課税枠を相当な水準と考えれば，離婚されたこと自体の離婚慰謝料には相場があり，「最高額は500万円で頭打ち」（二宮・前掲注（15）107頁）とされる程度の水準の離婚慰謝料は，課税の有無にあまり影響を与えないとみてよかろう。もちろん，婚姻中に暴行などがあり，入院や後遺症に対して慰謝料が払われるケースでは，慰謝料の金額は跳ね上がるが，それが課税対象となることを防ぐためには，財産分与とは別に，損害賠償請求を行なうべきである。

を指摘した。

　この問題は，多分に価値判断の影響する論点を多く含んでおり，本稿の検討および結論について，多くの反論がありうることと思われる。そのような議論を通じて，財産分与の課税関係の検討が深まることを，金子名誉教授はきっと喜ばれるであろう，と筆者は考えている。

金子租税法学の回顧と継承

横浜国立大学時代の金子宏先生
―国際課税を中心として

東京大学教授　増井　良啓

Ⅰ　は じ め に

　金子宏先生は 1991 年 4 月から 1996 年 3 月の間，横浜国立大学大学院国際経済法学研究科教授を務められた。以下，この期間のことを「この時期」という。この時期の金子先生の研究活動について特筆すべきは，精力的に国際課税の研究を展開され，国際学術交流を推進されたことである。そこで，国際課税を中心として，この時期の先生の想い出を記してみたい。

　この時期の金子先生の研究活動については，横浜国立大学で当時の同僚であられた岩﨑政明教授をはじめとして，よくご存じの方が多いと思われる。金子先生を慕って大学院に入学された方々には，特別の想い出がおありになるであろう。本稿は私の限られた経験によるものにすぎない点を，あらかじめおことわりしておく。

　本稿は，2023 年 8 月 10 日の研究会における口頭報告を基礎とし，2024 年 10 月末の時点でこれに加筆修正を施したものである。

II　この時期の金子先生の公刊論文

1　国際課税を研究の柱とする

　この時期の金子先生の公刊論文には，国際課税以外の領域でも，「所得の年度帰属―権利確定主義は破綻したか」[1]や「税務情報の保護とプライバシー」[2]のように著名なものがある。また，法人税と所得税の統合について複数の論考があり[3]，レント税に関する論文の書評[4]とともに，先生が法人課税の租税政策に関心を深められたことがわかる。

　しかし，この時期の金子先生が最も熱心に取り組まれたのは，何といっても国際課税であった。

　東京大学から横浜国立大学に移られた時期の金子先生がどのような研究計画を構想していたかが，ある年報に記されている。この年報は，東大法学部スタッフの自己規律のために活動状況を内外に明らかにするものとして，1969年4月を起点として2年ごとに製本刊行されていた非売品の冊子である。その第11号が1989年4月から1991年3月までをカバーするもので，金子先生にとっては，助手期間を含めて38年間にわたる東大在職期間の最後の2年間を対象としていた。金子先生は，「退職後の研究計画をここに記すべきかどうか，大分まよったが」と述べつつ，今後の研究課題として次の4つを挙げていた[5]。

---

(1)　金子宏「総論―権利確定主義は破綻したか―」日税研論集22号3頁（1992）。

(2)　金子宏「税務情報の保護とプライバシー―納税者番号制度を視野に入れて」租税法研究22号33頁（1994）。

(3)　金子宏「法人税と所得税の統合―統合の諸類型の検討」資本市場73号58頁（1991），金子宏「アメリカにおける法人税・所得税の統合論の動向―アメリカ法律協会報告書の紹介」資本市場97号30頁（1993），金子宏「法人税と所得税の統合に関するアメリカ法律協会の提案とそのコメント（1）（2）」横浜国際経済法学2巻2号149頁，3巻2号71頁（1994-1995）。

(4)　金子宏「学界展望〈租税法〉Rebecca S. Rudnick, Who Should Pay the Corporate Tax in a Flat Tax World?」国家学会雑誌104巻9＝10号777頁（1991）。

- 租税法のケースブックを作ること
- アメリカの税務調査についてさらに研究を続けること
- アメリカのキャピタルゲイン課税の研究をまとめること
- 国際租税法に関する研究を深めること

　このように，国際租税法に関する研究は，4本柱の重要なひとつとして意識されていたのである。日本税務研究センターの金子共同研究会でも，平成5年度から6年度（1993年度から1994年度）にかけての研究プロジェクトとして国際課税の問題を取り上げ，1995年9月に論文集を公刊している[6]。

　なお，1996年の春，金子先生は横浜国立大学を退官するにあたり，最終講義をされた。講義は「資本輸出中立性は廃棄されるべきか」と題していた[7]。国際課税に注力された横浜国立大学での5年間を象徴的に示す論題選択であったといえよう。

2　国際課税に関する3論文

　さて，この時期の金子先生は，①「相互協議と国内的調整措置」，②「法人税制度のハーモニゼーション」，③「移転価格税制の法理論的検討」を立て続けに公表された。これらはいずれも1996年刊行の論文集『所得課税の法と政策』[8]に収録されており，金子先生ご自身も自信作とお考えになっていたのではないかと思う。

　①「相互協議と国内的調整措置」（1991）[9]

　租税条約上の相互協議について基本的な検討を加え，相互協議による合

---

(5) 東京大学法学部研究・教育年報11号110頁（1991）。奥付によると刊行年月は1991年10月。
(6) 金子宏「研究にあたって」日税研論集33号1頁（1995）。
(7) この最終講義は公刊されていない。
(8) 金子宏『所得課税の法と政策　所得課税の基礎理論　下』（有斐閣1996）。
(9) 金子宏「相互協議（権限のある当局間の協議および合意）と国内的調整措置—移転価格税制に即しつつ」国際税務11巻12号14頁（1991），後に金子・前掲注(8) 390頁に所収。

意を受けて日本の税務署長が減額更正を行う場合の法的根拠を論じた論文である。この論文は，次のような現実の案件を念頭において書かれた。1980年代末から，自動車輸出をめぐる日米当局間の係争案件が大きな問題になっていた。日産自動車とトヨタ自動車に対して米国内国歳入庁が移転価格税制を発動した。これに対して1986年5月に相互協議の申立てがなされ，日米課税当局の協議の結果として，1987年6月と9月に合意がなされた[10]。これらの合意に基づき同年10月から1988年にかけて国税と地方税が還付されたところ，地方税の還付が住民訴訟で争われた。横浜地裁平成7年3月6日判決（昭和63年（行ウ）第32号，訟務月報42巻12号3076頁）は還付を適法とした（控訴審で維持，最高裁で上告棄却により確定）。横浜地裁の判決文には，金子先生の相互協議の申立てに関する見解が丁一号証として引用されている。

②「法人税制度のハーモニゼーション」(1992)[11]

ジュリスト創刊40周年記念号に寄せて，税率と課税ベースの統一という目標を提言した論文である。当時，EUで市場統合が進み，1990年に合併指令や親子会社間配当指令ができていた。この論文の公表直後，1992年にEU域内で企業課税の調和を目指すルディング報告が出た[12]。この論文については私も過去2回にわたって応答を試みた。節を改めてⅣで述べる。

③「移転価格税制の法理論的検討」(1993)[13]

1986年税制改正で導入された移転価格税制について，租税条約との関

---

(10) 1987年度冬学期の東京大学の演習で，金子先生がゲーリー・トーマス弁護士をゲストとして招いて，日米課税当局間の相互協議の合意成立について検討した回があった。トーマス弁護士から，当時，ドルが円に対して大きく減価したこと（1982年の1ドル250円が1988年に1ドル128円）が合意成立における大きな考慮要素であった，という話があった。

(11) 金子宏「法人税制度のハーモニゼーション」ジュリスト1000号97頁(1992)，後に金子・前掲注(8)452頁に所収。以下で本論文から引用するときは後者による。

(12) この報告書については，金子・前掲(8)466頁の付記が，「法人税の統合に関する提言として，きわめて重要な報告書であると考える」と述べて期待感を示している。

係を整理し，法制上の基礎付けを行った論文である。米国内国歳入法典
482 条のような否認型制度と異なり，日本の制度を申告調整型制度と性格
付けた。さらに，移転価格税制とのセットで第二次調整を行うことをやめ
るべきだと主張した。この論文の第二次調整に関する部分は私の助手論文
に応答してくださるもので[14]，その意味でも思い出深い作品である[15]。

　これらの論文が書かれた時代背景は，それ自体が興味深い学説史研究の
対象である。ごく簡単に当時の状況について一言しておくと，当時の日本
は移転価格税制を導入してまだ間もない状態であった。OECD 租税委員会
を舞台として，利益法による課税を積極的に進める米国と，それに対峙す
る日欧という構図で，「OECD 移転価格ガイドライン」（初版が 1995 年）の
作成が進められていた。

　視野を広げると，1990 年代前半の日本は，バブル経済崩壊後の低成長期
を迎えていた。もっとも，現在ほど少子高齢化は進んでおらず，なおも企
業部門の余力が温存されていた。国際的には，冷戦終結後の平和の配当を
享受できる環境にあり，米国の存在感は依然として巨大であった。中国や
インドの興隆を受けて BRICS という言葉が流通するようになるには，あ
と 10 年待たねばならない。

---

(13)　金子宏「移転価格税制の法理論的検討―わが国の制度を素材として」芦部信喜先
　　　生古稀祝賀『現代立憲主義の展開・下巻』439 頁（有斐閣 1993），後に金子・前掲
　　　注（8）363 頁に所収。
(14)　金子・前掲注（8）384 頁。
(15)　金子説は移転価格税制とのセットでみなし出資・みなし配当の法理を適用するこ
　　　とを中止すべきであるとする。これに対する私の再応答が増井良啓「移転価格税
　　　制―経済的二重課税の排除を中心として―」日税研論集 33 号 41 頁（1995）であ
　　　る。その論文において私は，要旨，第二次調整自体の必要性は否定できず，第二
　　　次調整から生ずる課税をなくす（無害化する）ことが課題であると論じた。

Ⅲ　この時期の金子先生の国際学術交流

1　米国と欧州

　論文執筆と並行して，この時期の金子先生は，それ以前にも増して精力的に国際学術交流を推進された。お忙しい中にあって，米国や欧州の研究者との交流を楽しんでいらっしゃったと思う。「日本の学者はコモンローだけでなく大陸法の素養もあるので有利なのですよ」とよくおっしゃっていたが，先生が公表されたものの中からはまだ見つかっていない。

　米欧の違いについて質問されて，金子先生は，2012年6月刊行の『法律時報』の座談会で，次のように述べている[16]。

　「国際課税をめぐる政策論・制度論については，最初にアメリカに行ったから，アメリカびいきになっていることがあるかもしれませんが，（中略）問題を基本的に提起するという点では，アメリカが先に歩き始め，それを OECD が後から追うという形を長い間とっていたように思います。（改行）やがて OECD は，独自色を強めて，必ずしもアメリカの立場にとらわれない考え方をとるようになってきました。（中略）長期間，私は，アメリカが国際課税のセンターだと思っていました。ところが，OECD の存在感と役割が急速に大きくなり，また，オランダのビューロ（IBFD）の研究活動も非常に活発になっています。」

　この発言からは，金子先生が，第二次世界大戦後の国際課税の法形成を圧倒的な力で指摘リードした米国に対置して，パリに本部のある OECDとオランダの IBFD を意識していた様子がうかがえる。

　なお，この法律時報の座談会には，1960年代初頭の米国留学時から2012年のより多極化した時代にかけての歩みについて，金子先生の肉声が記録されている。以下で述べる点は，これと一部重複する内容を含むが，

---

(16)　金子宏ほか「金子宏先生に聞く　第3回　国際租税法・国際交流を中心に」法律時報84巻6号54頁，61頁（2012）。

公刊資料と手元の記録から私が再構成した。

2 ハーバード

すでに 1960 年代から，金子先生とハーバード関係者との交流は活発であった。金子先生は，1961 年から 1963 年にかけての 2 年間，米国東海岸の Harvard Law School で在外研究をされた。30 代はじめのころである。1972 年に Harvard Law School の Surrey 教授が日本政府の招聘により訪日した折には，金子先生が地方視察に同行された[17]。1975 年の 4 月から 5 月にかけて，金子先生は Surrey 教授を東京大学に招聘し，スタッフセミナーを開催された[18]。1976 年に，金子先生は 2 度目の長期在外研究に出かけられ，1977 年 6 月まで Harvard Law School でアメリカの租税法，特にキャピタルゲイン課税の研究に従事された[19]。1977 年 10 月，金子先生は来日中の Shoup 博士と Surrey 教授を囲んで，研究会を開催された[20]。1978 年 11 月から 12 月，金子先生は，Harvard Law School の Oldman 教授を東京大学に客員研究員として招聘した[21]。このように金子先生とハーバードとのつながりは緊密であったところ，1990 年からは Harvard Law School Association of Japan の President を務められた。

1992 年の 4 月から 10 月にかけて，60 代の金子先生は，Harvard Law School での 3 度目の長期在外研究に出かけられた。古くからの友人である Oldman 教授や Sander 教授らと旧交をあたため，Shoup 博士のご自宅を訪問された[22]。当時の Law School で学部長をしていた Clark 教授や，人的資本の論文を書いていた Kaplow 教授とも，意見交換された。

---

(17) Lawrence A. Zelenak and Ajay K. Mehrotra eds., A Half-Century with the Internal Revenue Code, The Memoirs of Stanley S. Surrey 294 (Carolina Academic Press 2022).
(18) 東京大学法学部研究・教育年報 4 号 75 頁（1977）。
(19) 同上。
(20) 租税法研究 1 号 145 頁（1973）。
(21) 東京大学法学部研究・教育年報 5 号 93 頁（1979）。

この時期のハーバードには，岩原紳作教授や柳田幸男弁護士，谷口安平教授が客員教授として滞在していた。租税法の佐藤英明教授や政治学の飯田文雄教授，法哲学の森村進教授，商法の川村正幸教授も滞在していた。日本からの留学生は多く，Law School の 1 年コース（LL.M. Program）の在籍者だけで 10 名以上いた。国際租税プログラム（ITP, International Tax Program）や Kennedy School of Government，川向こうの Business School にきていた人も含めると，もっと多かった。概して，日本の金融機関から派遣されていた人が多く，日本人留学生の集まりに出席すると大蔵省・日銀・興銀を中心とする日本の金融秩序が見事に可視化された。1 年間の課程を終えた後，東アジア法研究所（EALS, East Asian Legal Studies）の客員研究員として 2 年目に滞在を続ける人もいた。私も金子先生とOldman 教授の勧めで，1 年目は ITP と LL.M. 合同プログラムに学生として参加し，2 年目は EALS の客員研究員として滞在していた[23]。

当時，佐藤英明教授は郊外の Belmont にご家族で居を構えていた。私はキャンパスの学生寮に住んでいた。ある日，佐藤教授がご自宅で金子先生をおもてなしされた。私もご相伴にあずかった。そのおりに，金子先生から「いつか『ケースブック租税法』を公刊したいので手伝ってほしい」とお話があった。それから 12 年後，日本で司法制度改革の一環として法科大学院が発足したのにあわせて，『ケースブック租税法』の初版が公刊された。金子先生のはしがきには，「共編著者の 3 君に話したところ，いずれ時期をみて皆で協力して完成させようということになった。」と記されている[24]。金子先生は，ずっとあたためていた構想を，米国滞在時に佐藤教授と私に話され，また，それと近い時期に渋谷雅弘教授に話されたので

---

(22) 金子宏「随筆　シャウプ博士の想い出」税務大学校論叢 40 周年記念論文集 1 頁，7 頁（2008）。これに先立つ 1991 年 1 月には Shoup 博士の蔵書と資料を横浜国立大学に受け入れるにあたり，尽力されている。同 6 頁。

(23) 増井良啓「ハーバード大学国際租税プログラム」ジュリスト 991 号 10 頁（1991）。

(24) 金子宏「はしがき」金子宏・佐藤英明・増井良啓・渋谷雅弘編著『ケースブック租税法』iv 頁（弘文堂 2004）。

あろう⁽²⁵⁾。

　金子先生のハーバード滞在中の1992年8月，アメリカ法律家協会（ABA）の付加価値税セミナーがあった。ABAの税制部会はかねてより，付加価値税委員会でモデル法律と注釈を策定していた⁽²⁶⁾。米国において連邦レベルの付加価値税を導入することになった場合に備えていたのである（実際には現在に至るまで導入されていない）。ハーバードでのOldman教授の付加価値税の授業はこのABAの作業と密接に関連しており，主にEU付加価値税との制度比較を通じて，検討のための具体例を供給していた。カナダで連邦レベルの付加価値税（GST）が施行されたのが1991年で，その直後の時期でもあった。

　ABAの付加価値税セミナーは米国西海岸のSan Franciscoで開かれた。金子先生と佐藤教授は東海岸から飛んで来られた。水野忠恒教授と中里実教授は日本から飛行機で来訪された。私は近くのUC Berkeleyに滞在しており，地下鉄でうかがった。市内のホテルの一室で，セミナーが開かれた。フロアから手が挙がり，日本の消費税が免税事業者からの仕入れについても課税仕入れとして仕入税額控除の対象にすることについて，質問があった。免税事業者から仕入れた日本の課税事業者が輸出免税を利用して対米輸出したら，許されない輸出補助金になってしまうのではないかというのである。これに対して中里教授が為替変動による調整や免税事業者からの仕入れの規模などを指摘して反論した。金子先生はにこにことご覧になっていらっしゃった。セミナーの後，中里教授のご兄弟の自動車に金子先生以下全員が乗せていただき，景勝地のCarmelにドライブした。

　それから間もなくして，世界銀行「課税と経済成長　アジアの奇跡」プロジェクトが始まった。これは，日本・韓国・台湾の法律家とエコノミス

---

(25)　金子宏ほか「金子宏先生に聞く　第1回　租税法の解釈・適用，租税法と私法」法律時報84巻4号64頁，68頁（2012）。

(26)　Value Added Tax: A Model Statute and Commentary, A Report of the Committee on Value Added Tax of the American Bar Association Section of Taxation, Alan Schenk, Reporter（1989）.

トが集って，経済成長にとって租税政策と租税行政が有する意義を検討するプロジェクトである。金子先生と Oldman 教授が Senior Adviser になられた[27]。1993 年 1 月 30 日，日本の大磯で第 1 回研究会合があった。その冒頭挨拶で，金子先生は，このプロジェクトが途上国の役に立つものになるには，課税の経済効果を分析するだけでは足りず，法制度の構築とその適正な執行が不可欠であると強調された[28]。だからこそ，法律家とエコノミストの協力が必要であるというのである。1993 年 8 月 1 日から 4 日，カリフォルニアの Monterey で第 2 回研究会合があった。帰途，Ramseyer 教授が渋谷教授と私を自動車で送ってくださり，車中，「法と経済学」の研究動向についていろいろと教えてくださった。

　1994 年 10 月，金子先生は，国際交流基金の短期招聘事業として，ハーバードの Sander 教授を日本に招聘された。Sander 教授は明治学院大学で開かれた租税法学会の研究総会で講演した。この講演は学会誌に掲載され[29]，国際的租税紛争における ADR の利用に関する日本で最も初期の文献になっている。

　1994 年 12 月，明治学院大学で玉國文敏教授が開いたシンポジウムで，金子先生は総合司会を務められた。そこでは，「アメリカと日本」をめぐるシンポジウムで，ハーバード大学国際租税プログラムの Ainsworth 氏が移転価格税制について講演した[30]。

　1995 年 11 月，金子先生は，六本木の国際文化会館で Schenk 教授によ

---

(27)　この経緯につき，2023 年 8 月 12 日付けの中里実教授から増井へのメールを引用する。「このプロジェクトは，私［中里教授］の一橋の教え子の父上であった柏谷光司・世界銀行副総裁の依頼で，日本を中心とするアジア人研究者による研究プロジェクトを立ち上げてほしいと私への個人的な依頼に応えて，私が，世界銀行の方々と交渉して企画をし（Terms of Reference 参照），どうにか財務省の財政金融研究所の事務的サポートを取り付け，金子先生とオールドマン先生にトップになっていただいて開始したものです（関係者へのメール参照）。」

(28)　A Final Draft Report from FAIR to the World Bank on "Taxation and Economic Growth" (Asian Miracle Project) 2 (September 1993).

(29)　Frank E. A. Sander「租税紛争の仲裁と調停」租税法研究 23 号 213 頁（1995）。

る付加価値税のセミナーを開かれた。Schenk 教授は Oldman 教授との共
著で付加価値税のケースブックをつくった方で（この時期にはプリント版で
あり後に著書[31]として公刊），日本の消費税について論文を公表している[32]。
これよりも前，米国滞在中に佐藤教授と私は，金子先生のご依頼により，
先生の教科書の消費税法の部分を英文に訳して Oldman 教授に提出してい
た。Schenk and Oldman のケースブックにところどころ日本法への言及
があるのは[33]，金子先生・Oldman 教授・Schenk 教授のこのような交流
の現れであろう。

　なお，1998 年に Ault 教授を学習院大学に招聘されるなど，金子先生の
ハーバード関係者との交流はその後も長く続くことになる。

3　国際租税協会

　金子先生が国際租税協会（IFA, International Fiscal Association）日本支部
を設立されたのは，1975 年のことである[34]。ハーバードの Surrey 教授か
ら日本でも支部をつくってはどうかという打診があり[35]，宮武敏夫弁護
士や佐藤光男氏と相談して設立された。租税法学会の設立が 1972 年であ
るから[36]，金子先生は数年の間に 2 つの学会を立ち上げたことになる。

---

(30)　リチャード・T・エインズワース「移転価格―取引分析からの離脱」明治学院大
　　　学立法研究会編『日本をめぐる国際租税環境　税制の将来をみつめて』150 頁
　　　（信山社 1997）。
(31)　Alan Schenk and Oliver Oldman, Value Added Tax: A Comparative Approach,
　　　With Materials and Cases（Transnational Publishers 2001）.
(32)　Alan Schenk, Japanese Consumption Tax After Six Years: A Unique VAT
　　　Matures, 69 Tax Notes 899（1995）.
(33)　Schenk and Oldman, supra note 31, at 38, 44, 148, 158, 205, 214, 254, and 433. こ
　　　のケースブックには残念ながら金子先生の教科書は引用されていない。
(34)　国際租税協会日本支部のウェブサイト http://www.ifa-jb.com/index.php?catid =
　　　9 #organization による。
(35)　Zelenak and Mehrotra, supra note 17, 281-282 によると，Surrey 教授は 1969 年
　　　から IFA の PSC メンバーを務め，1971 年に Tillinghast 氏とともに移転価格税制
　　　に関する General Report を執筆し，1976 年に租税誘因措置に関する General
　　　Report を執筆するなど，IFA でも積極的に活動していた。

IFA 日本支部の規約は租税法学会の規約とそっくりで，いずれも金子先生の肝煎りでできた苦心の産物であるように思われる。

　1989 年から 1999 年にかけて，金子先生は IFA 本部の常設学術委員会（PSC, Permanent Scientific Committee）のメンバーとして，運営に尽力された。当時の PSC 委員長は Tillinghast 氏であり，Ault 教授が Research Subcommittee の委員長であった。Vogel 教授も PSC の重鎮メンバーであり，年次大会では毎年，IFA と OECD の合同セミナーの司会を務めていた。この時期以前の IFA 年次大会では，議題をめぐって出席者が賛成反対の討論を行い，場合によっては修正議決が出され，その場で採決をとるという一種の運動的な総会運営がされていたようである。これを改めて，より学術的なやり方で国際課税の論題を討議したり，事例研究を基にしたセミナーを増やしたり，といった方向に改革しようとしていた。英仏独西の同時通訳を用意するのはコストがかかるということで，英語のみのセミナーを部分的に導入しようともしていた。

　このような中で，金子先生は 1994 年度前半にミュンヘン大学から Vogel 教授を招聘された。横浜国立大学の正規の授業として，OECD モデル租税条約の注釈を読むセミナーを，金子先生と Vogel 教授の共同で開講された。これには岩﨑政明教授が常時出席され，私も時間の都合がつく限りお邪魔した。Vogel 教授ご夫妻の滞在場所は，玉國文敏教授が明治学院大学に宿舎を用意されていた。そのため，大学から宿舎に戻られる Vogel 教授に同道して，横浜駅から品川駅に戻る東海道線の電車をご一緒したこともある。

　1994 年 6 月，玉國教授が明治学院大学で「西欧と日本」をめぐるシンポジウムを開き，金子先生の総合司会の下，Vogel 教授がドイツの過少資本税制について報告した[37]。開会にあたって，金子先生は，「1993 年には，

---

(36)　租税法研究 1 号 191 頁（1973）。
(37)　クラウス・フォーゲル「ドイツの過少資本税制」明治学院大学立法研究会編・前掲注（30）3 頁。

ヨーロッパの単一市場が形成され，またマーストリヒト条約によって政治的な統合も図られることになった。恐らく 21 世紀の前半には，かってカレルギー伯爵や，その他の先人が提唱したヨーロッパ合衆国，ユナイテッド・ステイツ・オフ・ユアロップが形成されることも夢ではない。」と述べられた[38]。この発言は，Ⅳでみる金子先生の国際協調主義の前提認識を示している。

1994 年 7 月，村井正教授が関西大学で開いた国際シンポジウムで，金子先生は移転価格税制について報告された[39]。報告で指摘された点のうちの第 7 点が，「国際的な移転価格税制の適用に関連しては第二次調整を廃止すべきである」というものであり，前年に公表された論文「移転価格税制の法理論的検討」（1993）の概要を口頭で聴衆に伝えるものであった。金子先生の報告に続いて，米国の Peterson 前内国歳入庁長官が登壇し，第二次調整については OECD で議論が続けられていることを述べた。他にも，Vogel 教授が国内法による条約オーバーライドについて報告するなど，多くの参加者による報告と討論がなされた。金子先生の報告を聴いた Peterson 前長官は，休み時間に金子先生に対して「第二次調整についてご意見を聞かせて下さい」と話していた。

1994 年 8 月末，IFA の年次大会がカナダの Toronto で開かれた。このセミナーで移転価格税制が取り上げられた。その司会が上記の Peterson 前長官であった。Peterson 前長官は金子先生の見解を引用する形でセミナーを始めた。このセミナーではパネリストの氷見野良三氏が活躍した。当時の氷見野氏は大蔵省主税局から OECD 租税委員会の委員会に参加し，移転価格ガイドライン作成過程を熟知していた。氷見野氏の議論は，金子先生の立論を受けて，第二次調整の適用範囲に歯止めをかけるものであっ

---

(38)　金子宏「開会にあたって」明治学院大学立法研究会編・前掲注（30）2 頁。

(39)　その記録として，金子宏「移転価格税制について―日本の視点―」関西大学法学研究所編『国際シンポジウム　国際租税秩序の構築』139 頁（1995）。英語版は，The Institute of Legal Studies Kansai University, Proceedings of International Symposium 1994: Shaping an International Tax Order 113（1996）に所収。

た[40]。その後公表された 1995 年移転価格ガイドラインには，限定的な場合に限って第二次調整を許容することが明記された[41]。その後の時間の経過とともに移転価格ガイドラインからこの歯止めが失われてしまったのは，遺憾である。

　このようなやりとりをきっかけとして，金子先生は「移転価格税制の法理論的検討」(1993) の英語版を公表された[42]。次に述べる経緯で私はオランダに滞在していたため，金子先生のご指示の下，私が下訳を準備して先生にご覧いただき，金子先生と編集長の間の文書のやりとりをお手伝いした。

　1994 年 11 月，金子先生から，「話があるので次の租税判例研究会の前に 30 分ほど早く来るように」というお電話があった。この時期の租税判例研究会の開催場所は，平河町の麴町会館にあった地方財務協会会議室だった。会館の入口をちょっと入った場所で，金子先生からお話をうかがった。お話の内容は，IFA 本部で，総会やセミナーの議題の下調べをするために研究員の職を設けているので，応募してみてはどうか，というものであった。私は，翌年度の授業計画などを検討したうえで，お引き受けする旨お答えした。それからしばらくして，1995 年 2 月，Paris での PSC から帰国された金子先生から，話がまとまった旨のご連絡があった。こうして私は 1995 年 5 月から 9 月にかけて IFA Researcher として Amsterdam に滞在することになった。IFA 本部自体は Rotterdam に小さな事務所を置くだけなので，IFA の姉妹組織である IBFD の Amsterdam の研究所に席を用意してもらった。当時の IBFD は，ナポレオンがオランダに侵攻したときの軍

---

(40)　増井良啓「第 48 回 IFA 総会の報告―移転価格税制における第 2 次調整を中心として―」租税研究 543 号 74 頁 (1995)。

(41)　OECD, Transfer Pricing Guidelines for Multinational Enterprises and Tax Administrations, Report of The OECD Committee on Fiscal Affairs, Para. 4.72 (1995).

(42)　Hiroshi Kaneko, Legal Aspects of the Transfer Pricing System, Bulletin for International Fiscal Documentation, Vol. 49, No. 10, 490 (1995).

舎を改築した建物に，多くのスタッフが常駐していた。私はその屋根裏部屋で寝泊まりした。

1995年5月11日から15日にかけて，金子先生はAmsterdamを来訪され，IBFDの理事会（board of trustees meeting）に出席された。Ault教授やVogel教授も出席された。その翌月の1995年6月15日，金子先生は，日本税務研究センターの宮田理事長，瀬戸副理事長，大森専務，古橋氏の一行とともに，IBFDの視察のためにAmsterdamを再訪された[43]。

1995年9月，IFAの年次大会がフランスのCannesで開かれた。金子先生はこの大会に参加され，PSCに出席された。私が務めていたIFA Researcherとしての仕事は，PSCの依頼に応じて将来の研究テーマについて文献調査や論点整理をすることであったから，私の作成した書類もPSCの会議資料として議論の対象になった。列席する委員に公開の場で採点されるようなもので，ひやひやものであった。予想外にあたたかく遇していただけたのは，その場に金子先生がいらっしゃったおかげだと思う。PSCの席上，Vogel教授が，IFA Researcherに代えてIFA Scholarという呼称にすべきであると提案し，提案のとおり議決された。その後の一時期はIFA本部の事務局はこれに従っており，私も自分の職をIFA Scholarと呼ぶことにした。いつの間にか呼称はもとに戻り，IFA Researcherという呼称が定着した[44]。

南仏Cannesの砂浜では，休憩時間を利用して，金子先生とVogel教授が次のシンポジウムの打ち合わせをされた。それが，金子先生の65歳を祝う記念シンポジウムの計画である。Vogel教授には，先の横浜国立大学

---

(43)　このとき用意した資料をもとにした報告として，増井良啓「国際課税におけるオランダの地位―内側からみたIBFD―」税研63号51頁（1995）。

(44)　IFA Researcherとしての私に与えられた調査課題は，国際的技術移転，駐在員の課税，概算課税，移転価格と関税であった。最後の問題が第二次調整の応用であることに気づき，Yoshihiro Masui, Transfer Pricing and Customs Duties, Bulletin for International Fiscal Documentation, Vol. 50, No. 7, 315 (1996) として公表した。「移転価格と関税」の論題は，その後，1997年IFA New Delhi大会でセミナーとして取り上げられた。

への招聘への返礼の気持ちもあったのだろう。これに先立って私はミュンヘン大学の Vogel 教授の研究室を訪問して，シンポジウムのテーマ設定に関する問題意識をうかがい，その内容を金子先生に伝達していた。Vogel 教授の問題意識は，日本語とドイツ語という異なる言語の下で租税法律や租税条約の解釈がどう違ってくるか，というものであった。これを受けて金子先生と Vogel 教授が Cannes で対面されることになったから，この問題意識について金子先生がどのような学術的応答をされるのだろうかと私は興味津々であった。しかし実際の会談の場では大所高所からの和気藹々としたやりとりがあったのみで，ごくあっさりと，では次は現地で会いましょう，ということになった。今にして思えば，日程や場所の確保などのロジスティックスこそが大事だったのであろう。開催にあたっては，日本側では岩﨑政明教授をはじめとする多くの方々がご尽力された。1996 年 9 月，ミュンヘン郊外の Fürstenfeldbruck でシンポジウムが開かれ，日独の専門家が多数参集した。その成果は一冊の書物として刊行された[45]。

　金子先生の 65 歳記念シンポジウムの翌年，Vogel 教授は日本を再訪された。1997 年 10 月，大阪府立大学で租税法学会が開かれた。「租税の競争と調和」という統一テーマの下で，Vogel 教授の特別講演が学会誌に掲載されている[46]。

IV　税制調和化という金子先生の夢

1　「一つの世界，一つのマーケット」

　先に II 2 で述べたように，金子先生の論文「法人税制度のハーモニゼーション」(1992) は，法人税率と課税ベースの国際的統一を提言した[47]。こ

---

(45)　Klaus Vogel ed., Interpretation of Tax Law and Treaties and Transfer Pricing in Japan and Germany (Kluwer Law International 1998).
(46)　クラウス・フォーゲル「ヨーロッパにおける国際課税の現代的課題」租税法研究 26 号 153 頁（1998）。
(47)　金子・前掲注（11）。

の論文は，金子先生の国際協調主義や，改革志向の理想主義を体現している。以下では，この論文を金子（1992）と略称することとし，その後の展開について述べる。

　金子（1992）の国際協調主義は，論文の末尾に登場する「一つの世界，一つのマーケット」[48]という印象的なフレーズに集約されている。

　金子（1992）は，企業が国境を越えて投資や経済活動を行う場合に何よりも必要なことは同じ条件で競争できることであるとして，法人税の国際的中立性の確保が必要であるとする[49]。そして，そのためには各国の法人税の実効税率をほぼ等しくすることが必要であると論を進め，法定税率と課税ベースを国家間で統一すること，さらに執行の基準の統一を高らかに提言する[50]。

　金子（1992）に体現された考え方を示す適例として，その数年後の 1995 年 11 月と 12 月の大蔵省の広報誌「ファイナンス」誌上に公表された座談会発言がある。この座談会は，国際課税の変遷と今後のあり方について，小川是国税庁長官の司会で，五味雄治氏・吉村英一氏と意見交換されたものである[51]。金子先生は現状認識として「何か統一的な原理をつくるという方向に向いている」という見立てを語られ[52]，「統一的な国際課税秩序の樹立」に言及していた[53]。なお，2006 年の日本租税研究協会での講演でも，引き続き，法人税の調和を提案されている[54]。

---

(48)　金子・前掲注（8）465 頁。
(49)　金子・前掲注（8）452 頁。
(50)　金子・前掲注（8）454 頁。
(51)　金子宏ほか「座談会　国際課税の変遷と今後のあり方（上）（下）」ファイナンス 31 巻 8 号 8 頁，9 号 44 頁（1995）。
(52)　金子ほか・前掲注（51）8 号 15 頁。
(53)　金子ほか・前掲注（51）9 号 58 頁。
(54)　金子宏『所得税・法人税の理論と課題』121 頁（日本租税研究協会 2010，初出 2006）。

2 金子（1992）の税制調和論を内在的に理解する

金子（1992）に体現されるこのような考え方は，どのように理解することができるだろうか。

まずは，当時の時代背景を見落とすことができまい。移転価格税制の発動が経済摩擦を生む中で，各国が執行の足並みをそろえることが要請されていた。法人税の実効税率を各国間で近接させることで，租税目的での国際的利益移転の減少が見込まれた。

より広い視野からみると，1989年に冷戦が終焉して西側の資本主義が地球を覆った。1993年にEU域内市場が完成し，税制が域内投資を阻害しないための法的仕掛けが展開された。このような流れの中で，税制の調和も一歩先の将来像としてあるいは手が届くかもしれない，と考える余地がなくはなかった。金子（1992）が，20世紀の第4・四半世紀の国際化の動きを指して，「それは，歴史的に見て，世界連邦への一つのプロセスであるようにさえ見える」[55]と述べていたのは，このような時代背景に照らして理解すべきであろう。

しかし，各国が法人税制を統一するという目標が現実的にみてきわめて困難であることは，すでに当時から明らかであった。金子（1992）自体，それが「きわめて困難な事業ではあるが」といい，「来るべき新しい世紀が『一つの世界，一つのマーケット』を約束してくれるのか，それとも，世界は再び分裂と混乱の方向に向うのか，明確な予測は困難である」と述べている[56]。

それでもなお「一つの世界，一つのマーケット」を目指して制度の改革に取り組むべきであると主張されたことに，金子先生の改革志向理想主義が強くあらわれている。このような考え方の思想的基礎を知るには，第二

---

(55) 金子・前掲注（8）452頁。

(56) 金子先生はその後，金子宏「学界展望〈租税法〉Gary Clyde Hufbauer, U.S. Taxation of International Income‑Blueprint for Reform」国家学会雑誌108巻7＝8号981頁（1995）で，米国の国益優先的戦略的租税政策の書物を書評されており，米国における一国主義の台頭を意識されていた。

次世界大戦直後に青春時代を送られた金子先生ご自身の知的軌跡を深くた
どる必要があるだろう。

3　金子（1992）に対する増井の応答

　金子（1992）の立論に対して，私は過去2回にわたり応答を試みた。

　1回目の応答では，法人税制の統一ではなく，租税競争への歯止めこそ
が重要であると指摘した[57]。主権国家が自律的に自国の税制のことを決
める能力を維持するためには歯止めが必要だという趣旨であり，金子
（1992）よりもはるかに低い水準で「底」を設けることを意図したのである。

　私が1回目の応答を行った当時，OECD における「有害な税の競争」運
動が，2001 年の米国 Bush 政権誕生とともに，停滞の時期を迎えていた。
2001 年9月 11 日アメリカ同時多発テロ以降，運動の力点はテロ資金対策
を含めた情報交換強化・銀行機密廃止へと絞られていった。EU において
も加盟国全員一致原則が改革を阻み，税制調和の機運は急速にしぼん
だ[58]。

　その後，私の2回目の応答では，EU における法人税制調和が困難にな
っていることを示し，分権的な法形成過程の下で放置した場合に法人税制
が一定の形に収束するか否かが問題であると指摘した[59]。

　この点，OECD の統計[60]によると，各国の法人税制は必ずしも収束して
きていないようである。

---

(57)　増井良啓「租税制度の国際的調和――その規範的根拠と具体的道筋をめぐって
　　　――」社会科学研究 53 巻4号 43 頁（2002）。
(58)　この中で，欧州会社や Home State Taxation などの代替的な構想が展開された。
　　　参照，増井良啓「学界展望〈租税法〉Sevn-Olof Lodin and Malcolm Gammie,
　　　Home State Taxation（IBFD Publications BV, 2001）」国家学会雑誌 115 巻3＝
　　　4号 433 頁（2002）。
(59)　増井良啓「法人税制の国際的調和に関する覚書」税研 160 号 30 頁（2011）。これ
　　　と同じ特集号掲載の吉村典久「法人税制の国際的調和・税率構造」税研 160 号 38
　　　頁，44 頁（2011）は，租税協調と租税競争との間で揺れ動く欧州法人税率論議
　　　を分析し，「ヨーロッパにおける法人税率の調和は，なおその道遠しといった状
　　　況である。」と結んでいる。

【図表　法定税率の経年変化】

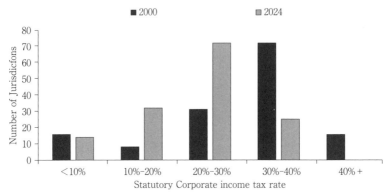

出典：OECD（2024），Corporate Tax Statistics 2024, Figure 2.2.

- 法定税率は，123か国の平均で，2000年の28.0%から2019年の21.7%へと劇的に低下した。2019年以降は，2019年に21.7%，2024年に21.1%という具合に，比較的安定している。その分布の経年変化は図表の通りであり，世界的に見てかなりのばらつきがある。
- 実効税率は，投資量に限界的に効く実効限界税率（EMTR）も，投資するかしないかに効く実効平均税率（EATR）も，各国間でかなりばらつきがある。
- 税源浸食と利益移転（BEPS）は続いている。投資ハブにおける従業員1人あたりの売上高の中央値が2017年の値と比較して13.1%減少するなど，BEPS行動の減少を反映している可能性はある。もっとも，他の国・地域と比較して投資ハブにおいて高い状態が続いている。

これに対し，2021年10月以降の展開は，私の1回目の応答が租税競争への歯止めを重視したことに整合的な形で進んでいるように見える。2015年，デジタル課税の議論をきっかけにBEPSプロジェクトの後継プロジェクトが始まった。その成果として，2021年10月，OECD/G20包摂的枠組

---

(60)　OECD（2024），Corporate Tax Statistics 2024, OECD Publishing, Paris, https://doi.org/10.1787/9c27d6e8-en.

みにおいて 2 つの柱から成る合意が成立した。その柱 2 (Pillar two) は，グローバル 15％最低税率を「底」として設定し，租税競争に歯止めをかけようとするものである。もっとも，軽課税国は QDMTT の導入により他国による追加課税を免れつつ，補助金や還付つき税額控除などで誘致競争を続行するという見立てもあり，その今後についてはなお予断を許さない。

4　今後に向けて

　2024 年 10 月現在，世界は再び分裂と混乱の様相を呈している。経済領域に安全保障のロジックが浸透し，中国とのデカップリングが進む。「一つの世界，一つのマーケット」からほど遠い状態であることは，半導体市場の例[61]を考えれば明らかである。法の支配の位置付けや，グローバルな分配的正義をめぐる意見対立も，ますます深刻になってきている。

　国際課税の領域では，米国を筆頭に，自国第一主義が蔓延している。覇権国のリーダーシップに期待できない中，国際協議の場には変化が見られる。OECD 加盟国だけでは物事を決めることができず，中印を中心とする有力新興国とともに G20 で議論を行うことになった。BEPS プロジェクトは，多数の開発途上国を参加国とする OECD/G20 包摂的枠組みで協議されてきている。これに不満をもつグローバルサウスの国々は，国際連合における新たな協議の場を求めて，政治的動きを強めている。

　金子（1992）の構想から，私たちはもう，かなり離れたところに来てしまった。今後，自由民主主義の側から国際課税ルールを立て直すためには，一層の努力と忍耐が求められる。

（61）　クリス・ミラー『半導体戦争　世界最重要テクノロジーをめぐる国家間の攻防』（ダイヤモンド社 2023）。

金子租税法学の回顧と継承

財産評価に関する金子説と
その展開

中央大学教授 渋谷 雅弘

I 財産評価に関する金子先生のお考え

本稿は，租税法における財産評価の問題に関して，金子先生がどのようなお考えを述べておられたか，そしてそのお考えがその後の租税法学においてどのように展開していったかを検証することを目的とする。

なお，以下では，金子宏『租税法』（弘文堂）を『租税法』と表記し，必要に応じて版数を記す。また，判例・文献等の引用部分を除いて，財産評価基本通達を「評価通達」と表記する。

（1）概 観

『租税法』〈第24版〉を読むと，財産の評価に関して，以下のような記述がある。

まず，第1編第4章第2節〔租税公平主義〕3〔執行との関係〕の部分で，相続税の課税対象としての土地が時価の8割で評価されていることについて，「一般的に時価よりも低く固めの評価をすることは違法ではない，という行政先例法が成立していると解するほかはないであろう。」と述べる（96頁）。また，「特定の土地についてのみ近隣の同一条件の土地に比して高く評価することは，たとえ評価額が時価の範囲内であるとしても，平

等取扱原則に反して違法であると解すべきであろう。」と述べる（96頁）[1]。

次に，第2編第3章第3節〔相続税および贈与税〕第3款〔財産の評価〕の部分で，以下のように述べる。

・評価に関する基本事項は，政令または省令で規定すべき（735頁注4）

・通達の内容が行政先例法となっている場合には，特段の事情がない限り，通達と異なる高い評価を行うことは違法になると解すべき（736頁）

・合理的な理由がないにもかかわらず，特定の土地についてのみ一般的評価水準をこえて高く評価することは，平等原則に反して違法となると解すべき（739頁）

・基本通達の基本的内容は，長期間にわたる継続的・一般的適用とそれに対する国民一般の法的確信の結果として，現在では行政先例法になっていると解されるので，特段の理由がないにもかかわらず（特段の理由のある場合につき，基通第1章6参照），特定の土地について基本通達と異なる方法を用いて高く評価することは違法であると解すべきであろう（第1編第5章第1節7・本款1参照。平等原則に反するともいえる）（740頁）[2]。

なお，以上の記述は，ほぼ『租税法』〈第2版〉（1988）からの記述を引き継いだものである。

これらの記述を読むと，租税法律主義や租税公平主義との関係で，財産評価の問題を論じておられることが分かる。

（2）法令と課税実務のギャップ

金子先生がこのような問題意識を持たれた背景として，租税法において

---

(1) ここで，後掲宇都宮地判昭和30年11月24日行集6巻12号2805頁及び静岡地判昭和34年6月16日行集10巻6号1101頁が参照されている。

(2) その他，固定資産税に関して財産税説や市場価格説を主張しておられるが，これらは本稿では扱わないこととする。

　なお，金子先生は，納税者が，相続財産の時価は評価通達による評価額よりも低いことを主張した場合についても論じられている。金子宏「財産評価基本通達の合理性——同族株主の取得した取引相場のない株式の評価に関する二件の裁判例の検討——」同『租税法理論の形成と解明　下巻』351頁（有斐閣，2010，初出2000）参照。

法令の規定と課税実務の間にしばしばギャップが認められるという事情がある。

　例えば，課税庁による租税法規の解釈・適用の誤りが広く行われることがある。最判昭和33年3月28日民集12巻4号624頁（パチンコ球遊器事件）[3]においては，パチンコ球遊器に対する物品税の課税が問題となった。物品税は，消費税の施行により廃止された間接消費税であり，法律により列挙された物品のみが課税される個別消費税である。

　そして，昭和16年の旧物品税法改正により「遊戯具」が課税物件に含まれるが，昭和26年までパチンコ球遊器はほぼ課税されなかった。それが，昭和26年の通達改正を契機に，パチンコ球遊器に対する物品税の課税が始まることとなった。これをパチンコ球遊器の製造業者が争ったのがこの事件である。

　最高裁は，旧物品税法について，「遊戯具」にパチンコ球遊器が含まれるという解釈を採用し，納税者の主張を斥けた。この解釈を前提とすれば，約10年間，法令の規定に従った課税がされなかったということになる。また，このことを，通達改正という方法により是正することが許されるかという問題が生じる。

　大阪高判昭和44年9月30日判時606号19頁（スコッチライト事件）[4]においては，スコッチライトという物品（夜間用の反射光シート）に対する関税の課税が問題となった。全国の他の税関は20％の税率を適用していたが，神戸税関のみ30％の税率を適用していた。そこで，30％の税率を適用された納税者が，それを不服として，関税の賦課処分の取消訴訟ではなく，還付請求訴訟により争ったのがこの事件である。

---

(3)　この判決の解説・評釈として，白石健三・最高裁判所判例解説民事篇昭和33年度68頁（1959），大橋洋一・租税判例百選〔第7版〕16頁（2021），金子宏・憲法判例百選Ⅱ〔第4版〕432頁（2000），小島慎司・憲法判例百選Ⅱ〔第7版〕383頁（2019），神山弘行・行政判例百選Ⅰ〔第8版〕104頁（2022），須貝脩一・民商法雑誌38巻4号175頁（1959）等がある。

(4)　この判決の解説として，巽智彦・租税判例百選〔第7版〕21頁（2021）参照。

なお，スコッチライトに対する関税の税率については，これを30％とする大蔵省関税局長通牒が発せられて，全国的に取扱いが統一された。そして，裁判所も，これを法の正しい解釈と認めた。そうすると，神戸税関を除く全国の税関において誤った税率が適用されていたことになる。

また，いわゆる緩和通達と租税法律主義との関係も，つとに指摘されている。

そして，財産の評価においても同様の問題がある。例えば，土地は，相続税・贈与税に関しては，バブル期前は実勢価格の約5割で評価されていたと言われる。また，後述の通り，相続税・贈与税に関して，一戸建ての建物は，市場価格（売買実例価額）の6割程度の評価水準になっていると言われるが，最判令和4年4月19日民集76巻4号411頁の事案においては，評価対象であるマンションが，実勢価格の約4分の1相当額で評価されていた。

このような場合に，課税庁の判断によって，通達の発布等により一般的に，又は個別事案において，上記のギャップを埋めることができるであろうか。

この問題について，金子先生の初期のご論文では，「通達の自縛性」という考え方が示唆されている[5]。但し，ここでは，それが認められる根拠までは述べていない。

その後，この問題は，合法性の原則とその例外として整理され，例外を認めるべき根拠として，上記の通り行政先例法，平等原則及び信義則を挙げている。なお，財産評価の問題に関しては，信義則は持ち出されていない[6]。

---

(5)　金子宏「市民と租税」同『租税法理論の形成と解明　上巻』3頁，24頁（有斐閣，2010，初出1966）参照。

(6)　所得税における株式の評価が争われた事案において，通達と信義則との関係につき触れたものとして，最判令和2年3月24日判タ1478号21頁における宇賀克也判事の補足意見がある。

II　行政先例法

（1）行政法学における行政先例法

　行政法学において，行政法の不文法源として慣習法又は行政先例法があ
ることが認められている[7]。もっとも，それが認められる範囲については
議論があるようである。「法律による行政の原理が強く支配する領域にお
いては，慣習法の成立は認め難い」[8]という見解によれば，租税法律主義
が妥当する租税法においては，同様に慣習法の成立は認められないことと
なるであろう。

　なお，行政先例法は，行政法学において戦前から論じられているテーマ
であるが，最近は議論されることが少ないようである。行政法規の整備が
進めば，行政先例法に依拠する領域が縮小するのは当然であろう[9]。裁判
例を検索しても，平成以後は，行政先例法という言葉は，租税事件以外で
はほとんど出てこない。行政先例法について論じた文献も，近年は多くな
いようである。

（2）租税法独自の問題

　行政先例法は，行政法学における上記の状況とは異なり，租税法学にお
いては，前述した法令と課税実務とのギャップに関する法理の一つとして
論じられるようになった。

---

(7)　塩野宏『行政法 I　行政法総論』69 頁（有斐閣，第 6 版補訂版，2024），宇賀克
　　也『行政法概説 I　行政法総論』14 頁（有斐閣，第 8 版，2023）等参照。

(8)　塩野・前掲注（7）69 頁。同書 70 頁は，後述する田中説及び金子説を紹介しつつ
　　も，行政先例法について，「租税法律主義，法律による行政の原理からすると，具
　　体的な成立を見るのは，極めて限られた場合であると思われる。」と述べる。同旨，
　　藤田宙靖『新版　行政法総論　上巻』66 頁（青林書院，2020），興津征雄『行政
　　法 I　行政法総論』62 頁（新世社，2023）。

(9)　行政先例法の例としては，官報による法令の公布が挙げられることが多かった。
　　最大判昭和 32 年 12 月 28 日刑集 11 巻 14 号 3461 頁参照。しかし，官報の発行に
　　関する法律（令和 5 年法律第 85 号）3 条により，この点も法整備がされた。

このような考え方は，田中二郎先生が，パチンコ球遊器事件等に関し，通達による行政との関係で論じたのが始めであると思われる。田中先生は，いくつかのご論考において，租税に関する通達に関して，通達によって課税対象から除外されるものが明らかにされ，その取扱いが長年にわたって認められている場合に，行政先例法が成立する可能性を指摘しておられる。そして，この行政先例法を改める必要があれば，法律を改正して行うべきであるとされる[10]。

金子先生は，田中二郎先生のこの見解を引き継いでおられる。この点に関しては，『租税法』の初版と第2版の間に，「田中二郎先生の租税法論——マクロとミクロの調整」（金子宏『租税法理論の形成と解明　上巻』204頁（有斐閣，2010，初出1982））という論文が公表されている点が注目される。ここで，金子先生は，田中二郎先生の上記のご見解を紹介して「この見解は，パチンコ球遊器事件をめぐって展開された諸学説の中でも最も厳格なもの」と評価し，「興味ぶかいのは，先生がこの見解の論拠を行政先例法の理論に求めておられることである。」と述べている（同書209頁）。

そして，金子説は，これをさらに発展させており，『租税法』の第2版において，租税法の法源の一つに行政先例法が加えられ（同書98頁），さらに行政先例法を前述の通り合法性の原則に対する例外の一つとして位置付けている。

それでは，行政先例法という法理は，租税法学において今日どうなっているか。

この言葉は，今日でも租税事件において納税者の主張にしばしば現れるものとなっている[11]。財産評価の他，ストックオプションに関する裁判例が多い。

---

(10)　田中二郎「法律による行政と通達による行政——行政通達の使命とその限界」自治研究32巻7号3頁（1956），同「行政法における慣習法」田中二郎ほか編『行政法講座第1巻』267頁（有斐閣，1956），同『租税法』95頁以下（有斐閣，1968），租税法研究会編『租税法総論』39頁（有斐閣，1958，初出1956）等参照。

もっとも，行政先例法という法理は，租税法学において，その後はあまり発展しなかったように思われる。この考え方を裁判所は受け入れておらず，そのことについてあまり議論もしていない。行政先例法が成立する条件等について，議論が深まっていったとは言えないのである。『租税法』の記述も，第2版からあまり変わっていない。その理由を想像するに，いったん行政先例法の成立を認めると，それを改めるには，法令の改正が必要となる。これはまさに，行政先例法という法理により田中二郎先生が意図されたところである。しかし，裁判所が個別の事件において納税者を救済しようとするときには，この点は，他の方法と比べて効果が強すぎるのではないか。

Ⅲ　平　等　原　則

（1）評価水準の平等

金子説は，前述の通り，財産評価に関して平等原則にも言及している。そこでは，固定資産税に関する裁判例である宇都宮地判昭和30年11月24日行集6巻12号2805頁及び静岡地判昭和34年6月16日行集10巻6号1101頁が参照されている。

もっとも，これらの裁判例が根拠として十分であるかという点には，疑問の余地がある。

宇都宮地判昭和30年11月24日は，家屋の評価が争われた事例であり，一般論としては，「固定資産の評価が均衡を保たねばならないことはその適正でなければならぬことと同様に重要なことであつて若し或者の固定資産が同種の固定資産の一般的な評価に比して著しく高く評価されていると

---

(11)　後掲最判令和4年4月19日民集76巻4号411頁，最判平成27年6月12日民集69巻4号1121頁等参照。また，福岡地判平成24年3月19日税資262号順号11910，神戸地判平成20年3月13日税資258号順号10919のように，課税庁が評価通達の内容が行政先例法になっていることを主張することもある。

すれば，その評価は，それが時価を下廻るものであつたとしても違法となると解すべきである。」と述べている。しかしながら，この事例における判断としては，「各家屋についての南犬飼村村長の評価及び同村固定資産評価審査委員会の価格の決定が，他の一部上級の家屋に比してその等級の差を考慮に入れてもなお高価に見積られていることが窺われなくはないけれども，その差の程度が必ずしも明かでないのみならずその評価が一般の標準に比してもなお高価に決定されていることが証拠上認められないから本件訴訟に現れた証拠の上からは右評価が均衡を破る違法なものであると断定することはできない。」と述べて，結論としては課税庁による評価は違法ではないとしている。

　静岡地判昭和34年6月16日は，宅地の評価が争われた事例であり，課税庁による評価を違法としている。ここでも，一般論としては，「決定された価格が通常の取引価格を著しく越える場合はもちろん，これを越えない場合でも，課税政策上その他の正当な理由なしに，他とはなはだしく均衡を欠く場合には，その価格は適正でなく，その決定は違法となるものというべく」と述べる。しかし，この事例における具体的判断としては，「（ホ）の宅地の坪当り価格5114円はこれと利用状況を同じくする隣地41番の2の宅地の坪当り価格3182円の約1.6倍となつているが，被告は，右両地の価格に差が生じた理由としては，（ホ）の宅地をこれと隣接する59番の1の宅地と画地をなすものとして評価したこと以外になんら主張も立証もしていないけれども，……評価基準にいう画地とは利用状況等からみて一体をなしているものと認められる一画の土地を指すことは明らかであり，（ホ）の宅地と59番の1の宅地とは所有者も，使用者も異なり，全くその利用状況を異にし，（ホ）の宅地の利用路線は第136号路線のみであることが前記検証の結果（第一回）により明らかであるから，これを第154号路線に画する59番の1の宅地と画地をなすものとしてなした評価は失当であり，これが両地の坪当り価格に差を与えることの正当な理由となり得ないことは明白であるから，（ホ）の宅地に関する沼津市長の価

格決定は違法というべく，その価格は第136号路線により評価したものと認められる41番の2のそれと同一の割合の50689円と定めるのが相当である。」と述べている。

このように，静岡地判昭和34年6月16日は，課税庁による評価基準の適用に誤りがあったという事例であり，今日であればそのことを直接の理由として評価が違法とされたであろう[12]。

実際のところ，評価水準の平等を求めるという考え方は，次のような困難を伴う。

第1に，宇都宮地判昭和30年11月24日にも見られたように，基準となる一般的評価水準を立証することが困難である。

第2に，課税上の財産評価においては，いわゆるかための評価がされている。これは，評価額が時価を上回ることがないように慎重に控えめな評価をするということである。例えば，宅地は，相続税における財産評価においては地価公示価格等の8割[13]，固定資産税においては7割を目途とした評価がされている[14]。

このようなかための評価を，時価評価の原則（相続税・贈与税に関して相続税法22条，固定資産税に関して地方税法341条5号）との関係でどのように位置付けるかは，それ自体が問題である[15]。また，かための評価を行うことにより，8割又は7割が土地の一般的評価水準となって，それを超えた評価は違法となると考えるならば，かための評価を行う意味がなくなる。

---

(12)　最判平成25年7月12日民集67巻6号1255頁参照。

(13)　税制調査会「平成4年度の税制改正に関する答申」3－4頁（1991）参照。

(14)　固定資産評価基準第1章第12節一は，標準宅地の評価において基準年度の前年1月1日の地価公示価格等を活用し，これらの価格の7割を目途として評定すべきことを定めている。

(15)　この点に関し，『租税法』〈第24版〉96頁は，前述の通り，「一般的に時価よりも低く固めの評価をすることは違法ではない，という行政先例法が成立していると解するほかはないであろう。」と述べる。また，宇賀・前掲注（7）67頁は，平等原則を，（1）法律による行政の原理との抵触が生じる場合と，（2）法律による行政の原理との抵触が生じない場合に分けて，租税法における財産評価の問題を後者に位置付けている。

第3に，一般的評価水準を上回る財産評価が違法になるとすると，そのような判断が積み重ねられるにつれて，一般的評価水準自体が下がっていくという，財産評価の下降スパイラルが生じることにならないか。

（2）評価方法の平等

これに対して，同種の財産に対しては同じ評価方法を適用すべきという，いわば評価方法の平等という考え方が，平成に入ったころから，下級審裁判例に現れる[16]。

この考え方の到達点が，最判令和4年4月19日民集76巻4号411頁[17]である。この事件では，相続開始前に借入金を用いて取得されたマンションの評価が争われた。課税庁は，評価通達に定められた評価方法による評価額（通達評価額）によらずに，同通達6項を用いて鑑定評価額により評価を行った。通達評価額は，鑑定評価額の約4分の1相当額であり，鑑定評価額はマンションの取得価額とほぼ等しかった。

そして，結論としては，鑑定評価額による評価が最高裁にも是認されている。

ここで，最高裁は次のように述べている。「租税法上の一般原則としての平等原則[18]は，租税法の適用に関し，同様の状況にあるものは同様に取り扱われることを要求するものと解される。そして，評価通達は相続財産

---

(16) 山田重將「財産評価基本通達の定めによらない財産の評価について―裁判例における「特別の事情」の検討を中心に―」税大論叢80号143頁（2015），倉見智亮「課税庁による通達によらない財産評価」租税法研究50号35頁（2022）等参照。

(17) 本判決の解説・評釈として，山本拓・法曹時報75巻12号2614頁（2023），同・ジュリ1581号92頁（2023），長戸貴之・令和4年度重判解176頁（2023），渋谷雅弘・ジュリ1575号101頁（2022），長島弘・税務事例54巻6号36頁（2022），泉絢也・市民と法136号14頁（2022），品川芳宣・TKC税研情報31巻4号15頁（2022），増田英敏・税務弘報70巻8号85頁（2022），伊川正樹・判解W31号261頁（2022），木山泰嗣・青山ビジネスロー・レビュー12巻1号37頁（2022），田中治・税研228号84頁（2023），酒井克彦・税理66巻1号191頁，3号175頁，4号148頁（2023），奥谷健・判例評論775号132頁（2023），森themes辰彦・税法学589号67頁（2023），浅妻章如・民商法雑誌159巻2号230頁（2023），横井里保『租税回避否認論の新展開』第4章（成文堂，2024，初出2023）等がある。

の価額の評価の一般的な方法を定めたものであり，課税庁がこれに従って画一的に評価を行っていることは公知の事実であるから，課税庁が，特定の者の相続財産の価額についてのみ評価通達の定める方法により評価した価額を上回る価額によるものとすることは，たとえ当該価額が客観的な交換価値としての時価を上回らないとしても，合理的な理由がない限り，上記の平等原則に違反するものとして違法というべきである。」「相続税の課税価格に算入される財産の価額について，評価通達の定める方法による画一的な評価を行うことが実質的な租税負担の公平に反するというべき事情がある場合には，合理的な理由があると認められるから，当該財産の価額を評価通達の定める方法により評価した価額を上回る価額によるものとすることが上記の平等原則に違反するものではないと解するのが相当である。」

　これが，現時点における判例法理であるが，これにもいくつかの問題点を指摘することができる。

　第1に，最判令和4年4月19日のいう「合理的な理由」や「実質的な租税負担の公平に反するというべき事情」の意義は，現時点では明らかになっておらず，今後の事例の蓄積を待つしかないように思われる[19]。

　第2に，租税法における平等とは，負担の公平のことを言うと考えられていたのではないか。『租税法』〈第24版〉は，租税公平主義を，「税負担は国民の間に担税力に即して公平に配分されなければならず，各種の租税

---

(18)　山本・前掲注（17）2623頁は，これを行政法上の一般原則の一つとされる平等原則と同義であろうと述べる。

(19)　最判令和4年後における，評価通達6項を用いて相続税の更正処分等がされた事例として，東京地判令和6年1月18日（未公刊・令和3年（行ウ）第22号）及びその控訴審である東京高判令和6年8月28日（未公刊・令和6年（行コ）第36号）があり，更正処分等が取り消されている。この事件では，取引相場のない株式の評価が争われたが，通達評価額は，課税庁が評価通達6項を用いて算出した評価額の約10分の1相当額であった。第1審判決の解説・評釈として，渡辺充・税理67巻6号118頁（2024），品川芳宣・税理67巻6号219頁（2024），笹岡宏保・税理67巻6号197頁・7号155頁（2024），首藤重幸・税研235号93頁（2024）等，控訴審判決について長島弘・税理68巻1号130頁（2025）がある。

法律関係において国民は平等に取り扱われなければならないという原則」
とする（88頁）。それに対して，最判令和4年4月19日は，同種の財産に
対して同じ評価方法を用いることをもって，平等ととらえているようであ
る。

　しかしながら，評価通達が定めている財産の評価方法は，決して緻密な
ものではなく，同種の財産に対して同じ評価方法を用いても，その評価水
準は個々の財産ごとに異なることがある。例えば，前述の通り，評価通達
が定めている家屋の評価方法においては，一戸建ての家屋の相続税評価額
は，市場価格（売買実例価額）の6割程度の評価水準になっていると言わ
れる[20]。それに対して，最判令和4年4月19日の事案においては，マン
ションの通達評価額が，実勢価格の約4分の1相当額となっていた。

　また，最判令和4年4月19日の考え方では，通達の定めによって異な
る種類の財産の間で評価水準に差が生じるとしても，それを問題とするこ
とができない[21]。

　果たして，租税公平主義又は租税法上の平等原則は，これらの問題をと
らえることができないということでよいのであろうか[22]。もっとも，最判
令和4年4月19日は，上記の通り，「合理的な理由」がある場合には例外

---

(20)　国税庁「「居住用の区分所有財産の評価について」（法令解釈通達）の趣旨につい
　　て（情報）」5頁参照。

(21)　実際，注（19）に挙げる東京高判令和6年8月28日は，取引相場のない株式の評
　　価に関して，「取引相場のある株式を相続により取得した者を比較の対象とした
　　場合，遺産の種類が異なる以上，不公平が生じる余地はない。」と述べる。

(22)　この点に関して，佐藤英明「租税法律主義と租税公平主義」金子宏編『租税法の
　　基本問題』55頁，65頁（有斐閣，2007）は，「平等取扱い原則によって意図され
　　ていた個別的救済が真に保護しようとしていたのは，納税者間の平等そのもので
　　はなく，平等に扱われるという確信ないし信頼から生じた納税者の予測だと考え
　　られる」と述べる。このような見解は，判例の理解としては一定の説得力がある
　　ように思われる。他方で，同種の財産の中での評価水準の差異や，異なる種類の
　　財産の間での評価水準の差異については，それが通達等により納税者にとって予
　　測可能であれば，もはや平等原則によりそれを問題とすることができないことと
　　なるのではないか。

を認め，「実質的な租税負担の公平に反するというべき事情」がある場合にはその「合理的な理由」があるとする。しかし，現時点では，上記の通りそれらの概念の内容が明らかになっているとは言い難い。

　第3に，平等原則が適用される場合に，前述した法令の規定と課税実務の間のギャップを埋めるにはどうすればよいか。言い換えれば，課税庁が法令の規定に即して課税をするために課税実務を改めようとしたとき，その1件目の是正措置を，平等原則違反としないための条件は何か[23]。

IV　結　　び

　以上，財産評価の問題に関する金子先生のお考えと，その後の展開について概観した。まず，財産評価に関して，法令の規定と課税実務の間のギャップは，今日でも依然として残っている。

　このギャップに関する法理として，行政先例法という概念は，租税法学において，学説上は認められているものの，判例には採用されず，法理として発展しなかった。それに対して，平等原則は，判例上も認められたが，その内実が問題となっている。

　租税法においては，法令の規定と課税実務の間のギャップは，財産評価の分野に限らず生じており，また今後も生じうるものである。この問題に関してさらに議論を深めていくことが，筆者を含めた後に続く研究者の責務であると考える。

---

(23)　最判令和4年4月19日の後に，居住用マンションの評価について，個別通達「居住用の区分所有財産の評価について（法令解釈通達）課評2-74，課資2-16」（令和5年9月28日）が制定されている。このような通達の制定・改正があれば，それ以後は課税庁は，平等原則による制約を免れて，法令の規定に即して課税をすることができるかということである。

金子租税法学の回顧と継承

tax mix：一元的担税力と
多元的担税力

立教大学教授　浅妻　章如

Ⅰ　序

Ⅰ-1.　問題意識

　[1]金子宏『租税法』は担税力の尺度の候補として所得・財産・消費を挙げる。そして「所得は，担税力の尺度として最もすぐれて」いるとしつつ，「所得がすべて正確に把握されるわけではなく，また財産および消費も担税力の尺度であることにかわりはないから，実際の制度においては，所得税を中心としながら，これに財産税および消費税を適度に組み合わせ（タックス・ミックス），所得・財産および消費の間でバランスのとれた税制を構築することが，担税力に即した税負担の配分のために好ましい。」[2]と述べる。tax mix 賛成論は，日本の租税法学において通説でもあろう[3]。

---

(1)　本稿は人名に職名・敬称を付さない。「　」『　』を引用のために用い，【　】を区切りの明確化のために用いる。年月日表記に MMDDYYYY 又は DDMMYYYY を用いない。

(2)　金子宏『租税法 24 版』89 頁（弘文堂，2021），詳しくは同「シャウプ勧告の歴史的意義」『租税法理論の形成と解明』216-249 頁，同「租税法の諸課題：わが国税制の現状と課題」同書 250-271 頁，同「高齢化社会における税制のあり方」同書272-299 頁（有斐閣，2010）参照。

(3)　渡辺智之「タックス・ミックスについて」税研 128 号 89 頁（2006）等参照。

94

他方，アメリカの租税法学の主流派[4]は double distortion theory（二重の歪み理論）に基づき tax mix に批判的である。double distortion theory は，賃金（又は消費）のみに対する累進課税で再分配すべきであり，資産（又は貯蓄，投資，利子）非課税を主張する。但し double distortion theory 批判[5]（tax mix 賛成）もある[6][7][8]。

---

(4)　Louis Kaplow & Steven Shavell, Why the Legal System Is Less Efficient than the Income Tax in Redistributing Income, 23 Journal of Legal Studies 667-681 (1994); Daniel N. Shaviro, Replacing the Income Tax With a Progressive Consumption Tax, 103 Tax Notes 91 (2004.4.5); Joseph Bankman & David A. Weisbach, The Superiority of an Ideal Consumption Tax Over an Ideal Income Tax, 58 Stanford Law Review 1413 (2006); Daniel N. Shaviro, Beyond the Pro-Consumption Tax Consensus, 60 Stanford Law Review 745 (2007) 等参照。

(5)　藤谷武史「法制度の効率性と租税法の役割―Kaplow & Shavell の "double distortion" テーゼ再訪」フィナンシャル・レビュー152号『特集：法システムとしての租税法 I』4-29頁（2023）参照。Bankman & Weisbach・註4も批判的に紹介していた。藤谷武史「所得税の理論的根拠の再検討」金子宏『租税法の基本問題』272-295頁（有斐閣，2007）。

(6)　管見の限り最も説得力のある tax mix 賛成論は David Gamage, How Should Governments Promote Distributive Justice?: A Framework for Analyzing the Optimal Choice of Tax Instruments, 68 Tax Law Review 1-87 (2014) であると思われる。David Gamage, The Case for Levying (All of) Labor Income, Consumption, Capital Income, and Wealth, 68 Tax Law Review 355-441 (2015) が引用されることが多いが，2014年の方が理論的貢献が高いと私は思う。浅妻章如「信託等を通じた資本所得課税・資産移転課税において納税者・課税当局間の紛争の種・程度を和らげる試み」信託研究奨励金論集36号149-174頁（2015）で紹介した。

(7)　経済学の tax mix 賛成論として Peter Diamond & Emmanuel Saez, The Case for a Progressive Tax: From Basic Research to Policy Recommendations, 25 J. Econ. Perspectives 165-190 (2011) 参照。

(8)　法哲学の double distortion theory 批判として，Liam Murphy & Thomas Nagel, THE MYTH OF OWNERSHIP: Taxes and Justice (Oxford University Press, 2002) （伊藤恭彦訳『税と正義』名古屋大学出版会，2006）（増井良啓「税制の公平から分配の公平へ」江頭憲治郎＝碓井光明編『法の再構築 I 国家と社会』63-80頁（東京大学出版会，2007）参照）（Daniel Shaviro, Ancillary Benefits and Income Versus Consumption Taxation in Liam Murphy's and Thomas Nagel's 'The Myth of Ownership' (mimeo https://ssrn.com/abstract=4459236) 参照）は，税引前所得から税がとられるという見方ではなく私法と税制適用後の分配状況に着目すべきとする。

tax mix と double distortion theory との対立は，日米の租税法学界で様相が異なる。私は既に double distortion theory に与した[9]ので偏りを排し難いという難点はある。が，偏りを自認しつつ double distortion theory の視点から金子宏の tax mix 賛成論を捉え直したい，というのが本稿の問題意識である[10]。

Ⅰ-2.　本稿の構成

double distortion theory は本書の読者と想定される租税実務家の間で tax mix より知られていない可能性がある。そこで，Ⅱで議論の前提を確認し，Ⅲで double distortion theory を概説する。double distortion theory に反する又は反しない再分配について概ねの共通了解と目されるところも Ⅲで確認する。Ⅳで，double distortion theory をめぐり共通了解に至っていないと目される課題を見ていく。Ⅴで，担税力を一元的に捉えるか多元的に捉えるかを論じる。

---

(9)　浅妻章如『ホームラン・ボールを拾って売ったら二回課税されるのか』（中央経済社，2020）。

(10)　本稿の企画当初，執行能力が向上するにつれて（浅妻章如「租税手続の ICT 化：所得分類毎の対物課税から対人課税へ」租税法研究 47 号 42-57 頁 2019），人々は多元的担税力観から一元的担税力観へ変わっていき tax mix 不支持に向かうであろう，という筋書きを構想していた。ICT（information and communication technology：情報通信技術）の発達により，政府が様々な情報を収集することで個人の担税力を把握する能力が向上しうる。例えば，X 氏と Y 氏の賃金が同じでも，X 氏の通勤時刻等の情報から X 氏が過労死レベルの労働をしていると推認できる場合，X 氏の稼得能力が Y 氏より低いと推認でき，X 氏の税負担を Y 氏より低くすることが望ましい，といった具合である。しかし，どのような執行能力を前提とするかで議論が安定しないと研究会で指摘され，本稿で執行能力向上に焦点を当てることはやめた。

II　議論の前提

II -1.　公平，中立，簡素から効率性と分配的正義へ

税の三原則として公平，中立，簡素が挙げられる[11]。

中立は効率性の文脈で用いられる。無税の世界における選択を歪めない税が中立であり，中立的な税は非中立的な税より死荷重（deadweight loss. 税の社会全体でのコスト）が小さいという意味で効率的である[12]。中立を経由せず最初から効率性を論ずべきである，という議論がある[13]。中立は，どういう税制が効率的か確証を得難い際に暫定的に歪みが小さい税制が効率的な税制であると推定しておこうとするもの，と位置付けられよう。

公平は分配的正義[14]の文脈で用いられる。公平には水平的公平（同じ経済力の二者には同程度の税負担を課すべし）[15]と垂直的公平（経済力の異なる二者には異なりに応じた税負担を課すべし）がある。何を以て経済力（担税力と言い換えられる）が同じ又は違うというか，難しい。近年，租税法学において，分配的正義より効率性に注力する傾向がある。

簡素は，かねてから扱いにくい。多くの場合，簡素という目標より公平，中立という目標を追求するために税制は複雑化してきた[16]。本稿は簡素自体に価値があるという前提を採らない。しかし執行や法令遵守の容易さ

---

(11)　財務省『もっと知りたい税のこと』3頁（2024.6）。

(12)　これが上手くいかない例をIV-1.で見る。

(13)　David A. Weisbach, The Use of Neutralities in International Tax Policy, 68 National Tax Journal 635-652 (2015)。国際租税政策論における頭字語の戦い（battle of acronyms）を揶揄する。

(14)　本稿は正義を「善に対する正義の優越」の意味で用いる。瀧川裕英＝宇佐美誠＝大屋雄裕『法哲学』49頁（有斐閣，2014）参照。X氏が信ずる善き生とY氏が信ずる善き生が違っていても片方に肩入れしない枠組みを構想する。

(15)　Louis Kaplow, Horizontal Equity: Measures in Search of a Principle, 42 National Tax Journal 139-154 (1989)と批判的検討である増井良啓「租税法における水平的公平の意義」『金子宏先生古稀祝賀・公法学の法と政策上巻』171-187頁（有斐閣，2000）参照。

は効率性に影響する。

Ⅱ-2. 帰 結 主 義

　本稿の前提は，アメリカの租税法学の主流派の前提と揃えたい。帰結が
良くなる制度が良い制度であるとする帰結主義であり，帰結の良し悪しは
効率性と分配的正義のみで判断する，という前提である。

　帰結の良し悪しと別次元で奉ずる価値（候補：自由[17]とか機会平等とか）
があると想定しない。例えば，何らかの平等を破る税制の良し悪しは効率
性と分配的正義のみの観点から判断し，平等それ自体に価値があるという
前提を採らない。

　とはいえ，平等を破る税制が良い帰結をもたらすであろうというエビデ
ンスが強固でなければ差し当たり平等が良い帰結をもたらす可能性が高い
であろう，というバイアスは採用しうる。例えば，労働と余暇[18]との間の
時間配分に関し男より女の方が労働供給弾力性が高いから，男に重税を課
す性差別的な税制が効率的である（死荷重が小さい）可能性がある。しかし，
女の弾力性の高さは second earner（家計内第二労働者）ゆえである可能性
もある。また，男大黒柱夫婦より女大黒柱夫婦を優遇することが分配的正
義に適わない可能性もある。性差別税制が効率性又は分配的正義に適うか

---

(16)　増井良啓「「簡素」は税制改革の目標か」国家学会雑誌 107 巻 5・6 号 548-570
　　　頁（1994），渡辺智之「「公平・中立・簡素」の理念」税研 226 号 52-57 頁，53 頁
　　　（2022），吉村政穂「「簡素」の原則と複雑化する租税法」一橋法学・国際関係学レ
　　　クチャーシリーズ刊行委員会『教養としての法学・国際関係学──学問への旅の
　　　はじまり』149 頁（国際書院，2024）。
(17)　私は学生・大学院生の頃には教条主義的に自由に価値があると信じていた。しか
　　　し自分で論文を書く際に帰結主義以外の枠組みで書ける目途が立たなかった（義
　　　務論で書けそうにないと感じた）ので，暫く，アメリカの租税法学の主流派の前
　　　提と揃えようと考えた。近年，自由は泡沫の夢にすぎないのではないかという懸
　　　念を抱きつつある。自由と少子化対策は相性が悪いらしいからである。自由を奉
　　　ずる集団（国なり民族なり）が少子化していくならば多子化に努める集団に数で
　　　負け，武力戦争か文化戦争かはともかく，呑み込まれる。
(18)　余暇は家事労働を含む。労働（市場で消費するための原資を稼ぐ活動）と余暇
　　　（市場を経由しない消費）との選択，と言い換えた方が正確であろう。

98

確証がなければ，とりあえず性平等税制を是とする[19]。性平等に関し学界
の標準的な理解でもあろう[20]。

Ⅲ　double distortion theory をめぐる概ねの共通了解

Ⅲ-1.　double distortion theory の概説

　最適課税論[21][22]における理想的出発点は，担税力の指標[23]として才能
を測定し，才能の多寡に応じた一括税を課すことである。才能税は，効率
性の観点から，労働意欲を害さず死荷重を生まない。分配的正義の観点か
らも，才能の多い人から少ない人への再分配は支持されよう[24]。

　才能は測定できないので，proxy（代理変数）[25]として賃金[26]に課税する。
賃金課税は，労働意欲を害し死荷重を生む。

　資本所得課税も市場における消費より市場を経由しない消費を魅力的に
するので，労働意欲を害し[27]死荷重を生む（first distortion）。資本所得課

---

(19)　國枝繁樹「租税法と公共経済学」金子宏監修『現代租税法講座　第1巻　理論・
歴史』237-267頁，258-259頁（日本評論社，2017）。

(20)　性差別税制は存在している（寡婦控除：東京高判令和4年1月12日令和3（行
コ）166号）（遺族補償年金について最判平成29年3月21日集民255号55頁）
という突っ込みはありうる。

(21)　國枝繁樹「最適所得税理論と日本の所得税制」租税研究690号69-82頁（2007），
渡辺智之「最適課税論と所得概念」金子宏編『租税法の発展』297-314頁（有斐
閣，2010），Louis Kaplow, Optimal Income Taxation, 62 J. Econ. Literature 637
(2024) 等参照。

(22)　double distortion theory の前提は最適課税論であるが，最適課税論者が double
distortion theory に至るとは限らない。Diamond & Saez・註7は最適課税論の
枠組みで double distortion theory を批判する。

(23)　担税力の指標は（再）分配（(re) distribution）の指標といえる。（再）分配に括
弧が付くのは，税引前の分配状況と税引後の分配状況を比較する姿勢が税引前の
分配状況に或る種の神聖な地位を付与しかねないことを懸念する論者がいる（再
分配という表記を避け分配だけを用いる。註8参照）ためである。本稿は呑気に
再分配と表記する。

(24)　職業選択の自由を害すという批判として Linda Sugin, A Philosophical Objection
to the Optimal Tax Model, 64 Tax Law Review 229 (2011).

税は，消費するか貯蓄するかの選択（消費時点選択）において貯蓄を冷遇し追加的な死荷重も生む（second distortion）。

また，賃金のみの課税（賃金稼得時に課税し，資本所得受領時に課税しない。yield exemption 方式）と消費のみの課税（賃金稼得時に貯蓄部分を課税対象から除外し，運用時の資本所得にも課税せず，消費時に課税する。expensing 方式）は，数理的に近似する。time value of money（金銭の時間的価値）としての税引前利子率・割引率が年 10％，税率一律 30％の世界を想定する。yield exemption 方式（第 1 年度に 1000 を稼ぎ，税引後 700 を貯蓄し，第 2 年度に 770 を消費する）と，expensing 方式（第 1 年度に 1000 を稼ぎ，貯蓄 1000 を第 1 年度の課税対象から除き，第 2 年度に 1100 を貯蓄から取り崩した際に 30％（即ち 330）課税して残りの 770 を消費する）は，数理的に近似する[28]。

Ramsey モデルという，差別的物品税による効率性追求を聞いた読者がいるかもしれない。物品税の税率を，弾力性の逆数に比例させることが，同税収の均一税率課税より効率的であると説く。

しかし，Atkinson & Stiglitz モデル[29]が Ramsey モデルを批判する。差別的物品税は，（賃金課税と同様に）労働意欲を害し（first distortion），更に商品選択も歪める（second distortion）。賃金課税は，労働意欲を害すが，商品選択を歪めない。Ramsey モデルは，政府が人々の所得等の属性を測定できないという前提で論じられたが，所得を測定できるならば，賃金課税

---

(25) 高身長者（高所得者が多い）に重く課税する（低身長者に補助金を給付する）アイデアについて N. Gregory Mankiw & Matthew Weinzierl, The Optimal Taxation of Height: A Case Study of Utilitarian Income Redistribution, 2 American Economic Journal: Economic Policy 155-176 (2010) 参照。尤も，彼らの本音は，身長課税が望ましくないなら功利主義が人々に支持されていないのだ，と論じるところにあるように読める。

(26) 日本の所得税法でいう給与所得のみならず事業所得・雑所得も含む。

(27) 註 18 参照。市場での消費より市場を経由しない消費が魅力的になる。

(28) 中里実ほか編著『租税法概説 4 版』103，258 頁（有斐閣，2021，浅妻章如，神山弘行執筆）。但し本稿IV-3．で覆す。

(29) Anthony B. Atkinson & Joseph E. Stiglitz, The Design of Tax Structure: Direct versus Indirect Taxation, 6 Journal of Public Economics 55-75 (1976).

だけで再分配する方が，差別的物品税を用いるより，効率的である。

　Atkinson & Stiglitz・註 29 に基づき[30]，double distortion theory は，次のように論ずる[31]。資本所得課税は，賃金課税と同様に労働意欲を害し（first distortion），貯蓄を減らす（second distortion）。賃金課税は，労働意欲を害するが，消費・貯蓄の選択を歪めない。同税収をもたらす甲（賃金課税のみ）と乙（賃金課税＋資本所得課税）を比べると，効率性の観点からは，甲が優れており，分配的正義の観点からは，甲の累進を強化すれば甲が乙より劣らない。

　時系列に沿わないが，double distortion theory は，資本所得課税を批判するのみならず，税財政政策以外の再分配を批判する[32]。例えば，丙（交通事故加害者が被害者に賠償すべき額を，加害者が裕福である場合に増額させるとする再分配政策を加味した損害賠償法制）は，労働意欲を害し（first distortion），金持ちの運転が最適水準より過少になる（second distortion）。丁（損害賠償法制は効率性のみを追求し，再分配政策に関し累進税制の累進性を強める）と比べると，丁は丙と同程度の分配的正義を達成しつつ効率性を改善できる。

Ⅲ-2.　包括的所得概念に基づく所得課税だけでも tax mix である

　double distortion theory は，賃金（又は消費）のみに課税すべし（資本所得非課税[33]），と説く。

　資産[34]は貯蓄の集積であり，資産収益課税は経済実質的に利子課税で

---

(30)　但し Atkinson 及び Stiglitz ら本人は double taxation theory 批判者であり資本所得税支持者である。

(31)　Bankman & Weisbach・註 4 と，藤谷・註 5 （2007）及び渡邉宏美「"消費税優位"論の意義とその限界― Bankman & Weisbach （2006）をめぐる議論の応酬について―」立教経済学研究 66 巻 3 号 181-188 頁 （2013）の批判的紹介を参照。

(32)　Kaplow & Shavell・註 4 と藤谷・註 5 （2023）による批判的紹介を参照。

(33)　非課税とすべき資本所得の範囲について浅妻章如「理想的所得課税と理想的消費課税との違いは無リスク収益部分の課税の有無の違いより更に小さいかもしれない」立教法学 101 号 1-14 頁 （2020）参照。

ある。そして資産の標準的な収益率を想定したみなし収益を所得として課税することは，資産価値に対し資産税を課すことと，数理的に近似する。資産額を w，税引前収益率を r，所得税率を t_i，資産税率を t_a とするとき，資本所得課税は wrt_i であり[35]，資産課税は wt_a であり，rt_i と t_a との違いは軽視できる。前段落の資本所得非課税は資産非課税も含意する。

　包括的所得概念は或る期間の所得を【所得＝消費＋純資産増加】と定義する。純資産増加を課税対象に含めることは，資本所得も課税対象に含めることを意味する。【包括的所得概念に基づく所得課税≒消費課税[36]＋資本所得課税≒消費課税＋資産課税】である。包括的所得概念に基づく所得課税は，それだけでも tax mix である。

Ⅲ-3. 社会保障の賦課ベース

　double distortion theory が賃金課税（又は消費課税）のみで再分配政策を追求すべしと説く際，マイナスの課税（つまり給付）も視野にある。法的な税に限らず[37]，社会保障制度も含む。税と社会保障を含む意識で税財政と表記することも多い。

　社会保障（健康保険，年金等）における負担は多くの場合，課税ベースに相当する賦課ベースが賃金である。double taxation theory から見れば，批判の対象とならない。

　巷間では，或る社会保障制度だけを見て逆進的である（又は累進性が弱い）と議論されやすい。あまり意味のある議論とは思えない。所得税法や地方税法の賃金課税も加味した累進性を議論する方が適切であろう[38][39]。

---

(34)　Daniel Shaviro, Tax Law, Inequality, and Redistribution: Recent and Possible Future Developments（mimeo https://ssrn.com/abstract=3962466）参照。4 頁が人的資産に触れているが，本稿本文は人的資産を含めていない。

(35)　資産額×法定収益率×税率の課税方法としてオランダの Box 3 が有名である。

(36)　消費型所得概念に基づく課税という意味。

(37)　旭川市国民健康保険条例違憲訴訟・最大判平成 18 年 3 月 1 日民集 60 巻 2 号 587 頁（国民健康保険税は税であるが国民健康保険料は税でない）は軽視する。

巷間では，社会保障の賦課に際し資本所得や資産が勘案されないことが批判されやすい。包括的所得概念から見れば批判に値するが，double distortion theory から見れば批判に値しない。

Ⅲ-4. 賃金課税（又は消費課税）以外の税は効率性追求ならば double taxation theory に反しない

賃金課税（又は消費課税）以外の税が double taxation theory に反するとは限らない。double taxation theory の示唆は，賃金課税（又は消費課税）以外の制度（税財政も税財政以外の制度も含む）は効率性のみを追求すべきであって分配的正義を追求すべきではない，というにとどまる。賃金課税（又は消費課税）以外の税で効率性を追求することは double taxation theory に反しない。例えば環境税（典型的にはピグー税のように負の外部経済を内部化する税）は double taxation theory に反しない。

Ⅲ-5. 再分配目的ではなく効率性追求目的の複数税率

(1) 付加価値税の複数税率で累進を図ることは悪手であるということが税の専門家の間での共通了解となっている。

(2) Ramsey モデルも Atkinson & Stiglitz・註 29 により批判されている。しかし，(1)(2)は，複数税率の全てが悪手であることを意味しない。

(3) 複数税率で効率性を追求することは double taxation theory に反しない。

double taxation theory では，賃金課税（又は消費課税）が労働意欲を害

---

(38) 法人所得課税の負担が資本家に帰着するという研究も労働者に帰着するという研究もある。累進性に関し法人所得税が労働者に帰着する程度も勘案すべきであろうが，今の学術水準では難しい。

(39) 付加価値税は資本家に帰着しないように設計されている。付加価値税が消費者に帰着するか供給者（主に労働者）に帰着するかは需要曲線と供給曲線の傾き次第である（浅妻章如＝酒井貴子『租税法』159-160 頁（日本評論社，2020，浅妻執筆））。累進性に関し付加価値税が帰着する程度も勘案すべきであろうが，今の学術水準では難しい。

するという first distortion は仕方ないものとしている。他方で，（3a）労働補完財への課税を軽くする又は（3b）労働代替財（余暇補完財）への課税を重くすることで，賃金課税（又は消費課税）が労働意欲を害する効果の緩和を図ることは，double taxation theory に反しない。

（3a）の例として，外食で時間を節約し労働を増やす，（3b）の例として，自炊によって食事に関する時間を増やし労働を減らす，が挙げられやすい。

しかし（3a）と（3b）を適切に画し執行（法令遵守を含む）できるかという問題は残る。外食が時間節約的で自炊が時間浪費的というのは，私個人の経験では逆であると感じている。また，本稿Ⅱ-1.は簡素それ自体に価値があると想定していないが，（3a）と（3b）を区別して税率を複数設定することの執行・法令遵守コストが高ければ，（3a）と（3b）を区別しない方が良い税制であるという評価になる。

ところで，食品・新聞の複数税率導入前から，日本の付加価値税にも複数税率に近い効果を持つ仕組み（例えば非課税）があることが指摘されていた[40][41][42]。しかし，例えば教育について考えてみると，教育を受ける人の担税力が乏しいという分配的正義も勘案していたかもしれないが，教育が①生涯賃金増加と②正の外部性をもたらすならば，効率性の観点から正当化されうる。他方，現在の食品・新聞の複数税率は効率性追求目的ではなく，正当化し難い。

Ⅲ-6. 価格差別

税財政以外の再分配手法として価格差別が用いられることもある。例えば日米を比べると，日本の保育料は価格差別が多い（アメリカでは少ない）一方，アメリカの大学の学費は価格差別が多い（日本では少ない）。

---

(40) 敢えて初版の岡村忠生ら『租税法』229頁（有斐閣，2017，酒井貴子執筆）。
(41) 医療の付加価値税非課税は，日本では付加価値税導入時の医師会の勘違いによるものであり，再分配政策なのか効率性の追求なのか評価しにくい。
(42) 酒税＋付加価値税という重課は，効率性の問題であり，本稿Ⅲ-4.の範囲に属す。

double distortion theory は再分配政策としての価格差別も tax mix で
あるとして批判するであろう。保育料や学費の価格差別についても、(引
用を示すのは難しいが) 豊かな家計が gaming で安価で済ます術を知ってい
ると聞く。価格差別をせず税財政の累進を強化する方が社会厚生改善に資
すると double distortion theory は説くであろう。

　他方で、効率性目的の複数税率が容認されうる (本稿Ⅲ-5.) のと同様に、
効率性目的の価格差別は double distortion theory から批判されない[43]。
保育や大学の価格差別が効率的か、効率的であるとして分配的正義に関す
る前段落の欠点を超える社会厚生改善が見込めるか、という議論になろう。

Ⅳ　double distortion theory をめぐり共通了解が
形成されていなさそうな部分

Ⅳ-1.　消費概念の曖昧さ

　消費概念の曖昧さについて、通勤費を例にして別稿[44]を書いた。

　通勤費控除・非控除の例を想定する[45]。通勤費控除とは通勤費⊂費用
という発想であり、通勤費非控除とは通勤費⊂消費という発想である[46][47]。
計算の便宜のため税率を 30% (比例税率) と想定する。

　例1：X氏がY社で働くに際し、甲 (Y社近くに住む。家賃が80高い) と
乙 (遠くに住む。通勤費が100高い) の選択に直面している。通勤費非控除
ならば甲を選ぶ (− 80 対− 100)。通勤費控除ならば乙を選ぶ (− 80 対−

---

(43)　私企業の価格差別 (例：高価な書籍と、遅れての安価な文庫版) は殆どが利益追
　　　求目的であろうから、double distortion theory からは批判されないであろう。

(44)　浅妻章如「包括的所得概念 vs. 消費型所得概念論争と消費概念」『金融取引と課税
　　　(7)』(トラスト未来フォーラム、2025 予定)。

(45)　Daniel J. Hemel & David A. Weisbach, The Behavioral Elasticity of Tax Revenue,
　　　13 Journal of Legal Analysis 381-438, at 405-406 (2021). 元ネタは William
　　　A. Klein, Income Taxation and Commuting Expenses: Tax Policy and the Need
　　　for Nonsimplistic Analysis of "Simple" Problems, 54 Cornell Law Rev. 871-896,
　　　at 879-883 (1969).

$100 \times 70\%$）。

　例 2：Z氏の住む場所は固定で，丙（近くのA社で働く）と丁（B社で働く。A社より給与が 100 高く通勤費が 80 高い）の選択に直面している。通勤費非控除ならば丙を選ぶ（$100 \times 70\% - 80$）。通勤費控除ならば丁を選ぶ（$(100 - 80) \times 70\%$）。

　例 1 においては無税の世界における選択（甲）と比べ通勤費控除が歪みをもたらすように見える。

　例 2 においては無税の世界における選択（丁）と比べ通勤費【非】控除が歪みをもたらすように見える。

　無税の世界における選択と比べて歪みがあるか，という枠組みでは通勤費控除・非控除の優劣は決まらない。

　ここで，Hemel & Weisbach・註 45 は BETR（behavioral elasticity of tax revenue）[48] を提唱する。

　例 3：通勤費非控除を出発点とする。C氏がD社で働くに際し，戊（近くに住む。家賃が 100 高い）と己（遠くに住む。通勤費が 100 高い）の選択が無差別であったとする。少し通勤費の控除を認める法改正がされるとCは己を選ぶ。法改正前に戊と己で無差別であったので，己を選ぶという変化

---

(46)　通勤定期券課税事件・最判昭和 37 年 8 月 10 日民集 16 巻 8 号 1749 頁，現在の所得税法 9 条 1 項 5 号，所得税法施行令 20 条の 2，所得税基本通達 9 - 6 の 3，所得税法 57 条の 2 第 2 項 5 号，碓井光明「生活実態の変化と税制の対応」税務弘報 64 巻 13 号 2 - 3 頁（2016），Harding, M. (2014), "Personal Tax Treatment of Company Cars and Commuting Expenses: Estimating the Fiscal and Environmental Costs", OECD Taxation Working Papers, No. 20, OECD Publishing, Paris, https://doi.org/10.1787/5jz14cg1s7vl-en. 参照。

(47)　ところで，浅妻章如「租税法」法律時報 96 巻 13 号『特集：学界回顧』35-40 頁，36 頁（2024）が渕圭吾『租税法講義』171 頁以下（有斐閣，2024）を批判した通り，現行所得税法の解釈適用に際し，消費が須らく控除されないべきである，という運用にはなっていない可能性がある（例えば，雑所得稼得目的で購入した書籍を消費としても楽しむ例で書籍購入費全額の控除が認められる可能性がある），と論じたことが，本稿にも跳ね返ってくる。

(48)　租税法学会第 53 回総会で藤岡祐治報告が BETR を解説したので，租税法研究 53 号（2025 予定）に譲る。

はＣの効用や社会の利用可能な資源に無影響である。税収への影響は少額である（通勤費全額控除可ではない）。

例４：通勤費非控除の出発点の制度下で，Ｅ氏が，庚（近くのＦ社で働く）と辛（Ｇ社で働く。給与が100（税引後70）高く通勤費が70高い）の選択について無差別であった。少し通勤費の控除を認める法改正がされるとＥは辛を選ぶ。辛を選ぶという変化はＥの効用や社会の利用可能な資源に無影響であるが政府は約30（少し30に届かない。少し通勤費の控除を認めるから）の追加税収を得る。納税者の遵守費用は増大する。

例３と例４を足し合わせると，少し通勤費の控除を認める法改正は，税収を増やしそうだが，遵守費用増に見合うかが鍵となる。通勤費全額控除も通勤費全額非控除も効率性の観点から正当化されなさそうである[49]。

Ⅳ-2. 課税単位：個人単位主義 vs. 消費単位主義（夫婦，世帯）

日本では所得税法が個人単位を採用する[50]。他方，社会保障に関しては個人単位ではない（世帯概念が意味を持つ）ことが多い[51]。

日本に限らず[52]個人単位が優勢となりつつある。second earner（兼業主夫/婦）の労働意欲を夫婦単位又は世帯単位が害しやすいからである（効率性の観点）[53]。

分配的正義の観点では，学界では個人単位支持が優勢であると見受けられる[54]。しかし金子宏は夫婦の生活費が独身の1.36倍であることを理由に夫婦のブラケットを1.5倍にすることを提案している[55]。

個人単位下では，贈与の控除を認めるべきかが論点化する（世帯単位な

---

(49) Hemel & Weisbach・註45，409頁。
(50) Kaplow・註21，725-728頁が家族税制を扱っているが，最適課税論がどの課税単位を導くのか読み取れなかった。
(51) 浅妻章如「再分配：租税法の観点から」民商法雑誌156巻1号72-96頁（2020）。
(52) 鎌倉治子「諸外国の課税単位と基礎的な人的控除：配偶者控除の見直しをめぐって」レファレンス798号71-87頁（2017）参照。
(53) とはいえ日本の個人単位でも勘違いを含め103万円の壁等が議論される。
(54) 引用は難しいが巷間では世帯単位支持の意見が多いように見受けられる。

ら家族内贈与の控除の論点化を防ぎやすい）。double distortion theory は，贈与の控除の可否（本稿Ⅳ-1.の消費概念の曖昧さにも通ずる）[56] に示唆を与えてくれない[57]。扶養義務も贈与の控除の可否と接続する問題であるが，租税法学で（課税単位と比べ）議論されることが少ないように見受けられる[58]。

Ⅳ-3. 時：稼得時 vs. 消費時そして生涯 vs. 年（又は随時）

本稿Ⅲ-1.で，賃金課税（yield exemption 方式）と消費課税（expensing 方式）は数理的に近似すると説明した。計算の便宜のため均一税率を前提としていた。しかし累進税制下で賃金課税と消費課税の課税結果を近くすることは不可能ではないが難しい。

近くする累進税制を構想すると，生涯賃金又は生涯消費の累進税制となる。Averaging（平均所得累進課税）とも呼ばれる[59]。効率性の観点からも

---

(55) 金子宏「所得税における課税単位の研究」『課税単位及び譲渡所得の研究』1 頁（有斐閣，1996，初出 1977）。子の数の勘案の要否は論じてない。

(56) William D. Andrews, Personal Deductions In An Ideal Income Tax, 86 Harvard Law Review 309-385（1972）参照。包括的所得概念と贈与について藤谷武史「非営利公益団体課税の機能的分析（1-4・完）──政策税制の租税法学的考察──」国家学会雑誌 117 巻 11・12 号 1021 頁，118 巻 1・2 号 1 頁，3・4 号 220 頁，5・6 号 487 頁（2004-2005）参照。贈与の控除可否をめぐる standard of living 基準と ability of pay 基準について神山弘行『所得課税における時間軸とリスク──課税のタイミングの理論と法的構造』169 頁（有斐閣，2019），浅妻・註 51，73 頁参照。

(57) Louis Kaplow, Optimal Income Taxation and Charitable Giving, 38 Tax Pol'y & Econ. 123-162（2023）は，贈与の分配に関する効果に関し，贈与者ではなく受贈者に着目せよと主張する。本稿の問題意識と接合させ難い。Batchelder・註 60 は贈与を効率性の観点から扱っており，やはり本稿の問題意識と接合させ難い。

(58) 例外として中里実「配偶者控除と民法」税研 192 号 16 頁（2017），中里実「租税法学説における誤解」税研 232 号 10 頁（2023）。浅妻・註 9，5 章は，控除の可否は格差緩和に資するか否かによるであろうと予測した。

(59) William Vickrey, Averaging of Income for Income-Tax Purposes, 47 Journal of Political Economy 379-397（1939）; William Vickrey, Tax Simplification Through Cumulative Averaging, 34 Law and Contemporary Problems 736-750（1969）.

分配的正義の観点からも支持されそうである。double distortion theory に照らしても，生涯の稼得能力[60]が担税力の指標の理想であるから，支持されそうである。しかし，計算機の能力向上にもかかわらず Averaging 実施例は寡聞にして聞かない。学界でも Averaging 賛否は割れている[61][62]。

更に，現実には人の一生の間に税財政は変わる。尚更，賃金課税と消費課税の課税結果を近くする設計は難しい。また，昨今の日本では，付加価値税（消費時課税[63]）が世代間格差[64]緩和策（団塊世代の稼得時の課税が不

(60)　しかし稼得能力への課税は，多くの人が支持しなさそうな課税結果をもたらすのではないかという議論も出されている。或る程度，税は事後的にならざるを得ないかもしれない。Lily L. Batchelder, Optimal Tax Theory as a Theory of Distributive Justice（mimeo https://ssrn.com/abstract=3724691）を浅妻章如「所得再分配を巡る法制度：GAFA 課税問題と才能課税問題との接点に関する試論」フィナンシャル・レビュー 152 号『特集：法システムとしての租税法 I』30-56 頁（2023）で紹介した。Erick J. Sam, From Each According to Their Ability? An Analysis of Endowment Taxation and Potential Earnings, 35 Canadian Journal of Law & Jurisprudence 241-282 (2022) も才能課税に否定的である。

(61)　Neil H. Buchanan, The Case Against Income Averaging, 25 Virginia Tax Review 1151 (2006); Jeffrey B. Liebman, Should Taxes Be Based on Lifetime Income? Vickrey Taxation Revisited (unpublished: https://sites.hks.harvard.edu/jeffreyliebman/vickreydec2003.pdf); Lee Anne Fennell & Kirk J. Stark, Taxation Over Time, 59 Tax Law Review 1 (2005); 神山弘行「課税繰延の再考察」『租税法の基本問題』（註 5）247-271 頁，増井良啓「累進所得税の平準化」税研 144 号 68-80 頁（2009），Daniel Shaviro, Time Is, Time Was: Evaluating the Use of the Life Cycle Model as a Fiscal Policy Tool (mimeo https://ssrn.com/abstract=4459252) 参照。突発的財政需要に関して神山弘行「パンデミックにおける財政措置と財源——危機対応の副作用」ジュリスト 1591 号 46-51 頁（2023）参照。

(62)　人格の通時的継続性への懐疑について Lawrence A. Zelenak, Tax Policy and Personal Identity Over Time, 62 Tax Law Review 333 (2009); Derek Parfit, REASONS AND PERSONS (Oxford University Press, 1984)（森村進訳『理由と人格：非人格性の倫理へ』勁草書房，1998）参照。

(63)　付加価値税の負担は少なくとも一部は供給者（即ち労働世代）に帰着する筈である（註 39）ため，付加価値税の全てが消費世代への課税である訳ではないということにも気を付けなければいけない。

(64)　尤も，double distortion theory が世代間格差に示唆を与えるのか不明であり（生涯単位の富者から貧者への再分配を要請するにとどまるのではないかという疑問），本稿は世代間格差を扱えていない。

十分であったという想定であろうか）として期待されることもある。

IV-4. 越境：源泉と居住，そして移住

　企業課税の文脈では全世界所得課税が退潮傾向にある（Pillar Two を以って復調傾向にあるとは見ていない[65]）。ということは源泉（と呼ばなくなるかもしれないが何らかの地理的割当基準）が重要になる。従来は所得源泉は生産地にあると観念されてきたが，Pillar One 又は DST（digital service tax）は消費地に所得源泉があるという発想を持ち込もうとしている。

　また，企業課税は，日本では法人税，付加価値税という形をとっている。原則として，法人税は原産地主義，付加価値税は仕向地主義であり，異なる国家間課税権配分原理という tax mix となっている。

　他方で個人課税の文脈で territorial（領土内課税主義）が支持されていくとは予想し難い。末端労働者は閾値次第で見逃されるかもしれないが，富豪（特に一代で成り上がった者については資本所得とされるものでも実質的には賃金であると考えられている）に関して territorial は支持されにくい。

　仮に時（IV-3. 参照）について生涯が望ましい課税単位であるとしても，居住地が変わると前の居住地国の課税権が及ばなくなることがある（源泉課税管轄もない場合）。

　世界統一政府が課税すべきという反論があるかもしれない。しかし悲観要素が少なくとも二点思い浮かぶ。第一に，一政府が多くの人を扱うことは，多くの人が同じルールに服するという点で調整コスト削減の長所がある一方，現場の意見が政府に届きにくくなるという短所もある。最適な政府のサイズが世界統一政府なのか不明である。第二に，世界統一政府ができても，今の地方税と同様の問題[66]が残る可能性がある。

　移住が数年であってすぐ帰国するなら，生涯を課税単位とする発想は維持できるかもしれない。しかし，移住したきりで帰国しない場合，維持し

---

(65)　Pillar One & Two は arm's length principle の出力結果に対する不信への対応であろうと思っている。

難い。移住直後，近い将来の帰国を予定しているか否か不明（本人すら）の場合も少なくなかろう。年単位（又は随時）の税制は，時に関し最善の課税単位でないかもしれないが，必須かもしれない。

IV-5.　double distortion theory の弱点は tax mix を導くか

本稿Ⅲは，double distortion theory が明瞭な切れの良い議論であるかのような印象を与える。しかし，本稿Ⅳ-1.～Ⅳ-4.で見た通り，double distortion theory が示唆を与えてくれなさそうな課題もある。

double distortion theory の弱点は，tax mix 賛成論を強化するか。

本稿Ⅳ-1.の消費の曖昧さは，控除の曖昧さでもあり，稼得能力の曖昧さも意味する。尤も，tax mix でも消費の曖昧さは残るので，tax mix 賛成論を強化するか不明である。

本稿Ⅳ-2.の課税単位に関し，生涯の稼得能力を測定できるならば個人単位が支持されそうであるが，代理指標としての賃金又は消費のみに課税すべきという段階へ理想度が落ちてくると，家族のあり方が賃金又は消費に与える影響は軽視し難く，double distortion theory は課税単位に示唆を与えない。尤も，異なる再分配手法で異なる課税単位（賦課単位）があることが帰結を良くする tax mix 賛成論を構築できるかも，不明である。

本稿Ⅳ-3.～Ⅳ-4.で見た税と時との関係は，double distortion theory の鬼門であろう。才能課税という理想はともかく，賃金又は消費のみに課税すべきという段階へ理想度が落ちてくると，生涯を通じて一つの政府が不変の税財政で課税する，という想定も現実味が乏しい。tax mix 賛成論の勝機があるとしたらここであろう。

---

(66)　地方税，国際租税について，手塚貴大「地方資産課税としての固定資産税の現状と将来像——人と領域の結びつきの流動化も含めて——」租税法研究 52 号 1-17 頁（2024），住永佳奈「人の国外移転と税制——人的資本への課税のあり方を中心として——」租税法研究 52 号 40-57 頁（2024）参照。

V 担税力の一元的な把握と多元的な把握

V-1. 担税力試論

　効率性を無視し分配的正義だけの観点を採るならば，税引後所得（負の課税結果も含む）が等しいこと（結果平等）が最適である（社会厚生を最大化させる）[67]。効率性も視野に入れると，結果平等は効率性を害すので，結果平等は最適ではない。豊かな人と貧しい人との差を，縮めるが零にはならないどこかに，最適がある。

　そして，賃金課税であれ消費課税であれ資産所得課税であれ資産課税であれ，労働と余暇との選択を攪乱し死荷重を生む（first distortion）。double distortion theory は，second distortion をもたらす資本所得課税や資産課税や税財政以外の再分配政策を批判する。

　近年，担税力という語があまり積極的に用いられない傾向にあると見受けられるが，前段落に抵触しない形で担税力を捉え直すことを試みるならば，【或る再分配政策が労働意欲を害す死荷重が当該再分配政策による社会厚生の改善を超えない範囲】といえまいか。税と歳出とを切断すべしとの常識に従えば，再分配政策による社会厚生の改善は，普通，弱者救済に先ず向けられるであろうから，ここは所与と考え，社会的コスト（死荷重）

---

(67)　各人が所得を用いて消費をし効用を感得する能力について差がないという前提がある。もしA氏よりB氏の方がこの意味の能力が高いならば，B氏により多くの税引後所得を配分する税財政が，社会厚生を増大させる。しかし政府がこの能力を測定することは困難であり，この能力について差がないという前提を置くのが通例である。

　　しかし政府が推測すらできないという訳でもない。例えば，B氏が入院患者であり，A氏とB氏に資源を均等に配分するよりも，A氏に割り当てられる資源を少し削りB氏に割り当てた方が限界効用が高い，と推測することが不自然ではない状況も考えられる。そして，現実においても，B氏のようなタイプの人に多くの資源を割り当てることは正当視されている。最適課税論は，最適課税論批判者が考えるような帰結をもたらしているわけではない，と Batchelder・註60 は論じる。

について，当該再分配政策の負担が限界的に1％増加することで労働供給減少による労働と余暇との差が？％増えるか，という弾力性が鍵となる。

　以上は担税力を一元的に捉える場合の試論である。一元的担税力観と呼んでおきたい。或る再分配政策が労働意欲を害す死荷重に着目し，なるべく second distortion を生まない方が良いという想定である。しかし，second distortion を生む再分配政策でも，労働意欲の害し方が小さいならば[68]，first distortion と second distortion を足しても，社会厚生改善に資するとの評価はありうる[69]。

　他方，一元的担税力観は，暗黙裡に人の担税力を生涯という時的単位で一つの政府との関係で構想しているという憾みがある。現実社会において，人は移動しうるし，政府が天災や戦争や革命などで変わることもある[70]。担税力を一元的に捉えることに乗り気になれない読者は double distortion theory に説得されないのであろう。ad hoc 主義といえるかもしれない[71]。

---

(68)　税率の見せ方次第で人は違う反応をする（人は税率を理解し間違える）かもしれない。Kaplow・註21「5. Behavioral Optimal Income Taxation」参照。神山弘行「個人の意志決定に対する租税の影響：Tax Salience に関する研究ノート」『トラスト60研究叢書　金融取引と課税 (2)』101-120頁（2012）等も参照。

(69)　double distortion theory を意識しつつ資本所得課税や資産課税の死荷重が小さいから正当化されるとも論じられる。エマニュエル・サエズ＆ガブリエル・ズックマン（山田美明訳）『つくられた格差　不公平税制が生んだ所得の不平等』152-160頁（光文社，2020）。

(70)　戦後生まれの私は政府が時的に個人より大きいという平和ボケに漬かっていた。しかし，1学年200万人超の団塊ジュニア世代と比べ，2024年の出生数は70万人を切る見込みである。50年で1/3である。人口構成も政府に変容を迫る。政府が時的に個人より大きいという感覚が揺らいでいる。

(71)　引用を示せないが中里実は我々弟子に口酸っぱく，法は須らく ad hoc なり（体系に意味はない），と説く。明言された記憶はないが中里も double distortion theory に説得されないであろう。ad hoc たれと論じている訳ではないが，J. Mark Ramseyer & Minoru Nakazato, Tax Transitions and The Protection Racket: A Reply to Professors Graetz and Kaplow, 75 Virginia Law Review 1155-1175 (1989) が，制度変更に伴い不利益を受ける人に幾ばくか保証すべし（制度変更は市場に織り込まれるとする Graetz と Kaplow への批判）と論じたことも，ad hoc 主義そのものではないが ad hoc 主義と親和性がある。

更に，或る人と或る政府との関係が生涯続くとしても，或る再分配政策（例えば子育て支援）と別の再分配政策（例えば年金）とで，担税力は違いうるという発想（比喩として適切か自信がないが，住所が法律問題によって違いうるという住所複数説に類する発想）もあるかもしれない。ぶつ切り的に担税力を捉えることを肯定する考え方があるかもしれない。多元的担税力観と呼んでおきたい。

V-2. 金子宏の tax mix 賛成論の両義性

double distortion theory は一元的担税力観と結びつくが，一元的担税力観は tax mix を必ずしも排す訳ではない。

金子・註 2 について，「所得がすべて正確に把握されるわけではな」いから tax mix を良しとしているのだと読むとしたら，所得（本稿Ⅲ-2. は措くとして）という一元的担税力観を前提としつつ[72] tax mix が安全弁的に望ましいと主張している，と読みうる。

他方で，「財産および消費も担税力の尺度であることにかわりはないから」tax mix を良しとしているのだと読むとしたら，多元的担税力観に基づいていると読みうる。

金子・註 2 に限らず金子宏の文章は，複数の読み方の余地を残し，尻尾を摑ませてくれないことが多い。恐らく金子宏本人も，前々段落の読まれ方を望むのか前段落の読まれ方を望むのか，はっきりさせるつもりはなかったのではないか，と私は推測している。

V-3. 一元的担税力観の tax mix

私法が税のことを全く考えずに効率性のみを追求するよりも，徴税しや

---

(72)　金子・註 2，194 頁の「真の意味における所得（real income）は，財貨の利用によって得られる効用と人的役務から得られる満足を意味する」は，（金子宏が明瞭に包括的所得概念を支持しているとはいえ）消費型所得概念と相性が良く，一元的担税力観と相性が良い。

すい私法制度を構築した方が，社会厚生が改善する可能性があるという議論がある[73]。私法でも分配的正義を追求すべしとは論じておらず[74]，Kaplow & Shavell・註4を覆すものではないが，私法は効率性のみを追求すべしという際の効率性の考慮範囲を拡張する形で修正している。

　Gamage・註6（2014）は，消費課税又は賃金課税のみで税収を賄おうとする際に，その課税特有の欠陥があるかもしれないので，他の税（資産税とか）も活用すべきであると論じる。Gamage・註6（2014）&（2015）は強硬な double distortion theory 批判であるが，本稿Ⅱの前提は共有しており，担税力の指標の理想は稼得能力であるという出発点も共有している。tax mix 賛成論であるが一元的担税力観であると読む余地はある。

　別の double distortion theory 批判として，選挙民は税制による移転より規制による移転を好むという（身も蓋もない？）見解もある[75]。こうなると一元的担税力観では説明がつかなくなるかもしれない。

V-4. 多元的担税力観の tax mix

　一元的担税力観の tax mix は，いわば安全弁として複数の再分配（税，社会保障，私法等々）を用意するという発想である。しかし，安全弁としてのみならず，複数の再分配が統合されないことに意味がある，と考える人もいるかもしれない。

　例えば，相続税を相続人の所得税の補完と位置付ける[76]ならば（一元的

---

(73) David A. Weisbach & Daniel J. Hemel, The Legal Envelope Theorem, 102 B.U. L. Rev. 449-509 (2022), 藤谷・註5（2023）14頁参照。

(74) 税財政以外の法に分配的正義を持ち込むことを拒絶する理由として，税財政以外の監督官庁の担税力把握能力が国税庁等より弱く，また，各政府機関は専門化すべきであるとする。David A. Weisbach, Distributionally Weighted Cost-Benefit Analysis: Welfare Economics Meets Organizational Design, 7 Journal of Legal Analysis 151-182 (2015); David A. Weisbach, Constrained Income Redistribution and Inequality: Legal Rules Compared to Taxes and Transfers (mimeo https://ssrn.com/abstract=4328824).

(75) Zachary D. Liscow, Redistribution for Realists, 107 Iowa Law Review 495-561 (2022). 藤谷・註5（2023）22-24頁も参照。

担税力観)，ゆくゆくは，所得税計算において相続税額を税額控除するという制度[77]が考えられる[78]。他方，そのような税額控除をすべきでないと考える人は一元的担税力観を共有していない，と考えうる[79]。

　別の例として，一元的担税力観を前提とした固定資産税の位置付けを考えると，政府間税源配分のために固定資産税を残しつつも，所得税の計算に際し固定資産税額を所得税額から控除することで或る個人の担税力に沿った税体系を構想できそうである。勿論，現行法は税額控除化していない。一元的担税力観が拒絶されている，といえる。

　本稿Ⅳ-2.で見た家族の問題も，一元的担税力観に疑問符を突き付けうる。「湾曲」[80]という表現は理解が難しいが，担税力の一元的把握は不可能だと論じているのかもしれない[81]。

　そして本稿Ⅳ-3.〜Ⅳ-4.で見た税と時の関係は，一層，一元的担税力観に疑問を突き付ける。例えば，或る時期（T1）の賃金課税が最適水準より過少であった[82]と考えた政府（及びその背後の選挙民）が，次の時期（T2）に取戻し的課税をしたいと考えたとする。

---

(76)　税制調査会「わが国税制の現状と課題——21世紀に向けた国民の参加と選択——」290-291頁（2000）で挙げられていたのは次の4要素である——（1）相続人に対する所得課税の補完，（2）富の再分配，（3）被相続人の生前所得についての清算課税，（4）資産の引継ぎの社会化。

(77)　長崎年金払い生命保険年金二重課税事件・最判平成22年7月6日民集64巻5号1277頁の原告側が理想とする制度であろうと思われる。

(78)　相続税は被相続人の所得税の課税漏れを是正する措置と位置付けているならば（註76の（3））一元的担税力観と矛盾しない。

(79)　渕圭吾「相続税と所得税の関係——所得税法9条1項16号の意義をめぐって」ジュリスト1410号12-18頁（2010）は相続税と所得税が別世界の税であるという説を紹介する。

(80)　岡村忠生「消費・投資の場としての家族——租税理論の観点から」租税法研究48号43-59頁，47頁（2020年）。

(81)　例えば二人の個人が20ずつ（合計40）消費するところ，一組の夫婦が30の消費で同程度の生活水準を達成できるという場合に，夫婦のうちの片方の個人の消費を20と見るべきか15と見るべきかという問題である。二分二乗方式は，夫婦のうちの片方の個人の消費を15と見ている。

（a）一元的担税力観に則れば，或る個人の通算の担税力を測定し直し，T2に重い税負担を課すべきと考えられるが，遡及課税であり違憲であると判断される恐れもある。

（b）T1の最適水準より軽い課税が過大蓄財を可能にしたと想定し，T2に資産税を課すことは，遡及課税との誹りを受けにくい。

（b）の資産税はdouble distortion theoryから見れば批判されるものであるし，T2の資産税はT1の過少課税による蓄財以外の資産にもヒットしてしまう恐れがある。それでも（b）は（a）よりトータルで社会全体のコストを低く抑えることができるかもしれない。こうなってくると，帰結主義を前提としていてもdouble distortion theoryが当然に支持されるとは限らず，tax mixの方が帰結が良い，という事態もありえる。T2の資産税がT1の過少課税による蓄財以外の資産にもヒットしてしまっても構わないと考えるとすると，多元的担税力観に近付く。多元的担税力観は，理解が難しいが，帰結主義的にも正当化される[83]かもしれない。

V-5. ま と め

私はdouble distortion theoryに与しているという偏りがあるが，偏りを自認しつつ人々がtax mix賛成論に至る理路を考察した。金子宏のtax mix賛成論が一元的担税力観を前提としていたのか多元的担税力観を前提としていたのか，両方の読み方が成立しうる。金子宏の真意は断定し難いというお粗末な結論であるものの，巷間（又は学界）の租税政策論を観察する際，担税力が一元的か多元的かの整理に本稿が資することを願う。

---

(82) 日本に限らず人は戦争以外では高税率を導入できず格差が広がるらしい（ケネス・シーヴ＝デイヴィッド・スタサヴェージ（立木勝訳）『金持ち課税　税の公正をめぐる経済史』みすず書房，2018）。平時の格差拡大が最適水準より税が軽いことの証明であるとは言い切れないが，過少課税の可能性も払拭し難い。

(83) 多元という語は帰結主義批判者が用いることが多い，ということはさておき。

金子租税法学の回顧と継承

行政機関による情報の取得をめぐる法的理解の変遷
「行政調査」概念を手がかりとして

神戸大学教授　渕　圭吾

Ⅰ　は じ め に

（1）本稿の意義

　金子宏は，川崎民商事件最高裁判決（最大判昭和47年11月22日刑集26巻9号554頁）に対する判例評釈において，日本法の文脈で「行政調査」という概念を用いるべきことを提唱した[1]。この見解は，同僚の行政法学者・塩野宏の支持を得て[2]，行政法学において通説化するに至った[3]。本稿は，金子の見解を歴史的文脈の中に位置づけるとともに，行政機関による私人に関する情報の取得についての私人への手続保障の今後のあり方を考えるにあたっての準備作業を行うものである。

　私は，行政機関による私人に関する情報の取得について，理念型として次のような事例を想定し，また，以下に述べるような手続保障の問題を考

---

(1)　金子宏「行政手続と憲法35条及び38条」同『租税法理論の形成と解明　下巻』715頁（有斐閣，2010年）715頁（初出1973年），720頁。
(2)　塩野宏「行政調査」法学教室（第2期）3号（1973年）132頁。
(3)　例えば，興津征雄『行政法Ⅰ行政法総論』（新世社，2023年）287-315頁（「行政調査」）。同，220-221頁（行政調査が行政作用の「実効性確保の仕組みとは異なる性質をもand」と指摘）も参照。

えている。

> 　Aは都内で飲食店を個人事業として営んでいる。Bは東京都福祉保健局健康安全部食品監視課の職員である。厚生労働省の指揮の下，毎年2回行われている食品・添加物等の一斉取締りの一環として，事前に定められた実施計画に沿って，Bは食品衛生法28条1項に基づいてAの飲食店の店舗に立ち入って調理器具や食品等を検査し，食品の一部を持ち帰って検査を行った。その結果，法に違反する事実は認められなかった。
>
> 　ここで，東京都によるAの事業に対する検査は，憲法及び根拠法令との関係で，どこまで許されるのか。また，検査が憲法や根拠法令に違反している場合があり得るとして，Aはこのことを果たして裁判で争えるのか。争えるとして，それはいかなる手続を通じてなのか。

　本稿は，上記の問題に関する私の2部構成の研究の前半部分である（本研究の全体像については，補論（1）参照）。本稿は，行政機関がどのような情報をどのような態様で取得できるのか，という問題が，どのような理論的枠組みを通じて理解されてきたかを検証する。そして，戦後の日本で行政機関による情報の取得をめぐる法的な理解の仕方が変遷したこと，及び，その過程で今述べているような行政機関による情報の取得というとらえ方が現れたことを指摘する。憲法上の実体的権利として，情報に関する権利が観念されるようになったということでもある。

（2）なぜ国家は所得税・法人税に関して人々の経済活動に関する情報を集める必要があるのか

［1］行政機関はなぜ私人に関する情報を取得しなければならないのか

　はじめに，そもそも行政機関は私人に関する情報を取得しなくてはならないのか，そうだとすれば，それはなぜなのか，考えてみたい。

　冒頭に挙げた例で，都の職員Bが飲食店を経営するAの店舗に立ち入って検査をするのはなぜか。それは，それが「食品の安全性の確保のために公衆衛生の見地から必要な規制その他の措置を講ずることにより，飲食に

起因する衛生上の危害の発生を防止し，もって国民の健康の保護を図る」，という食品衛生法 1 条に掲げられた同法の目的を達成するために必要だからである。食品衛生という公益を実現するための規制主体である厚生労働大臣や都道府県知事は，法の定める規制を実行するために，個々の食品等事業者の施設において食品衛生関係の法が遵守されているかという点に関する情報を要するが，これらの情報は被規制主体である食品等事業者の手許にある。そこで，営業者等からの報告，及び，職員による立入検査や収去検査といった手段を通じて，必要な情報を取得するわけである（食品衛生法 28 条 1 項参照）。このように，行政機関が規制主体である場合，規制を実行しもって規制目的を実現するために，行政機関は規制の名宛人から情報を取得する必要があるということになる。

　もっとも，規制の名宛人から得られた情報が最終的には行政機関にもたらされるとしても，情報の取得に直接携わるのが，行政機関それ自体ではなく，行政機関から（さらには，行政主体からも）独立した第三者である，という仕組みもあり得る。例えば，学校教育法 109 条 2 項及び 3 項に基づく大学に対する認証評価は，行政機関である文部科学大臣ではなく，「認証評価機関」によって行われる。大学は，同法 109 条 1 項に基づいて，自己点検・評価を行わなくてはならない。それに加えて，第三者による認証評価が義務づけられているのである。認証評価は，一方ではそれ自体が規制の実行と見ることができるかもしれないが，他方では自己点検・評価の正確性を担保するものと見ることもできるかもしれない。

　行政機関が規制主体でない場合にも，情報の取得が必要な場合がある。租税の賦課・徴収は，私人に一定の作為または不作為を命じたり促したりするという意味での「規制」ではない。そのような場合でも，情報の取得が必要である。すぐ後に見る所得税法では，各納税義務者の毎年の所得税額は，原則として，各々が自ら算定し，それを国に納付することとされている（所得税法 128 条参照）。しかし，納税義務者には，自己の税額を真実の額より少ないものとして申告し納付する誘因が存在する。そこで，所得

税法は，納税義務者が自ら算定した税額の正確性を確認する第三者的役割を行政庁である税務署長に与えている。この場合，税務署長は，各納税義務者が自ら算定した税額の正確性を確認するという任務を遂行するために，納税義務者の経済活動に関する情報を取得する必要がある。言い換えると，各納税義務者が自ら算定した税額の正確性を担保するために，たとえ実際には個々の納税義務者についてその税額の正確性を確認する作業が行われないとしても，納税義務者以外の者によりそのような作業が行われる可能性が確保されるべきであり，そのためには税額の基礎となる情報をこれらの者が取得できることが必須である。

まとめると，行政機関，またはそれに代わる第三者機関は，規制主体である場合も，そうでない場合も，私人に関する情報を取得しなくてはならないことがある。それは，私人による法令の遵守を確保するため，または，法令遵守に関する私人自身による一次的な確認作業の正確性を担保するためである。

［2］私人の経済活動の全貌に着目した租税としての所得税・法人税

次に，所得課税（所得税・法人税）が，私人の経済活動の全貌に着目した租税であることを確認しておく。

日本では，所得税が，所得税法（昭和40年法律第33号）に基づいて，個人（自然人）の1年間の所得を基準として，納税義務者である個人に対して課される。これに対して，法人税は，法人税法（昭和40年法律第34号）に基づいて，法人の一事業年度の所得を基準として，納税義務者である法人に対して課される[4]。

現在の日本では，所得税・法人税は，個人または法人のあらゆる経済活動から生じる所得を課税の対象としている[5]。個人所得税の運用にあたっ

---

(4) 法人に対する課税を個人所得税と相似形の所得課税として構想する必然性はないが（この点について，渕圭吾「法人税の課題と未来」法律時報90巻2号（2018年）51頁参照），現実には，先進国を中心とする世界各国には法人所得課税制度が存在している。

ては，納税義務者となる各個人の1年間の所得の金額を明らかにする必要がある。同様に，法人所得税については，納税義務者となる各法人の一事業年度の所得の金額を明らかにしなくてはならない。あらゆる経済活動から生じる所得が課税の対象となっているために，これらの所得の金額を明らかにするために，個人または法人の1年間の経済活動の全貌を明らかにする必要があるということになる[6]。

　考え方としては，公務員（税務職員）が全ての納税義務者につきその1年間の経済活動の実態を調査し，その所得金額を明らかにする，という方法があり得ないわけではない。しかし，このような方法は，莫大な執行コストを要し，現実的ではない。そこで，日本の所得税法・法人税法は，所得金額（及びそれから導かれる税額）を低廉なコストで明らかにするための2つの方法を採用している。

　第1は，申告納税制度である。これは，納税義務者が自ら自分の1年間の所得の金額を計算してそれを裏づける最低限の資料とともに国に対して申告し（確定申告），税務職員は申告された所得の金額及び資料を確認し，ごく限られた数の納税義務者についてのみその経済活動の実態を調査して申告された所得の金額が正しかったのか判定する，という仕組みである（所得税法120条，法人税法74条参照）。

　第2は，源泉徴収制度である。これは，納税義務者に対して給与，報酬，利子，配当といった一定の種類の金銭の支払いをする者（源泉徴収義務者）が当該支払いのうち——納税義務者が国に対して負う租税とみなされる

---

(5) ポイントは，2つある。第1に，人に着目していることである。この点については，渕圭吾「所得の構成要素としての純資産増加」金子宏ほか編『租税法と市場』（有斐閣，2014年）92頁参照。第2に，あらゆる経済活動からの所得を対象としていることである。この点については，雑所得について規定する所得税法35条1項参照。また，金子宏『租税法〔第24版〕』（弘文堂，2021年）194-198頁（所得の意義について）参照。詳しくは，同「租税法における所得概念の構成」同『所得概念の研究』（有斐閣，1995年）1頁，48頁（初出1966-1975年）。

(6) なお，渕圭吾「日本の納税者番号制度」日税研論集67号（2016年）33頁（特に60頁）も参照。

——一定の金額について，納税義務者に交付するのではなく直接国庫に納入する，という仕組みである（所得税法第4編（181条以下）参照）。この仕組みのおかげで，国としては，租税を取りはぐれることが少なくなると同時に，その所得を精査すべき納税義務者の数が大きく絞られ執行コストが軽減する，ということになる。

[3] 税務職員が租税情報にアクセスする必要性とその手段

いずれにせよ，所得税・法人税の仕組みを動かしていくためには，納税義務者本人以外の第三者が納税義務者の1年間の所得の金額を基礎づける情報にアクセスする機会を有することが必要である。なぜなら，前述のように，納税義務者にとっては自らの負う納税義務の金額が小さいほど有利なため，納税義務者は自分の負う税額を本当の額よりも小さく申告する（過少申告）誘因を有しているからである。

そして，ここにいう第三者として，租税債権者である国以外の中立的な第三者を想定することもできるが，日本を含む多くの国では国の行政機関である税務官庁がその役割を担っている。

それでは，税務官庁が納税義務者の所得に関する情報にアクセスする手段としてどのようなものがあるだろうか[7]。

第1に，納税義務者から納税義務者の所得に関する情報を取得する，という手段がある。納税義務者の税額やその前提となる経済活動に関する情報を持っているのは納税義務者自身だから，納税義務者に情報を出させるのが手っ取り早い。その算定の過程の概要を含めて税額を申告することを納税義務者に求める確定申告という仕組みは，情報を提出する仕組みであ

---

(7) 中川丈久「独禁法審査手続（行政調査）の論点——行政法からの分析」ジュリスト1478号（2015年）21-22頁は，行政調査を調査手法の観点から，情報の種別に基づき（1）供述を求める調査，（2）物件を求める調査，及び，（3）報告書を徴する調査の3つに，また，情報を入手するルートから（a）出頭・提出型の調査，及び，（b）立入型の調査の2つに分類している。なお，行政法一般に関して国家が私人の情報にアクセスする手段を分析したものとして，山内一夫「行政と情報に関するメモ」学習院大学計算機センター年報3号（1983年）2頁，2-7頁がある。

るとも理解できる。

　第2に，納税義務者の税額やその前提となる経済活動について正確に知っていると思われる第三者に，納税義務者についての情報を出させることが考えられる。自己の税額を真実の額より少ないものとして申告する誘因がある納税義務者自身と異なり，第三者にはそのような誘因が必ずしも存在しない。このため，より正確な情報が期待できよう。そこで，第三者に支払調書や源泉徴収票といった書類を通じて情報を提出させる情報申告の仕組みがある（所得税法224条以下）。前述の源泉徴収は，その税額が第三者の把握している情報によって決まるわけだから，第三者に情報を提出させる仕組みでもあると言えよう。

　なお，以上の2つの仕組みにおいては，一定の事象が発生すると，法律上自動的に，私人に情報を提出する義務が生じる。そこでは，情報の取得にあたって，税務職員の行為や意思決定は何ら存在せず，行政処分も介在しない。

　第3に，冒頭の食品衛生法28条1項の場合と同様に，税務職員が納税義務者や第三者から直接情報を取得するという方法がある（いわゆる税務調査）。その方法は，3つに分けられる（国税通則法74条の2参照）。

　まず，税務職員が納税義務者その他の者に対して，納税義務者の所得に関する質問をし，回答を得て，納税義務者その他の者が知悉していた情報を取得する，という手段がある（国税通則法74条の2にいう納税義務者等に対する「質問」）。次に，税務職員が納税義務者その他の者の管理下にある書類等を検査し，そこに記載されている情報を取得する，という手段がある（国税通則法74条の2にいう納税義務者等の「事業に関する帳簿書類その他の物件」の「検査」）。最後に，2011（平成23）年の国税通則法改正により，これらの物件（その写しを含む）の提示または提出を求める，という手段が検査とは別に明示されている（国税通則法74条の2参照）。税務職員のこれらの調査を行う権限は，質問検査権と呼ばれている。

II　国家による租税情報収集の手段には
どのようなものがあり，また，その法的位置づけは
どのように変わってきたのか

（1）弱い情報収集権限及び限られた実効性確保手段

　日本で個人に対する所得税が誕生したのは 1887（明治 20）年のことであるが，当時，所得税に関する納税者以外の者による調査権限は極めて限定されていた。元老院会議筆記からは，原案にあった調査権限に関する規定が審議の過程で削除されたことがわかる[8]。当時の所得税は，実体法の上では課税対象となる所得の範囲を比較的広くとらえており，理論的に見て世界の中でかなり先進的なものだった。しかし，実体法を支えるはずの手続法が不十分だった。所得税調査委員会という一種の中間団体を利用した法執行が行われていたものの，調査権限が限定されていたこともあってこの委員会はそれほどうまく機能していなかったのである。

　その後，第二次世界大戦中及び戦後の占領期に，納税義務者が税額を申告する義務を負い（申告納税制度の成立），税務職員が調査権限を有し，そ

---

(8)　明治法制経済史研究所編『元老院会議筆記後期第 26 巻』（元老院会議筆記刊行会，1982 年）151-287 頁。第一読会に付された原案（153-156 頁）では，郡区役所管轄ごとに置かれる所得税調査委員からなる調査委員会が所得税に関する調査をすることとされており（6 条 1 項），納税者が所得の等級すなわち税額（4 条）に不服がある場合には，府県知事の下に置かれた常置委員会が調査をすることとされていた（19 条）。そして，「調査委員会又は常置委員会は此税法に関し調査上必要と認むるときは納税者の帳簿書類を検査し及納税者又は関係人に尋問することを得」，と規定されていた（20 条）。さらに，「第二十條の場合に際し帳簿書類を隠蔽し又は検査を拒みたる者は二円以上二十円以下の罰金に処す」こととされていた（23 条）。これに対して，最終的に成立した所得税法（明治 20 年勅令第 5 号）においては，「調査委員会又は常置委員会は此税法に関し調査上必要と認むるときは納税者に尋問することを得」，と規定されるにとどまった（21 条）。すなわち，これらの委員会の検査権は認められず，納税者以外への尋問権も認められず，罰則も設けられなかったのである。

れに基づいて税務署長が必要に応じて課税処分を行う，という現在と同じ
仕組みが確立した。すなわち，1940（昭和15）年の所得税法では，従来の
質問権に加えて，検査権が法定され，検査妨害・拒否に対しての刑罰が規
定された[9]。また，1947（昭和22）年の所得税法では，質問に応じないこ
とへの刑罰も規定された[10]。

　しかし，全体として見ると，義務履行確保のための手段としての直接強
制に消極的な行政法一般の態度[11]を反映して，税務官庁が納税義務者の
課税所得に関する情報を集めるための強制的な手段は，納税義務者等に対
する行政刑罰に限られている[12]。すなわち，前述のように国税通則法74
条の2以下で税務職員の質問検査権が定められているものの，質問や検査
に応じないことに対する罰則は「一年以下の懲役又は五十万円以下の罰
金」にとどまっている（国税通則法128条）。しかも，この罰則が実際に適
用されたのはこれまでほんの数件に過ぎない[13]。

---

(9)　1940（昭和15）年所得税法以前は，質問権の規定はあるが（1887（明治20）年法
　　21条は調査委員会等の尋問権。1899（明治32）年法34条では税務署長またはそ
　　の代理官の質問権。1930（昭和5）年時点の所得税法57条，58条参照)，検査権
　　の規定も刑罰の規定もなかったようである。1940（昭和15）年所得税法において
　　は，質問検査権（81条），及び，検査妨害・拒否への刑罰（92条）の規定が設け
　　られている（92条には，質問への不答弁への罰則はない）。
(10)　1946（昭和21）年財産税法で，質問検査に応じないことへの刑罰が設けられた
　　（雑誌「税」の解説によれば，懲役刑が設けられるのは初めてとのこと）。1947
　　（昭和22）年所得税法において，質問検査権（63条），及び，質問検査に応じない
　　ことへの刑罰（70条5-8号）が規定された。
(11)　市橋克哉ほか『アクチュアル行政法〔第3版〕』（法律文化社，2020年）167頁
　　［市橋］。詳しくは，市橋克哉「義務履行確保をめぐる司法権と行政権の相剋：行
　　政法執行制度改革の方向性」紙野健二ほか編『行政法の原理と展開〔室井力先生
　　追悼論文集〕』（法律文化社，2012年）37頁，同「行政法上のエンフォースメント
　　——行政上の秩序罰制度改革について：手続法の視点から」法律時報85巻12号
　　（2013年）32頁参照。
(12)　市橋ほか・前掲注（11）152頁［本多滝夫］。
(13)　落合信之「質問検査権等に基づく課税資料収集の実効性確保のための方策」税務
　　大学校論叢95号1頁（2019年），70-72頁。行政法一般につき，中川・前掲注
　　（7）23頁（起訴例が少ないとの指摘）。

（2）情報収集の法的位置づけの変遷

　行政機関が私人から情報を取得する様々な仕組みのうち，（行政庁との関係で補助機関にあたる）職員が私人から直接情報を収集する仕組みは，法的にはどのように整理されるのだろうか。この点については，図式的に言えば，次のようにとらえ方が変遷してきた。すなわち，元々は，公務員が私人の支配する領域に物理的に侵入するという事実それ自体に着目し，それに対して法的に統制することが大事だと考えられていた。ところが，これらの物理的な侵入はあくまで国家が私人の保有する情報を取得するための手段であるということが意識されるようになり，物理的な侵入を含めた情報取得の過程全体を「調査（investigation）」として把握するようになった。その後，私人のもとにある情報を国家が取得しまた保持することに着目し，こうした情報の取得または保持それ自体に対する法的統制が構想されるようになった。

　要するに，かつては公務員が私人の仕事場に立ち入り，質問をし，帳簿書類等を占有することにより仕事の邪魔になることが問題の焦点だった。これに対して，現在では私人の保有する情報のうちどのようなものをどのような手続に従って国家が取得しまた保持できるのかということも問われている。

Ⅲ　私人の支配する領域への物理的な侵入：「即時強制」

（1）「即時強制」の一例としての質問検査権の行使？

　1970年代初頭まで，税務職員による私人に対する質問検査権の行使は，行政法学において即時強制として理解されていたと言われている。そこで想定されていたと考えられるのが，当時の行政法の通説とされていた，田中二郎の見解である。

　彼によれば，「行政目的の実現を確保するために，人民の身体又は財産に実力を加え，もって行政上必要な状態を実現する行政権の事実上の作

用」である「行政強制」は，「行政上の強制執行」と「行政上の即時強制」に分けられる[14]。ここで，行政上の強制執行とは，「法規によって直接に又は法規に基く行政行為によって，相手方に行政法上の義務を課しているのに拘らず，その義務の履行がない場合に，行政権の主体が，実力をもって，その義務を履行させ又はその履行があったのと同一の状態を実現する作用として行われるもの」である[15]。言い換えると，「行政法上の義務の不履行に対し，行政権の主体が，将来に向い，実力をもって，その義務を履行せしめ又はその履行があったのと同様の状態を実現する作用」である[16]。これに対して，行政上の即時強制とは，「行政法上の義務の存在を前提としてその履行を強制するためではなく，目前急迫の行政違反の状態を除く必要上義務を命ずる暇のない場合，又その性質上義務を命ずることによっては行政違反の状態を除く行政目的を達しがたい場合に，行政権の主体が，直接に，人民の身体又は財産に実力を加え，もって行政違反の状態を除去し，行政上必要な状態を実現する作用として行われるもの」である[17]。

　そして，田中は，行政上の即時強制の根拠は各行政法規の中に規定されているものの，警察官職務執行法（昭和23年法律第136号）が即時強制の根拠として「比較的一般的な定め」であると言う[18]。また，行政上の即時強制の手段としては，同法が規定するものとして，質問，保護，避難等の措置，犯罪の予防及び制止，立入，及び，武器の使用を列挙し，各種の行

---

(14)　田中二郎『行政法総論』（有斐閣，1957年）378-379頁（375-376頁にも同様の定義がある）。以下，この文献からの引用にあたっては，括弧書きで付されているドイツ語を省略している。なお，同書379-380頁では，「行政強制」を構成する2つの作用の共通点として，「行政権自身による実力の行使により，相手方の意思を抑えその抵抗を排して，将来にわたり行政上必要な状態を実現しようとする事実作用である」ことを挙げている。

(15)　田中・前掲注（14）379頁。

(16)　田中・前掲注（14）385頁。

(17)　田中・前掲注（14）379頁。ほぼ同様の定義が同書397頁にもある。

(18)　田中・前掲注（14）398頁。

政法規の定めるものとして，身体に対する強制，家宅に対する強制，及び，財産に対する強制に分けて列挙している[19]。実際，最大判平成4年7月1日民集46巻5号437頁（成田新法事件）［447-448頁］のように，職員による質問や立入りを行政上の即時強制として理解することが適切な場合がある。

田中は，所得税法等に基づく税務職員の質問検査権を行政上の即時強制の例として明示的に挙げているわけではない。また，後述するように納税義務者等には税額の確定に必要な情報を開示する義務があると考えるならば，少なくとも税務職員による検査について——税務職員が必要な情報を自ら取得するという意味で——それを行政上の強制執行と位置づけることが可能かもしれない。さらに，確かに，金子宏や塩野宏らは，後述するように，おそらく田中を念頭に置いて従来の行政法学が質問検査権を即時強制に位置づけていると理解し，そのような理解を批判したが[20]，これらの論者自身が税務職員の質問検査権が即時強制の一例と言えるのか，また，言えるとしてどこに強制や実力の要素があるのかよくわからないと述べていた[21]。そうすると，田中としては，対象者の意思に反してまでは強行できないという点で，税務職員による質問検査権の行使は行政上の即時強制の域には達していないと考えられていたと読む余地もある。しかし，田中は行政上の即時強制の一例として「臨検検査・捜索」を挙げており，その中には裁判官の許可を要しないもの（食糧管理法13条，ガス事業法47条，及び，薬事法（昭和23年法律第197号）49条に基づく）を含めていた[22]。そうすると，性質において類似する所得税法等に基づく税務職員の検査権もやはり行政上の即時強制に含まれるということになるのかもしれない。こうして，田中は，公務員が私人から直接情報を取得するという作用を一般

(19) 田中・前掲注（14）400-404頁。
(20) 金子・前掲注（1），塩野・前掲注（2）。さらに，雄川一郎ほか『行政強制：行政権の実力行使の法理と実態』ジュリスト増刊（1977年）6頁［塩野］。
(21) 雄川ほか・前掲注（20）129-131頁。
(22) 田中・前掲注（14）403頁。

に，行政上の即時強制という概念で把握していたと考えられる。

　要するに，田中は，行政機関によるその職員を通じた私人からの直接の情報収集を専ら私人の支配する領域への意思に反した物理的侵入という観点から分析していた。そして，このような田中の理解は，専ら私人の支配する領域への意思に反した物理的侵入に着目している点で，直接には犯罪捜査を念頭に置いて人の「住居，書類及び所持品」に対する強制処分について裁判官の令状を要求する憲法 35 条 1 項の規定と共通している。

（2）最大判昭和 47 年 11 月 22 日刑集 26 巻 9 号 554 頁（川崎民商事件）

　［1］事案の概要

　1970 年代に入ると，行政機関によるその職員を通じた私人からの情報取得に関する重要な最高裁判例が現れた。実は，前述のような職員による私人からの直接の情報の取得（質問・検査）については，それに応じなかった場合に私人に行政刑罰が科され得る（食品衛生法 85 条 1 号・2 号，国税通則法 128 条 2 号参照）。この行政刑罰に関する刑事事件において，最高裁は，行政機関によるその職員を通じた私人からの情報取得に関する法的規律の趣旨に言及した。まず，刑事手続を念頭に置いた憲法の規定の刑事手続以外における適用可能性を明らかにした判決の事案と判旨を紹介しよう。

　最大判昭和 47 年 11 月 22 日刑集 26 巻 9 号 554 頁は，民商（民主商工会）に属する自営業者である納税者が検査拒否の廉で訴追された，刑事事件である[23]。第一審判決（横浜地判昭和 41 年 3 月 25 日刑集 26 巻 9 号 571 頁）によれば，食肉販売業を営むこの納税者は，自宅店舗において川崎税務署収税官吏 K がこの納税者に対する 1962 年分所得税確定申告調査のため帳簿書類等の検査をしようとするに際し，「何回来るんだ，だめだ，だめだ，事前通知がなければ調査に応じられない」等と大声をあげたり，また，「あちらへ行こう」と K の左上膊部を引張るなどし，もって右検査を拒んだと

---

(23)　この判決については，金子・前掲注（1）のほか，金子宏「川崎民商事件──税務調査と憲法」同『租税法理論の形成と解明　下巻』前掲注（1）618 頁（初出 1980 年）を参照。

して，旧所得税法[24]所定の検査拒否罪に該当するものとして訴追された（対応する現行の規定として，国税通則法128条2号参照）。控訴審判決（東京高判昭和43年8月23日刑集26巻9号574頁）は，この納税者を罰金1万円の刑に処した。上告審では，旧所得税法の検査及び質問に関する規定の合憲性が争われた。

［2］憲法35条違反の主張について

納税者は，【1】まず，刑罰を規定する旧所得税法70条10号（検査拒否罪），及び，その前提として検査について定める旧所得税法63条の規定が，裁判所の令状なくして強制的に検査することを認めており，憲法35条に反して違憲である，と主張していた。この点につき，最高裁は，次のような注目すべき判断をした。

第1に，最高裁は，「憲法35条1項の規定は，本来，主として刑事責任追及の手続における強制について，それが司法権による事前の抑制の下におかれるべきことを保障した趣旨であるが，当該手続が刑事責任追及を目的とするものでないとの理由のみで，その手続における一切の強制が当然に右規定による保障の枠外にあると判断することは相当ではない」，と述べた。憲法35条1項が要求する令状主義が，刑事手続以外における強制に対しても適用され得るというのである。ここで想定されているものとして，あくまで行政手続と整理されているものの実質的には刑事手続と同視できる，犯則事件の調査手続における強制処分（臨検，捜索または差押等）がある[25]。これらの強制処分に際しては，法律上，令状（裁判官があらかじめ発する許可状）が要件とされている。

第2に，最高裁は，刑事手続以外の手続において強制が存在する場合において，憲法35条1項が要求する令状主義が不要とされる条件を明らか

---

(24) ここでの旧所得税法とは，1965（昭和40）年の全部改正前の所得税法のことである。

(25) 国税通則法132条，地方税法22条の4，関税法121条，独占禁止法102条，金融商品取引法211条等。

にした。それは，手続ないしそこで行われる検査に関する2つの条件（①②）と，当該手続における強制に関する3つの条件（③④⑤）から成る。まず，当該手続が①「その性質上，刑事責任の追及を目的とする手続ではない」こと。次に，当該手続において行われる検査が②「実質上，刑事責任追及のための資料の取得収集に直接結びつく作用を一般的に有するもの」ではないこと[26]。さらに，そこで用いられる強制が③「直接的物理的な強制」でなく，④強制の度合いが「検査の相手方の自由な意思をいちじるしく拘束して，実質上，直接的物理的な強制と同視すべき程度にまで達しているもの」とも言えないこと。最後に，⑤公益上の目的，検査制度の必要性に鑑みて，強制の程度が，「実効性確保の手段として，あながち不均衡，不合理なものとはいえない」こと。

　言い換えると[27]，問題となっている手続が実質的に刑事手続と同視できる場合（①②）であって，かつ，直接的物理的な強制がある場合，それ

---

(26)　なお，田中・前掲注（14）399-400頁は，行政上の即時強制が刑事責任の追及と直接的関連性をもって行われるような場合には，憲法の令状主義の要請が及ぶと解していた。

(27)　判決が列挙した①ないし⑤の全ての条件がみたされた場合に限って令状主義が不要となると読めなくもない。実際そのように解する先行研究もある（例えば，金子・前掲注（1）724頁。また，塩野宏『行政法I 行政法総論〔第6版〕』（有斐閣，2015年）288頁は，「この判決［川崎民商事件最高裁判決］を前提とすると，たとえ行政調査手続であっても，実力の行使にわたる限りでは，裁判官の令状を要するとする趣旨に読め，それは正当であると解される」と述べている）。しかし，刑事手続において捜査に用いられる手段が強制処分と任意処分に分けられ，後者については令状主義が適用されないことを考えると（池田公博＝笹倉宏紀『刑事訴訟法』（有斐閣，2022年）13-14頁［笹倉］参照），①②のいずれかがみたされただけで令状主義の適用があるとは言えない。そうすると，③④⑤のいずれかがみたされただけで令状主義の適用があると読むべきでもないと考えられ，本文で以下述べるように整理すべきであろう。曽和俊文『行政調査の法的統制』（弘文堂，2019年）203頁（初出1987年），221頁も，川崎民商事件最高裁判決に言及した後，「判例および立法の立場は，現在のところ，刑事手続との強い実質的関連性がある場合のみに令状主義の適用を限定せんとするものと思われる」と述べている。早坂禧子「行政調査——強制の視点を中心にして」公法研究58号（1996年）194頁，200頁も同様の理解を示している。

と同視できるような著しい自由意志の拘束がある場合，または，実効性確保の手段としての強制が目的・必要性との関係で比例性を欠く場合（③④⑤）には，憲法35条1項が規定する令状主義の要請が及ぶ（「あらかじめ裁判官の発する令状によることをその一般的要件」とする）ということになる[28]。なお，最高裁は，実質的に刑事手続と同視できる行政手続において直接的または比例性を欠く強制が存在しない場合（①または②の要件のみを充足する場合），及び，明らかに行政手続であるものの直接的または比例性を欠く強制が存在している場合（③，④または⑤の要件のみを充足する場合）については，何も述べていないと考えられる。

第3に，最高裁は，旧所得税法70条10号，63条に規定する検査は，上記①ないし⑤の要件を充足するため，令状主義を適用しないとしても憲法35条違反にはならない，と判断した。

［3］憲法38条違反の主張について

納税者は，【2】次に，旧所得税法70条10号（検査拒否罪），12号（不答弁罪），63条の規定に基づく検査・質問の結果，所得税逋脱（旧所得税法69条）の事実が明らかになれば，税務職員は右の事実を告発できるのであるから，右検査・質問は，刑事訴追をうけるおそれのある事項につき供述を強要するものであって，黙秘権を定める憲法38条に反して違憲である，と主張していた。この点につき，最高裁は以下のように判断した。

まず，前提として，最高裁は，（質問に答えることが「供述」にあたることは当然だとしても）検査を受忍し情報を取得されること（「資料の取得収集」）も憲法38条1項にいう「供述」にあたるとの解釈を採用しているようである。

また，本件においては，納税者は検査拒否罪を犯したとして訴追されて

---

(28) 1970（昭和45）年の法改正で新設された道路交通法67条2項の呼気検査の手続が，川崎民商事件最高裁判決にいう刑事責任追及のための資料の取得収集に直接結びつく作用を一般的に有する手続（②）に該当する，という指摘がある。三好幹夫・最判解刑事篇平成9年度42頁（最一小判平成9年1月30日刑集51巻1号335頁の解説），48頁。

おり，不答弁罪は問題となっていない。それにもかかわらず，不答弁罪に
かかる規定についての合憲性が判断されている。

　その上で，最高裁は，憲法38条1項の規定が刑事手続以外にも適用さ
れ得ること，適用されないための条件，旧所得税法70条10号・12号（不
答弁罪），63条の規定に基づく検査・質問はこれらの条件を充足するため
これらの規定は上記の憲法の条項に違反しないこと，をそれぞれ明らかに
した。

　資料を取得収集されることが憲法38条1項の「供述」にあたるという
点は，その後の判例において否定されている。すなわち，道路交通法67
条2項所定の呼気検査の手続が憲法38条1項に違反するとの主張につい
て判断した最一小判平成9年1月30日刑集51巻1号335頁は，「憲法38
条1項は，刑事上責任を問われるおそれのある事項について供述を強要さ
れないことを保障したものと解すべきところ，右検査は，酒気を帯びて車
両等を運転することの防止を目的として運転者らから呼気を採取してアル
コール保有の程度を調査するものであって，その供述を得ようとするもの
ではないから，右検査を拒んだ者を処罰する右道路交通法の規定は，憲法
38条1項に違反するものではない」，と判示した[29]。現在では，「意思伝
達の作用を伴わない，資料の単なる提供」は憲法38条1項にいう「供述」
にあたらないと考えられている[30]。

　もっとも，本判決の質問と検査の双方を「所得税の公平確実な賦課徴収
のために必要な資料を収集することを目的とする手続」であるととらえる
発想は，公務員による物理的な侵入ではなく情報の取得を視野に入れてい
る点で，これから紹介する行政調査という考え方，さらには，情報を取得
されることにつき手続保障を与えようとする構想につながっていると考え
られる。

---

(29)　憲法38条1項により拒絶できるのが「供述」に限られるかという点に関する日
　　米の考え方の変遷については，三好・前掲注（28）48-54頁が詳しい。
(30)　池田＝笹倉・前掲注（27）106頁［池田］。

（3）最三小決昭和 48 年 7 月 10 日刑集 27 巻 7 号 1205 頁（荒川民商事件）

最三小決昭和 48 年 7 月 10 日刑集 27 巻 7 号 1205 頁（荒川民商事件）は，不答弁罪・検査拒否罪に関する刑事事件である。この決定は，質問検査権を規定する（1965（昭和 40）年全部改正後の）所得税法 234 条 1 項の意義について詳細に述べている[31]。

すなわち，「所得税法 234 条 1 項の規定は，国税庁，国税局または税務署の調査権限を有する職員において，当該調査の目的，調査すべき事項，申請，申告の体裁内容，帳簿等の記入保存状況，相手方の事業の形態等諸般の具体的事情にかんがみ，客観的な必要性があると判断される場合には，前記職権調査の一方法として，同条 1 項各号規定の者に対し質問し，またはその事業に関する帳簿，書類その他当該調査事項に関連性を有する物件の検査を行なう権限を認めた趣旨であって，この場合の質問検査の範囲，程度，時期，場所等実定法上特段の定めのない実施の細目については，右にいう質問検査の必要があり，かつ，これと相手方の私的利益との衡量において社会通念上相当な限度にとどまるかぎり，権限ある税務職員の合理的な選択に委ねられているものと解すべ」きである，というのである。こうして，本決定は，質問・検査を行うか否かまたどこまで行うかの裁量の行使につき，それを広く認めつつも，一定の限定を付している。

（4）行政調査の適法性の争い方

不答弁罪・検査拒否罪の廉で訴追された上記の判例の諸事例を除くと，税務調査自体が争訟の対象となることはない。これは，税務調査に際して，原則として，行政処分が介在しないからである（→補論（2））。もっとも，課税処分を争う中で，あるいは，事後的に国家賠償請求訴訟において，税務調査の適法性が争われる場合がある[32]。課税処分の適法性との関係で，

---

[31] 前年の川崎民商事件最高裁判決はこの点について一般的に述べていなかったとの指摘として，本決定の調査官解説である，柴田孝夫・最判解刑事篇昭和 48 年度 99 頁，102 頁参照。

税務調査に違法性が認められ，しかも，そこで得られた証拠が排除された事例は，一般論としてその余地を認めた裁判例があるものの，実際には存在しない[33]。これに対して，国家賠償法との関係で税務調査が違法な公権力の行使であると認められた事例はいくつか存在する。

このうち，最三小判昭和63年12月20日訟務月報35巻6号979頁は，「右事実及び原審が適法に確定したその余の事実関係のもとにおいて，原判示の国税調査官が税務調査のため本件店舗に臨場し，被上告人の不在を確認する目的で，被上告人の意思に反して同店舗内の内扉の止め金を外して第一審判決別紙図面（6）地点の辺りまで立ち入つた行為は，所得税法234条1項に基づく質問検査権の範囲内の正当な行為とはいえず（最高裁昭和四五年（あ）第二三三九号同四八年七月一〇日第三小法廷決定・刑集二七巻七号一二〇五頁参照），国家賠償法1条1項に該当するとした原審の判断は，正当として是認することができ」る，と判示している。

IV　行政目的実現の手段としての物理的な侵入から情報への着目へ：「行政調査」概念を通じた変容

（1）包括的概念としての「行政調査」の登場

［1］金子宏と塩野宏による「行政調査」概念の提唱

1972（昭和47）年の川崎民商事件最高裁判決を受けて，租税法及び行政法の研究者から，税務職員による質問や検査を従来のように即時強制と位置づけるのではなく，むしろ，行政調査という概念を導入して問題を整理すべきであるとの主張が現れた[34]。

まず，金子宏は，川崎民商事件最高裁判決の評釈において，同判決の射

---

(32) 興津・前掲注（3）313-315頁。

(33) 問題状況につき，塩野・前掲注（27）290-291頁，及び，曽和・前掲注（27）301頁（初出2018年），303-304頁参照。なお，私自身の検討として，渕圭吾「『パナマ文書』に基づく課税処分及び脱税犯の訴追の可能性」ジュリスト1496号（2016年）24頁がある。

程が租税法以外の各種の行政法規における質問検査権の規定にも及ぶこと
を論じる中で，次のように指摘していた。すなわち，「行政法学者は，従来，
一般に，刑罰によって間接的にその実効性を担保された行政目的の立入検
査を即時強制の一種として理解していると思われる。しかし，それは即時
強制とは種々の点で性質を異にしているから，即時強制とは区別された，
行政の一つの独立の行為形式としてとらえるのが妥当であり，その意味で
『行政調査』ないし『行政検査』という新しい概念の下に，質問検査権の行
使を説明し，また，その法理を究明すべきではないかと考える」，という
のである[35]。

　金子の指摘を踏まえて，塩野宏が「行政調査」と題する論文を公表し
た[36]。塩野は，行政調査に関して，「一方における適切な行政決定を担保
するための資料収集の利益と，他方における私人の自由な生活領域の確保
の調整がここでの基本的な問題」であると述べている[37]。ここで私人の側
において保護されるべき利益は，私人の支配する領域に物理的に侵入され
ないという利益であると考えられる。ところが，塩野は，さらに，行政主

---

[34]　問題状況につき，雄川ほか・前掲注（20）第4章等参照。アメリカ法において，
　　　行政調査という概念を立てて説明する教科書として，以下の文献がある。
　　　Richard J. Pierce, Jr., Administrative Law, 3rd ed., 2020, 163-165（Agency
　　　Power to Investigate）. *See also* Kristin E. Hickman & Richard J. Pierce, Jr.,
　　　Administrative Law Treatise, 6th ed., 2019, Chapter 8. 日本語文献としては，ア
　　　メリカ法について，別に挙げるものに加えて，古くは，外間寛「行政調査」鵜飼
　　　信成編『行政手続の研究』（有信堂，1961年）159頁がある。最新の研究として，
　　　中尾祐人「行政調査に対する実体的制約と手続的制約：米国行政調査の基本的思
　　　考（1-3・完）」神戸法学雑誌69巻3号79頁，70巻2号97頁，71巻2号89頁
　　　（2019-2021年）がある（Eve Brensike Primus, Disentangling Administrative
　　　Searches, 111 Colum. L. Rev. 254（2011）に大きく依拠している）。なお，高柳信
　　　一「行政手続と人権保障」清宮四郎＝佐藤功編『憲法講座2』（有斐閣，1963年）
　　　260頁（後に同『行政法理論の再構成』（岩波書店，1985年）317頁に再録），273
　　　頁以下では日本法の文脈で「行政調査」という概念を用いた分析が行われていた。
[35]　金子・前掲注（1）720頁。
[36]　塩野・前掲注（2）。
[37]　塩野・前掲注（2）133頁。

体が権力的手法に必ずしも頼らずに調査を進め，「私人の生活のすみずみまで行政により把握され，ひいては，管理され，また，その収集された情報が悪用される可能性」を視野に入れるべきことを指摘する[38]。ここでは，私人に関する情報それ自体が，保護されるべき利益として把握されていると言わざるを得ない。このように，塩野は，行政調査概念の重要性を主張する短い論考の中で，この概念を通じた発想の転換の可能性を示唆しているのである。

　［2］曽和俊文らの理解

　もっとも，「行政調査」概念のオーソドックスな理解は，行政調査において，刑事手続で言われるような強制に至らないとしても，広い意味での強制，すなわち，私人の支配する領域への物理的な侵入があることに着目していた。

　例えば，行政法学から行政調査について最も包括的な研究を行ってきた曽和俊文は，調査対象となる私人の権利・利益として情報そのものの性質が問題となる場面があることを承認しつつも（この点については後述する）[39]，次のように，国家による私人の支配する領域への物理的な侵入につき，それが刑事手続ではなく行政調査の一環だとしても，憲法35条の令状主義の要請を直接には憲法13条を通じて及ぼそうとする。令状主義の要請を憲法35条ではなく憲法13条（ないし31条）を通じて行政調査にも及ぼそうとする見解は，後述するように佐藤幸治が提唱したものである[40]。しかし，佐藤がどちらかというと国家による情報の取得に焦点を当てているのに対して，曽和は私人の支配する領域への物理的な侵入に注目

---

(38)　塩野・前掲注（2）133頁。

(39)　曽和・前掲注（27）203頁（初出1987年），210頁・214-217頁（調査対象者の権利・利益が多様であると論じている）。

(40)　佐藤幸治「現代国家とプライバシーの権利」法学教室（第2期）5号（1974年）28頁，32頁，同「行政と国民のプライバシー」ジュリスト589号（1975年）36頁，42-44頁，同・行政判例百選Ⅱ（1979年）261頁，262頁。なお，同『憲法〔初版〕』（青林書院，1981年。以下，佐藤『憲法〔初版〕』として引用する）396頁（行政判例百選Ⅱとほぼ同じ記述）。

138

しているように思われる。

　すなわち，曽和によれば，「憲法35条の住居の不可侵の規定の眼目が公的介入から私人のプライバシーを保障することにあるとすれば，介入目的が刑事目的か行政目的かの区別は二次的なものにすぎず，プライバシー利益がその性質上事後的救済になじまないことをも考え合わせると，住居への立入検査を実力で強制するには原則として令状を必要とするとする見解も十分説得的である」[41]。そして，佐藤や松井茂記[42]のような「憲法35条の法意を活かしつつ直接的には憲法13条を根拠に行政調査への令状主義の適用を説く見解」に基本的に賛意を示しつつ，憲法13条を援用することにつき，「憲法35条の法意をプライバシー保護システムとしての令状主義を（典型例としての刑事捜索につき）定めたものと解した上で，この法意を実力強制行政調査にも及ぼすことが憲法の体系的解釈の1つのあり方であるとしか言えず，直接的な根拠としては救済方法に関する司法裁量に基づくとでもいえないかと考えている」，と述べている[43]。曽和の見解は，本人が後日述べているところによれば，要するに「行政上の立入検査に令状が必要となる実質的理由を（刑事捜査とのアナロジーよりはむしろ）実力強制立入りの必要性に求める」ものである[44]。曽和が言う通り，児童虐待防止法9条の3に基づく臨検に令状が要求されている場合のように，刑事手続との関係性がなくても，「当該行政機関とは別の第三者機関としての裁判所がその合理性を確認することに意味がある」場合が存在することは確かである[45]。

　また，日本公法学会において行政調査について整理された報告をした早

---

(41)　曽和・前掲注（27）203頁（初出1987年），222頁。

(42)　松井茂記・憲法の基本判例（1985年）146頁，149頁（佐藤の見解に賛同する）。

(43)　曽和・前掲注（27）203頁（初出1987年），222-223頁。

(44)　曽和・前掲注（27）191頁（第2部：解題）。

(45)　曽和・前掲注（27）191頁及び225頁参照（引用部分は225頁）。ただし，曽和俊文『行政法総論を学ぶ』（有斐閣，2014年）350-351頁は，川崎民商事件最高裁判決の射程について説く中で，児童虐待防止法9条の3が同判決に関する前掲注（27）における金子や塩野のような読み方と整合的であると指摘している。

坂禧子も，「行政調査における強制の法的仕組みを明らかにする」という論文の趣旨からして当然ではあるが，私人の支配する領域への物理的侵入を中心に考えているようである[46]。

[3] 小括：「行政調査」概念をどう理解するか

以上の検討から，「行政調査」とは，次のようなものであると言えよう。一方では，それは，私人の支配する領域への物理的侵入に着目し，また，それを統制するための概念である。他方では，それは，行政機関が私人から情報を取得することを意味し，またそのような情報の取得を統制することを視野に入れていると理解できる。

（2）情報の取得に関する手続保障：佐藤幸治の見解

これに対して，私人の支配する領域への物理的侵入にこだわらずに，国家による私人に関する情報の取得に着目して，一定のカテゴリーに属する情報を取得・収集すること自体につき実体法上の権限を法定すべきであり，また，一定の個々の情報ないし個人のアイデンティティを特定し明らかにする一団の情報の取得に際して事前・事後の手続保障が憲法 13 条に基づいて要請される場合がある，と説いた（と解釈できる）のが，佐藤幸治であった[47]。ここでは，佐藤の「プライバシーの権利」に関する見解を上記のように解釈できることを述べていく[48]。

佐藤は，「生命，自由および幸福追求権」（憲法 13 条後段）が憲法上の権利としての具体的権利性を有することを前提に[49]，その一内容である「人格価値そのものにまつわる権利」の一つとして「プライバシーの権利」が

---

(46) 早坂・前掲注（27）。

(47) 前掲注（40）で挙げた諸文献のほか，最も包括的な研究として，佐藤幸治『現代国家と人権』（有斐閣，2008 年）の第 7 章「プライヴァシーの権利（その公法的側面）の憲法論的考察——アメリカ法を素材として」（初出 1970 年・1975 年）がある。他にも，同「現代社会とプライバシー」伊藤正己編『現代損害賠償法講座 2 名誉・プライバシー』（日本評論社，1972 年）53 頁がある。

(48) 佐藤の見解を示す最新のものとして，佐藤幸治『日本国憲法論〔第 2 版〕』（成文堂，2020 年。以下，佐藤『憲法論〔第 2 版〕』として引用する）202-210 頁がある。同書の記述は，佐藤『憲法〔初版〕』の記述を発展させたものである。

あると説く[50]。そして，このプライバシーの権利は，佐藤によれば，「自己についての情報をコントロールする権利」と言い換えることができる[51]。より精確には，次のように定義される。「プライバシーの権利は，個人が道徳的自律の存在として，自ら善であると判断する目的を追求して，他者とコミュニケートし，自己の存在にかかわる情報を開示する範囲を選択できる権利として理解すべきものと思われる」[52]。あるいは，「プライバシーの権利は，個人が道徳的自律の存在として，自ら善であると判断する目的を追求して，他者とコミュニケートし，自己の存在にかかわる情報を『どの範囲で開示し利用させるか』を決める権利と理解すべきものと思われる」[53]。

　なお，上記のようなプライバシーの権利の人格に基づく定義とは矛盾するように私には思えるが，佐藤は，憲法13条の幸福追求権について法人もその享有主体であることを肯定し，そこに含まれるプライバシーの権利についても法人が憲法上の権利として主張できることを示唆している[54]。

　さて，佐藤は，プライバシーの権利に関して問題となる情報を2つに分けている。第1が「プライバシー固有情報」，すなわち，「その人の道徳的自律の基本にかかわる情報」である[55]。佐藤によれば，「公権力がその人の意に反して接触を強要し」，これらの情報を「取得し，あるいは利用ないし対外的に開示することが原則的に禁止される」。

---

(49)　この点については，最大判昭和44年12月24日刑集23巻12号1625頁（京都府学連事件）が挙げられている。佐藤『憲法〔初版〕』312頁，同『憲法論〔第2版〕』196頁。憲法13条の位置づけについての詳しい議論として，同『現代国家と人権』289-294頁（初出1970年）参照。

(50)　「人格価値そのものにまつわる権利」につき，佐藤『憲法〔初版〕』314頁，同『憲法論〔第2版〕』200頁。「プライバシーの権利」につき，同『憲法〔初版〕』315頁，同『憲法論〔第2版〕』200頁。

(51)　佐藤『現代国家と人権』271頁（初出1970年）。

(52)　佐藤『憲法〔初版〕』316頁。

(53)　佐藤『憲法論〔第2版〕』203頁。

(54)　佐藤『憲法〔初版〕』298-299頁，同『憲法論〔第2版〕』172-173頁。

(55)　佐藤『憲法論〔第2版〕』204頁。なお，同『憲法〔初版〕』316-317頁。

行政機関による情報の取得をめぐる法的理解の変遷　141

　ここで佐藤が言う「原則的に禁止される」ことの意味につき，私は，法律の定めがない限り，これらの情報の取得，利用及び開示が禁じられるのがデフォルト・ルールであるということだと理解する。すなわち，刑事訴訟法における強制処分法定主義や行政法における侵害留保の原則に対応する考え方は，私人の保有する上記の情報の国家による取得，利用及び開示一般に妥当する，ということである。

　そして，佐藤がやはり幸福追求権に含まれるものとして挙げている「適正な手続的処遇を受ける権利」の帰結として(56)，上記の情報について事前または事後の手続（例えば，令状主義）が求められるということになるのではないかと考える。

　さて，佐藤が挙げる情報の第2のカテゴリーが「プライバシー外延情報」，すなわち，「個人の道徳的自律の基本に直接深くかかわらない外的生活事項に関する個別的情報」である(57)。こちらについて，佐藤は，次のように述べる。これらの情報については，「正当な政府目的のために適正な方法を通じて取得・保有・利用されても，直ちにプライバシーの権利を侵害することにはならないとみられた。しかし，このような外延情報も個人の知らないままに大量に集積され，広汎に利用することが可能になるとすれば，個人の道徳的自律性を脅かすことは容易に想像できることである。コンピュータの登場にはじまる情報革命の進展は，この可能性を猛烈な速さで現実化していくことになる。“データ・バンク社会”（さらには“ビッグデータ社会”）の登場である。『公』の領域においてのみならず『民』の領域も含めて，いわゆる『個人情報』を広く保護する必要が生じたのである」(58)。

　佐藤がここで述べていることは，正しいと思う。すなわち，私も，一つ一つの情報はプライバシー外延情報に過ぎないとしても，特定の個人に関するさまざまな情報が集積される場合に，そのような情報の集合体に着目

---

(56)　佐藤『憲法論〔第2版〕』217-219頁。なお，同『憲法〔初版〕』318-319頁。
(57)　佐藤『憲法論〔第2版〕』206頁。なお，同『憲法〔初版〕』317頁。
(58)　佐藤『憲法論〔第2版〕』206頁。なお，同『憲法〔初版〕』317頁。

して前述のプライバシー固有情報の場合と同様の法律の定めや手続保障を要求するというのは，適切であると考える[59]。

　ただし，上記の記述に続いて現れる佐藤の番号制度や住基ネット，マイナンバー制度に関する主張[60]，すなわち，個人に関するプライバシー外延情報を収集することは法律の規定があるとしても憲法上許されないという主張は，上記の考え方から導かれ得ないのではないかと思う。なぜなら，上記の考え方からは，プライバシー外延情報の集合体についても法律の規定に基づくならば収集，利用及び開示ができるということになるはずだからである。ここでは，佐藤は，国家権力が何をするかわからないという陰謀論に与してしまっている[61]。

　最後に述べたような問題をはらむものの，佐藤の見解は，情報それ自体に着目して，その取得等に関する権限の法定，及び，その取得等に際しての手続保障を主張したものであって，画期的であった。

　金子宏も，早くから情報それ自体に着目していた。1976 年の『租税法』（初版）や 1978 年の納税者番号制度における論文において[62]，金子は，情報それ自体に注目するとともに，税務職員が取得した情報に関しては不文のデフォルト・ルールが開示禁止であることを主張していた。また，金子は，手続保障の文脈でも，供述のみならず資料の取得収集にも黙秘権ないし自己負罪拒否特権が適用されるという（前述のように後の判例で否定された）見解に基づいているものの，情報を取得されることについて手続保障

---

(59)　佐藤『憲法論〔第 2 版〕』205-206 頁で取り上げられる GPS 捜査に関する最大判平成 29 年 3 月 15 日刑集 71 巻 3 号 13 頁は，プライバシー固有情報の問題というよりも，むしろこちらに位置づけられるのではないだろうか。ある特定の時点における個人の居場所（という個々の情報）の把握ではなく，継続的・網羅的な居場所（つまり個々の情報の集合体）の把握こそが問題とされているからである。

(60)　佐藤『憲法論〔第 2 版〕』206-210 頁。

(61)　番号制度の文脈での分析として，渕・前掲注（6）44-47 頁。

(62)　金子宏『租税法〔初版〕』（弘文堂，1976 年），金子宏「納税者番号制度と納税者の秘密の保護」同『所得課税の法と政策』（有斐閣，1996 年）180 頁（初出 1978 年）。分析として，渕・前掲注（6）47-49 頁。

を与えなくてはならないという考え方を提唱していた[63]。

　乱暴な議論ではあることは承知の上で，私人の支配する領域への物理的な侵入ではなく，情報それ自体に着目することは——憲法35条が明らかに物理的侵入に着目した規律を置いている——刑事訴訟法の分野でも一般化していると言えるのではないか。通信傍受法（犯罪捜査のための通信傍受に関する法律（平成11年法律第137号））の制定にあたり，通信傍受は強制処分として整理された[64]。GPS捜査につき，最高裁は，強制処分にあたると判示した。通信傍受にもGPS捜査にも，令状主義が適用される[65]。強制処分法定主義や令状主義に関するこうした動きは——憲法35条の明文の規定はないけれども——個人に関する情報それ自体についても一種の権利または利益として憲法の刑事手続に関する諸規定の趣旨が及ぶことの帰結であると解釈できるかもしれない。

　いずれにせよ，少なくとも日本法において，私人の支配する領域への物理的侵入に対する規律は従来通り存続させた上で，これに加えて，プライバシーというような多義的で曖昧な概念を用いることなく，情報という概念を利用して国家と私人の間の関係を法的に規律していく，という方向に議論が進みつつあるのではないか，という印象を抱いている。

（3）判例の展開：情報それ自体に着目する理解へ

　私人の支配する領域への意思に反した物理的侵入にのみ注目するのではなく，国家による私人に関する情報の取得に注目するという視座の転換は，既に見たように「行政調査」という概念を提唱した論者の見解の中で示唆されていた。実は，最高裁判決も，行政機関による情報の取得ではなく捜査機関による捜査を通じた情報の取得の文脈においてではあるが，情報それ自体に着目し，しかも，私人が国家によって情報を取得されることが当

---

(63)　金子宏「行政手続と自己負罪の特権——租税手続を中心とするアメリカの判例法理の検討」同『所得概念の研究』前掲注（5）306頁（初出1987年）。

(64)　池田＝笹倉・前掲注（27）16-17頁［笹倉］，96-97頁［池田］。

(65)　池田＝笹倉・前掲注（27）19頁［笹倉］。

該私人の憲法上の実体的権利に対する制約であることを明らかにしてきた。

最大判昭和 44 年 12 月 24 日刑集 23 巻 12 号 1625 頁（京都府学連事件）は，憲法 13 条は「国民の私生活上の自由が，警察権等の国家権力の行使に対しても保護されるべきことを規定している」と解した上で，そこにいう個人の私生活上の自由の 1 つとして承諾なしにみだりにその容貌等を撮影されない自由が含まれることを明らかにした。そして，警察による犯罪捜査の過程での一定の要件をみたす撮影に際して個人の容貌等が撮影されることが当該個人の憲法上の実体的権利に対する制約として許容され，しかも，その際に（憲法 35 条により犯罪捜査における強制処分について要求される）裁判官の令状が不要であると判断した。

本判決について注目されるのは，第 1 に，容貌等という，まさに個人を識別する情報について憲法 13 条に基づいて実体的権利が観念されていることである。第 2 に，このような情報についての実体的権利が，人の「住居，書類及び所持品」と並んで，憲法 35 条の手続的権利を基礎づけるものとされていることである。

最高裁は，その後，最三小判平成 7 年 12 月 15 日刑集 49 巻 10 号 842 頁（指紋押捺事件）で，憲法 13 条所定の個人の私生活上の自由の 1 つとして，「みだりに指紋の押なつを強制されない自由」があると述べた。ここでは，行政機関による私人に関する情報の取得という文脈において，個人を識別する情報について，憲法上の実体的権利が認められたのである。

さらに，最一小判平成 20 年 3 月 6 日民集 62 巻 3 号 665 頁（住基ネット事件）は，憲法 13 条所定の個人の私生活上の自由の一つとして，「個人に関する情報をみだりに第三者に開示又は公表されない自由」があると述べた。ここでは，行政機関による私人に関する情報の（取得ではなく）開示及び公表が問題となっているが，その前提として，行政機関によって私人が情報を取得されることについても憲法上の実体的権利が観念されていると考えて良いだろう。

このように，最高裁の判例を見る限り，行政機関の職員が私人の支配す

る領域へ侵入することに加えて，行政機関が私人から情報を取得すること，あるいは，私人に関する情報を取得することについても，それに対抗する私人の憲法上の実体的権利が観念されている。

（4）受忍義務から情報提供義務へ：所得課税の文脈で

［１］物理的侵入を受忍する義務と情報提供義務の併存

先行研究において必ずしも明示的に論じられているわけではないけれども，私人の支配する領域への物理的侵入から情報へと視点を転換することの帰結として，個別具体的な場合において私人の支配する領域への物理的侵入を受忍する義務と，当該私人が国家（ないしその行政機関）に対して負っている一般的抽象的な情報提供義務が，区別される。

日本の所得課税の文脈に則して言えば，次のように言える。

一方で，納税者等（個人や法人）は，税務職員が当該納税者等に対して質問し，または当該納税者の所持する帳簿等を検査しようとする場合に，当該質問に答え，検査を受忍する義務を負っており，それは罰則によって担保されている。もっとも，税務職員は質問・検査等を無制限にできるわけではなく，国税通則法所定のルールに従い，また，荒川民商事件最高裁決定が示した比例性の要件をみたす必要がある。

他方で，納税者のあらゆる経済活動を対象とするという所得課税の実体法上の仕組みの帰結として，納税者のあらゆる経済活動に関する情報は潜在的に国（ないし税務官庁）に対して提供され得る。言い換えると，法律に基づいてこのような所得課税制度を有している以上，国が納税者のあらゆる経済活動に関する情報を取得することは正当化される[66]。

---

(66) 私は，現在のところ，所得税法・法人税法等の仕組みからして，納税者等には調査に応じる義務があると考えるべきなのではないかと思っている。つまり，いわゆる任意調査とは（強制の度合いに基づく行政調査の分類である中川・前掲注(7) 22-24 頁の枠組みに即して言えば）純粋に任意なのではなく，応じる義務はあるが実効性確保措置のない調査と位置づけるべきではないかということである。なお，補論（１）も参照。強制の度合いに基づく行政調査の分類としては，山本未来「行政情報の収集」法学教室 432 号（2016 年）14 頁，14-15 頁も参照。

ただし，従来は，国が実際に取得する納税者の経済活動に関する情報は極めて限定されていた。先に述べたように，必ず国に対して提供される情報は納税申告書や支払調書に記載された情報に限られており，事業活動（あるいはそれに準じるもの）から得られる所得の計算の基礎となる帳簿書類ですら納税者の手許に保存されることが求められるにとどまっている[67]。税務官庁である国税庁には，納税者から帳簿書類の写しを交付されたとしても，保管する場所（物理的スペース）がない。納税者の手許で保存してもらうことは，国税庁にとっても便宜にかなうのである。こうして，納税者に対して実際に税務調査が行われる割合（「実調率」という）が必ずしも高くないことをも考慮すると[68]，これらの帳簿書類に記載されている情報のほとんどは，税務職員の検査を通じて税務官庁に提供されることがないままに終わっているのである。

ところで，納税者の支配する領域への物理的侵入を受忍する義務と納税者が国に対して負う情報提供義務を区別し，かつ，少なくとも青色申告者についてそのような情報提供義務があることを明らかにしたと解釈できる判例として，最一小判平成 17 年 3 月 10 日民集 59 巻 2 号 379 頁がある[69]。

実は，情報に着目する立場からは信じ難いことであるが，この最高裁判決によって否定されるまで，青色申告者に義務づけられている帳簿書類の備付け，記録及び保存とは帳簿書類に記載されている情報を税務職員に提供することを意味しない（税務職員による帳簿書類の検査に応じなくても，青色申告承認は取り消されない）という見解が一部の論者により大真面目に主張されていた。この見解によれば，帳簿書類とは納税者が正確な納税申告

---

(67) 一般的な規定として，所得税法 232 条 1 項及び 2 項，法人税法 150 条の 2 第 1 項参照。青色申告者につき，所得税法 148 条 1 項，法人税法 126 条 1 項参照。

(68) 例えば，2018 年 1 月 24 日に開催された第 19 回国税審議会に提出された資料「税務行政の現状と課題」4 頁参照。
https://www.nta.go.jp/about/council/shingikai/180124/shiryo/kenkyu.htm （last visited on August 26, 2024).

(69) 渕圭吾『租税法講義』（有斐閣，2024 年）275-278 頁も参照。

書を作成するための一種の手控えに過ぎないということになろう。

しかし，最高裁は，上記の判決において，青色申告の承認を受けた法人は「税務職員が必要と判断したときにその帳簿書類を検査してその内容の真実性を確認することができるような態勢の下に，帳簿書類を保存しなければならない」し，「税務職員の［法人税］法153条の規定に基づく検査に適時にこれを提示することが可能なように態勢を整えて当該帳簿書類を保存して」いる必要がある，と判示した。言い換えると，物理的に帳簿書類を手許に保存することではなく，税務職員に対して帳簿書類に記載された情報を提供することこそが，青色申告者に求められていることを明らかにしたのである。

［2］物理的侵入なしに情報を取得できる時代へ

ここまで，所得課税の実定法上の仕組みに基づいて納税者等にその経済活動に関する情報を税務官庁に提供する義務が存在すると考えてきた。ところが，このような前提に立ちつつ，情報技術の発展に伴って私人の支配する領域への物理的な侵入なしに大量の情報を移転し，保管し，しかも分析できるようになってきたことが，税務官庁による納税者等の経済活動に関する情報の取得等及びそれに基づく申告税額の正確性の確認を根本的に変革することが考えられる。

すなわち，まず，情報の取得について言えば，税務官庁はもはや私人の支配する領域への物理的な侵入なしに，必要な情報を瞬時に電子データの形で取得することが可能になった。納税者があえて電子データではない形式で情報を管理しているのではない限り，税務官庁は検査をすることなく，帳簿書類等の情報を取得することが可能である。

次に，情報の保管について言えば，税務官庁はこれまで不可能であったような大量の情報を自己の管理下で保管できるようになった。このことに伴い，税務官庁が義務的に取得する情報を納税申告書や法定調書等に限定する必然性がなくなった。帳簿書類等の情報はもちろん，場合によっては，個々の取引の基礎となるデータ自体を取得することも，もはや物理的なス

ペースとの関係で問題になることはない。

最後に，情報の分析について言えば，まず，会計ソフトの普及により，個々の取引データから所得額の導出は納税者の側でも自動的に行えるようになっている。税務官庁においては，それに加えて，帳簿書類等の情報（場合によっては，個々の取引の基礎となるデータ自体）を大量に集積し分析することにより，どの納税申告が不正確である可能性が高いか（あるいは，どの納税者の納税申告が信頼できないか），かなりの精度で推測することができるようになると考えられる。

さらに言えば，たとえ１年間の所得に応じた課税という前提を維持するとしても，これまでのように納税義務者自身が所得及び税額を算定して申告し，税務職員がその一部について二次的に確認する，というこれまでの仕組みをやめるという選択肢もあり得る。むしろ，納税義務者と税務官庁の間であらかじめ個々の取引の基礎となるデータを共有しておき，そのデータに基づいてコンピュータ・プログラムによって算出された税額が正しいかどうかを納税義務者と税務官庁の双方が確認する，というような仕組みの方が合理的かもしれない。

（5）ま と め

本稿では，行政機関が私人から（または私人に関する）情報を取得する場面を念頭に置いて，それが憲法との関係でいかなる実体的権利に対する制約であるか，という点に関するものの見方の変遷を追ってきた。

行政機関は，その任務である規制を実現するために，あるいは，第三者的役割を果たすために，私人が保有する情報を取得する必要がある。その方法として，私人に法律に基づいて情報提出義務が課されている場合もあるが，行政機関の職員が私人に質問し，また，その支配する領域に立ち入って，直接情報を取得する場合もある。

このような行政機関による私人からの直接の情報の取得は，かつては，私人が支配する領域への侵入という観点から把握されてきた。その後，情報の取得の過程全体を行政調査という概念で理解する見解が登場した。さ

らに，私人が保有する情報，または，私人に関する情報それ自体について憲法上の実体的権利を観念する考え方が現れた。

V　補　　論

（1）本稿を構成要素とする研究の全体像について

　なお，本研究の後半（別の論文を予定している）では，行政機関による私人に関する情報の取得についての手続保障のあり方を考える。現在の日本では，行政調査に際して私人にその適否を争う直接の機会が与えられていることは稀である。行政調査に際しての私人への通知や調査それ自体について法律上，処分性が明示的に認められている場合（令和元年度税制改正により追加された国税通則法74条の7の2参照）や処分性が解釈によって導かれる場合（補論（2）参照）を除いては，行政調査それ自体が争訟の対象となることはない。①行政調査に応じなかったことにより科されることがある刑事罰（国税通則法128条2号・3号参照）を争う手続において，または，②行政調査に後続する行政処分（例えば，所得税の増額更正処分）を争うに際して，行政調査の違法性を主張する，あるいは，③国家賠償請求を提起して行政調査の違法性を争うことがあり得るにとどまる[70]。

　これに対して，アメリカ連邦所得税の場合，課税庁による私人からの情報の取得は多くの場合納税義務者等に対して任意の協力を求める形で行われるが，正式にはサモンズ（an administrative summons）を交付することにより実施される[71]。サモンズの名宛人が納税義務者である場合，この者は，このサモンズの交付それ自体を争うことはできない。しかし，この者等がサモンズに応じない場合，内国歳入庁は司法省に対して，裁判所にサモン

---

(70)　山本・前掲注（66）16-17頁（行政調査に対する訴訟）も参照。
(71)　Frank P. Cihlar, et al., Department of Justice, Tax Division, Summons Enforcement Manual: An Introduction, 1. Available at https://www.justice.gov/sites/default/files/tax/legacy/2011/08/31/SumEnfMan_July2011.pdf（last visited on August 20, 2024）.

ズの執行（enforcement）を命じてもらうことを依頼する。①サモンズの執行を求める訴訟（内国歳入法典7604条b項）は，国を原告，納税義務者を被告とするから，納税義務者は当該訴訟の中でサモンズにより求められている情報提出の当否を争うことができる。これに対して，②第三者に対する調査については，納税義務者及び当該第三者への告知（notice）が義務づけられており，これらの者はこの告知を争うことが認められている（内国歳入法典7609条）。なお，③前述のサモンズの執行が裁判所に認められてもなお対象たる私人が従わない場合，裁判所が当該私人に対して民事的裁判所侮辱（civil contempt）を発出するが，当該私人はこれを争うことができる。

　ヨーロッパでは，行政機関による私人からの情報の取得に関して事前に争訟の機会が認められている場合があり，しかも，それがEU基本権憲章47条の要請だという見解が存在している。

　日本では，憲法32条が裁判を受ける権利を保障している。このため，裁判所は，行政事件訴訟法3条2項にいう処分性を認定するにあたって，国家の何らかの行為によって私人が被る身体，自由または財産への侵害の程度を考慮要素の1つとしていると考えられる。本研究の前半部分である本稿で述べたように，裁判所及び学説は，行政調査によって国家が取得しようとしている私人に関する情報それ自体が，行政調査によって侵害され得る私的領域の平穏とは独立に，当該私人にとって保護に値するものであると考えるようになってきた。

　他方で，国家は，その国家目的の実現のために，たとえ私人の私的領域に物理的に侵入し，また，私人の自己に関する情報の利益を侵害するとしても，一定の種類の情報を私人から取得することが必要である。そして，必要な情報の範囲は，前提となる法制度に依存する。例えば，ある国家が所得課税制度を導入しているならば，この国家は，潜在的には，個人や法人の経済活動に関するあらゆる情報を取得することを想定していると言わざるを得ない[72]。

そうすると，国家がある行政過程において当該行政目的と関係ない情報を取得してしまう（私人から見ればそのような情報を取得されてしまう）リスクを軽減しつつ，実際にそのような情報を取得されてしまった私人に対して適切な救済（日本法では，損害賠償ということになろうか）を与えるような手続保障の制度を設計することが必要となる。その際に，従前から保護に値するものとされてきた私人の私的領域の平穏ができるだけ侵されないようにすること，及び，実際にそのような侵害を受けた私人に対する適切な救済を与えること，も考慮するべきであろう。

（2）行政調査には行政処分が介在するのか

［1］処分性をどのように考えるのか

本稿の冒頭の事例のような行政調査に際して，調査を受ける私人はその適否を争うことができるのだろうか。また，この問題は，行政法における処分性の問題との関係でどのように整理すれば良いのであろうか。

私は，行政調査によって私人が私的領域に対する物理的侵入を受けたり，当該私人に関する情報を取得されたりする際に，当該私人が当該侵入や情報の取得それ自体を裁判所で争うことができるか，という問題は，次のように整理されるべきだと考えている。

私人がその重要な権利・利益を国家によって侵害される場合に，憲法は，他の考慮要素をも衡量した上で，当該私人に対して一定の手続的権利を保障していると考えられる[73]。すなわち，第1に，「事前の告知，弁解，防御の機会」を与えられることについては，次のような判例がある。最高裁は，「憲法31条の定める法定手続の保障」が行政手続にも及び得るとした上で，「行政処分の相手方に事前の告知，弁解，防御の機会を与えるかどうかは，行政処分により制限を受ける権利利益の内容，性質，制限の程度，行政処分により達成しようとする公益の内容，程度，緊急性等を総合較量

---

(72) 渕・前掲注（6）59-60頁。

(73) 行政調査一般につき考え得る手続的権利を列挙したものとして，中川・前掲注（7）24-26頁。

して決定されるべきものであって，常に必ずそのような機会を与えること
を必要とするものではない」，と述べていた（最大判平成 4 年 7 月 1 日民集
46 巻 5 号 437 頁（成田新法事件）[446 頁]）。また，最一小判平成 15 年 11 月
27 日民集 57 巻 10 号 1665 頁 [1676 頁] は，新たな行政処分を介在させず
に法律所定の要件の充足により自動的に私人の権利利益の制限が生じる場
合にも平成 4 年最判が示した法理の趣旨が妥当すると解していた。

　第 2 に，憲法 32 条所定の裁判を受ける権利との関係では，行政事件訴
訟法（またはそれを踏まえた個別法）の処分性や原告適格の判断にあたって，
憲法 32 条が，私人がその重要な権利・利益を国家によって侵害される場
合に一定のタイミングまでに裁判所で争う機会を与えることを要請してい
ると考えるべきである。最高裁は，法令の規定からは明示的に処分性が認
められていない事例においてこれらを肯定する場合に，しばしば，「実効
的な権利救済」に言及している[74]。このことは，最高裁が，処分性の判断
にあたり，「[憲法 32] 条の精神を踏まえた解釈」を行っていると見ること
ができよう[75]。

　これに対して，憲法の要請とまでは言えない場合であっても，その権
利・利益を侵害される私人に一定の手続的権利を与える旨の法律の規定を
立法者が設けることは，当然に可能である。すなわち，ある私人にとって
それほど重要ではない権利・利益の侵害にとどまる場合や，後の時点で告
知等や争訟の機会が与えられている場合であっても，立法によって，当該
私人との関係で一定のタイミングで処分性や原告適格が認められていると
いうことは十分にあり得る。

　難しいのは，行政事件訴訟法 3 条 2 項にいう「行政庁の処分その他公権
力の行使に当たる行為」の範囲について，同法が上記のように憲法 32 条

---

(74)　最大判平成 20 年 9 月 10 日民集 62 巻 8 号 2029 頁 [2034 頁]，最二小判平成 24 年
　　　2 月 3 日民集 66 巻 2 号 148 頁 [151 頁]，最三小判令和 4 年 12 月 13 日民集 76 巻
　　　7 号 1872 頁 [1876-1877 頁]。
(75)　長谷部恭男編『注釈日本国憲法（3）』（有斐閣，2020 年）307-308 頁 [宍戸常寿]。

から求められる範囲よりも広い範囲を想定していると考えるかどうかである。確かに，行政法に関する立法政策として，憲法が求めるよりも広く処分性を認めるということが考えられないわけではない。もっとも，この点について，私は十分に検討ができていない。そこで，さしあたり，行政事件訴訟法3条2項の処分性が憲法32条によって求められる範囲とぴたりと一致すると想定しておきたい。

　そうすると，処分性の判断にあたり，裁判所としては，次のような二段階の検討を行っていると考えられる[76]。まずは，法律の規定を解釈して一定の私人との関係で一定のタイミングで処分性が認められるかを判断する。法律の規定によっては処分性が認められると言えない場合に，次に，憲法32条の趣旨に基づいて，問題となっている私人が問題となっているタイミングで裁判所において争えることが「実効的な権利救済」のために必要かどうかを判断する。

　［2］行政調査の場合

　それでは，行政調査について直接争う機会はどうなっているのか[77]。この点については，学説では，行政事件訴訟法3条2項にいう「その他公権力の行使に当たる行為」に即時強制が含まれるとされている[78]。しかし，これらの学説があらゆる行政調査に処分性があると考えているわけではなさそうである。そこで，前述の枠組みに従って，まず，法律の規定を解釈して一定の私人との関係で一定のタイミングで処分性が認められるか，考

---

(76)　髙世三郎「処分性，原告適格の判断における処分の根拠法令の解釈の重要性」日本大学法科大学院法務研究17号（2020年）1頁，4-22頁を参考にした。

(77)　中川・前掲注（7）26頁。なお，刑事訴訟法では，「強制処分」があったからといって当然にそれを争うことができるわけではなく，法令で認めている場合のみ，争うことができる。池田＝笹倉・前掲注（27）114-115頁［池田］（「準抗告は，強制処分一般に対して行うことができてよいようにも思われるが，逮捕，捜索，検証はその対象に含まれていない」）。同74-75頁［笹倉］（違法な身体拘束に対する救済）も参照。

(78)　宇賀克也『行政法概説II行政救済法〔第7版〕』（有斐閣，2021年）162頁，神橋一彦『行政救済法〔第3版〕』（信山社，2023年）82-83頁等。

えてみよう。

　行政調査としての「報告徴収」に処分性があることを前提とした裁判例として，東京地判平成18年12月14日がある[79]。この判決は，揮発油等の品質の確保等に関する法律（品確法）（昭和51年法律第88号）20条1項に基づく報告徴収に処分性があることを前提に，「本件商品を販売する揮発油販売業者である原告に対し，その販売の即時停止を求める本件改善要請が行われたにもかかわらず，原告が本件商品の販売停止等の適切な対応をとらなかった（弁論の全趣旨）という本件の事実関係の下においては，処分行政庁が原告に対し本件報告徴収処分を行ったことはやむを得ない措置というべきであり，これを違法な処分ということはできない」，と判断した。

　次に，公正取引委員会の一般的な調査権限を規定する独占禁止法40条には「調査のための強制権限」という見出しが付されており，また，同法47条1項所定の行政調査の一環としての各種行為については同項柱書で「処分」であることが明示されており，いずれについても一種の処分性が認められている[80]。独占禁止法70条の12で行政不服審査法を適用除外としているため，異議申立を超えて争うことはできないとも読めるが[81]，令和元年独占禁止法改正に関して発出された公正取引委員会「事業者と弁護士との間で秘密に行われた通信の内容が記録されている物件の取扱指針」（令和2年7月7日）第5-3（3）の記述（特定物件の還付請求を却下する際の争訟方法の教示）を踏まえるならば，47条に基づく処分に対する取

---

(79)　東京地裁民事第3部（裁判官は，鶴岡稔彦・古田孝夫・潮海二郎）。事件番号：平成17年（行ウ）第599号，平成17年（行ウ）第616号。山本・前掲注（66）16頁注9で引用されている。

(80)　公正取引委員会の審査に関する規則（平成17年10月19日公正取引委員会規則第5号）22条1項は，「法第四十七条第二項の規定に基づいて審査官がした同条第一項各号に規定する処分を受けた者は，当該処分に不服のあるときは，処分を受けた日から一週間以内に，その理由を記載した文書をもって，委員会に異議の申立てをすることができる」，と規定している。

(81)　中川・前掲注（7）26頁注10参照。

消訴訟は当然に提起できるのだろう。

　さらに，個人情報保護法146条1項に基づく報告徴収・立入検査には処分性が認められるという見解がある[82]。電気事業法106条に基づく報告徴収や同法107条に基づく立入検査についても，行政処分として運用されているようである。核原料物質，核燃料物質及び原子炉の規制に関する法律（昭和32年法律第166号）67条に基づく報告徴収についても同様である。

　これに対して，2011（平成23）年12月国税通則法改正により，納税者の手続的権利が強化されたが，納税者が税務調査を直接争えるようになったわけではない，ということに現時点で争いはない。国税通則法74条の9の事前通知は，行政処分ではないと理解されている。

　ところで，2019（令和元）年度改正によって国税通則法74条の7の2が新たに設けられた。同条1項は，「所轄国税局長は，特定取引の相手方となり，又は特定取引の場を提供する事業者（特別の法律により設立された法人を含む。）又は官公署（以下この条において「特定事業者等」という。）に，特定取引者に係る特定事項について，特定取引者の範囲を定め，六十日を超えない範囲内においてその準備に通常要する日数を勘案して定める日までに，報告することを求めることができる」，と規定している。そして，同条2項以下では，1項の報告の求めが「処分」であることが明らかにされている。立案担当者による解説でも，この報告の求めが国税通則法75条1項にいう「『国税に関する法律に基づく処分』に該当」するとはっきり述べられている[83]。

　以上の通り，規定の上では類似している行政調査であっても，法令によって，処分性が認められる，または，認められないということが，運用上，または，立案担当者の解説等から明らかであることが少なくない。このこ

---

(82)　石井夏生利ほか編『個人情報保護法コンメンタール』（勁草書房，2021年）706頁［森亮二］（「（当時の40条について）本条に基づく報告徴収・立入検査は，『行政庁の処分その他公権力の行使に当たる行為』であり，行政不服審査法1条2項，行政事件訴訟法3条2項および行政手続法2条2号に定める『処分』である」）。

(83)　『令和元年度税制改正の解説』868頁。

とを反映しているのかもしれないが，私が調べた限りでは，行政調査または その構成要素に処分性があるか否かが争われた裁判例は見当たらない。言い換えると，行政調査との関係で，憲法32条の趣旨に基づいて，一定の私人が一定のタイミングで裁判所において争えることが「実効的な権利救済」のために必要か，ということが争われた事例は，今のところなさそうである。

金子租税法学の回顧と継承

金子租税法学における信義則

東京大学教授 藤谷 武史

I 本稿の問題意識

金子宏先生[1]の租税法学は，実体法（課税要件法）中心の体系である[2]。しかし，学説として租税行政の適正化・合理化を先導することについても，等しく情熱を注がれたことは言うまでもない。租税法律主義に「手続的保障原則」や「ルール・オブ・ローの尊重」を読み込み，「課税権力の合理的行使」を説いてきた金子先生の考え方[3]は，その後長い時間をかけて学説・裁判例・実務に受容されてきた。

その中でも異彩を放つのが，金子先生の「信義則への強い思い入れ」（と筆者の眼には映る姿勢）である[4]。本稿筆者は，2005 年後期にはじめて法科大学院での租税法講義の教壇に立ったが，当時初版が出たばかりの『ケースブック租税法』をどう咀嚼し授業を組み立てるかに，悪戦苦闘の日々であった。その中でも特に頭を悩ませたのが，限られた講義時間の中で信義

---

(1) 通常，筆者は論文では「先生」という呼称を避けるが，追悼論集という性質に鑑み，例外的にこのように呼称する。

(2) 金子宏「租税法学の体系」同『租税法理論の形成と解明（上)』（有斐閣，2010 年）181 頁（初出 1972 年）。さらに同書「はしがき」iv 頁。

則の説明にどの程度のウェイトを割くか，であった。信義則については，既に判例（最判昭和62年10月30日訟月34巻4号853頁。以下「昭和62年最判」という）の立場は固まっており[5]，今日に至るまで信義則の適用を認めた確定判決が皆無であることを考えても，租税法律関係に信義則が現実に適用される場面はきわめて例外的であるように思われる。となれば，深入りせずに最高裁判例の基準を教えておけば足りるのではないかとも思われた。しかるに，『ケースブック租税法』の総論部分を担当された金子先生の手に成る信義則の項は，租税法律関係への信義則の適用をはじめて肯定した文化学院事件第一審判決（東京地判昭和40年5月26日行集16巻6号1033頁）にかなりの分量を割き[6]，信義則の適用を否定した同事件控訴審判決（東京高判昭和41年6月6日行集17巻6号607頁）と対比させ，さらに金属マンガン事件（仙台高判昭和50年1月22日行集26巻1号3頁）についても事実関係と判旨を紹介した上で学生と教師に検討を促している[7]。つ

---

(3)　金子宏『租税法（第24版）』（弘文堂，2021年）87頁以下にいう「手続的保障原則」は，租税紛争に司法的救済が与えられるべきことはもちろん，租税の賦課徴収が適正な手続で行われるべきことも含み（この記述は1976年の初版から一貫している），同世代の学説が租税法律主義に込めた意味よりも明らかに広い。また，金子宏「ルール・オブ・ローと租税法」金子・前掲注（2）形成と解明（上）117頁（初出2008年）や同「ルール・オブ・ローと租税法律主義」法の支配193号（2019年）2頁における理由付記の強調，さらに同「財政権力─課税権力の合理的行使をめぐって」金子・前掲注（2）形成と解明（上）89頁（初出1983年）や同「アドヴァンス・ルーリングについて」金子・前掲注（2）形成と解明（上）159頁（初出1994年）。

(4)　同様に位置づけうるものとして行政先例法の扱いがある。金子先生と行政先例法の関係については，本論集の渋谷論文を参照。

(5)　金子先生自身も，2002年公刊の「最近10年の租税判例の動向」という小論（金子宏『租税法理論の形成と解明（下）』（有斐閣，2010年）672頁以下に収録）において，いくつかの下級審裁判例を挙げつつ，それらが最判昭和62年10月30日訟月34巻4号853頁の枠内であること，ゆえに「信義則の適用に関する考え方は，裁判例においてほぼ固まっているといってよい。」（695頁）としている。

(6)　金子先生が昭和52年度に東京大学法学部で開講された租税法の講義でも，文化学院事件にはかなりの時間を割いていたとのことであるので（中里実教授のご教示に負う），金子先生の教育上の実践が，新たな法科大学院教育のためのケースブックにも反映されたものと理解することができる。

まり，金子先生は，租税実務家を養成する法科大学院教育において，租税法における信義則の論点には，昭和62年最判の正確な理解だけでは足りない，何らかの重要性があると考えていた，と考えてよさそうである。事実，金子先生の体系書『租税法』は，初版（1976年刊行）において既に，様々な立場の先行学説を紹介しつつ，自説として信義則が租税法律関係にも適用されるべきことを明言し，さらに文化学院事件第一審判決について詳細な紹介を加えていた[8]。その後，昭和62年最判その他の関連裁判例に対応する記述が追加されているが[9]，第24版に至るまで，信義則についての記述の骨格は変わっていない（その要点は本論 II（1）で述べる通りである）。ここには，学説が判例・実務に追随するのではなく，むしろ学説こそが先駆的・萌芽的な裁判例や実践を取り上げることで，好ましい法発展を先導するのだという金子先生の自負が窺われるようにも思われる[10]。

　折しも，2023年秋に改訂された『ケースブック租税法』第6版では，信義則の項がスリム化され，文化学院事件の引用が割愛される代わりに，国税庁の文書回答手続に関する解説論文が第5版までの「租税法の法源」の項から場所を移して収録されている。これは，間断なく発展する租税法の「現在」を，限られた紙幅と講義時間の中で学生に示すべき法科大学院の

---

(7)　金子宏ほか編『ケースブック租税法（初版）』（弘文堂，2004年）169-181頁。

(8)　金子宏『租税法（初版）』（有斐閣，1976年）112頁注2。

(9)　金子宏『租税法（第2版）』（有斐閣，1988年）114頁。なお，昭和62年最判の意義は，①最高裁としてはじめて，租税法律主義なかんずく合法性の原則が支配する租税法律関係にも信義則の適用がありうることを一般論として認めたこと，②信義則の適用に不可欠の要件を提示したこと，③所轄税務署長が具体的事実関係の下で青色申告の「黙示の承認」の余地を否定し，公的見解の表示があったとは認められないとしたこと，にあると認められるところ（例えば参照，谷口勢津夫「判評」シュトイエル322号（1989年）1頁），①・②は従来の判例・学説が挙げるものと基本的に同旨であり（谷口・7頁，乙部哲郎「判批」判例評論365号（1989年）34頁），③の当てはめについても金子先生は妥当と判断しているため，同判決によって体系書の記述を大きく変更する必要を認めなかった，ということではないかと推測される。

(10)　金子・前掲注（2）形成と解明（上）40頁（「市民と租税」に対する金子先生自身のコメント）。

教材にとって不可避の改訂であるばかりでなく，金子先生における信義則の機能主義的理解が，文書回答手続が参考にした米国のプライベート・レター・ルーリングと極めて親和的なものであったことに鑑みても[11]，原著者の意図をよく汲んだ改訂ということができよう。

租税法における信義則の適用を巡っては，現在に至るもなお未解決の論点が多く存在する[12]ことからしても，金子先生が判例教材や体系書に込めた信義則への「思い入れ」の淵源には何があったのかについて，この期に振り返っておくことには，金子租税法学の独自性と特長を明らかにしつつ未来へと継承するという本論集の趣旨に照らして，一定の意味がある作業であると考える。

Ⅱ　金子租税法学と信義則

（1）信義則に関する金子説

序論で述べたように，金子租税法学における信義則の記述は，1976 年の『租税法』初版から一貫している。そのエッセンスは以下の通りである（本項における引用は，別途注記のない限り全て金子宏『租税法（第 24 版）』143-148 頁からのものである。煩瑣を避けるため，個々の引用頁数は挙げていない）。

① 信義則は，私法と公法を通ずる法の一般原則（条理）であって，租税法律関係にも適用される。租税法の強行法規性，合法性の原則を強調して信義則の適用を排除する立場には与しない。その理由は，租税法が「同時に，法的安定性の要請によって支配されており」，租税行政庁の誤った表示によって納税者の側に信頼が形成された場合にそれ

---

(11) 金子・前掲注（3）「財政権力」97 頁以下，同「アドヴァンス・ルーリングについて」159 頁以下。

(12) 例えば，浅妻章如「判批（最判平成 27 年 6 月 12 日民集 69 巻 4 号 1121 頁）」民商法雑誌 151 巻 6 号（2015 年）543 頁（553 頁），および浅妻章如「判批（最判令和 2 年 3 月 24 日集民 263 号 63 頁）」ジュリスト 1564 号（2021 年）135 頁（137-138 頁）。

を裏切ることは「法的安定性の要請を害する」というものである。こ
れは後掲（3）で論じるように，金子説の（同時期の先行学説との対比で
の）特徴である。

② 他方で，租税法律関係に信義則を適用することと，「租税法律主義
の一つの側面である合法性の原則」との緊張関係は否めないから，信
義則適用のハードルはそれなりに高く設定する。具体的には，以下の
（a）〜（c）という三つの要件を要求する。

（a）租税行政庁が納税者に対して信頼の対象となる公の見解を表示し
たこと。なお，ここにいう「信頼の対象となる公の見解」には，事
実のみでなく，法令の解釈に関する見解の表示も含まれるとして，
「禁反言の適用される表示は，事実の表示に限られる」と判示した
文化学院事件控訴審判決[13]には「反対」であると明言している。多
くの学説も同様の立場をとるが[14]，金子説においては特に，法令解
釈に関する課税庁の見解の表示が，金子説の特徴である，租税法律
主義の機能たる法的安定性の重視（次項参照）と深く結びついてい
ることから譲れない点として[15]特に態度を表明したものと理解で
きる。

---

(13) 「被控訴人主張の禁反言の法理とは，いわゆる表示による禁反言をいうものと解
されるが，その趣旨は，自己の言動（表示）により他人をしてある事実を誤信せ
しめた者は，その誤信に基き，その事実を前提として行動（地位，利害関係を変
更）した他人に対し，それと矛盾した事実を主張することを禁ぜられる，とする
にあるものと考えられる。そして，一般に，禁反言の適用される表示とは，事実
の表示であることを要し，単なる意見もしくは意向の表示では足りず，また，禁
反言の適用を認めると違法な結果を生ずる場合には，その適用を阻却されると解
されている。」（行集 17 巻 6 号 609 頁。下線は本稿筆者）
(14) 品川芳宣「税法における信義則の適用について」税大論叢 8 号（1974 年）1 頁，
14 頁は，このような基準が納税者にとって苛酷である，ということを理由に否定
的な評価を加える。さらに藤田・後掲注（30）258 頁は「表示による禁反言」に
議論を限定する理由付けの論理の脆弱性を指摘する。なお，須貝脩一「判評」シ
ュトイエル 57 号（1966 年）1 頁，3 頁は，そもそも文化学院事件における非課
税の通知は単なる見解の通知ではなく事実の表示である，という異なる角度から，
判決への批判を加えている。

(b) 納税者の信頼が保護に値する場合であること。

(c) 納税者が表示を信頼しそれに基づいて何らかの行為をしたこと。

したがって「納税者が誤った表示を信頼したというだけ」では信義則の適用は問題とならず，信頼に基づく行動が予想外の課税関係をもたらすことによる「不測の損害」が生じるような場面であることが必要である。その具体例として，「ある団体への寄附が特定寄附金（所税78条）に該当し寄附金控除の対象となる，という表示を信頼して寄附をしたような場合」を挙げる一方で，初版⁽¹⁶⁾から一貫して「誤った表示を信じ，その表示に従って申告をなすことあるいは申告をなさないことは，ここにいう行為には含まれない，と解すべきであろう」としていることは，後で述べるように，金子先生の信義則理解の特徴と言えるので，この点に注意しておこう。

上記3要件は初版で示されたものであるが，その後，「少なくとも」上記（a）〜（c）と同趣旨の要素⁽¹⁷⁾を考慮することが「不可欠」であると判示した（その反面，これらの要素が充たされれば必ず信義則の適用があるとは言っていない）昭和62年最判を踏まえてか（とはいえ改訂時期との関係では説明がつきづらい），第15版（2010年）からは「次のような要件のすべてがみたされなければならないと解すべきである」として下線部が付加されているが，趣旨は不変と解すべきであろう。

---

(15) その後の，税務職員による申告指導が問題となった事案（名古屋地判昭和48年12月7日訟月20巻4号150頁）や金属マンガン事件等において，国側が同種の主張を提示するようになったことも，金子先生の警戒の一因であったのではないかと推測できるが，確たる裏付けはない。

(16) 金子・前掲注（8）112頁。

(17) 昭和62年最判の信義則の基準は①信頼の対象となる公的見解の表示，②納税者がその表示を信頼しその信頼に基づいて行動したこと，③表示に反する課税処分が行われ，そのために納税者が経済的不利益を受けることになったこと，④上記②③につき納税者の帰責性がないこと，の4要件と見るのが一般的である（浅妻・前掲注（12）民商553頁，谷口勢津夫『税法基本講義（第7版）』（弘文堂，2021年）93頁など）が，概ね，（a）が①に，（b）が④に，（c）が②③にそれぞれ対応している。

③　信義則が適用される場合，租税行政庁は，さかのぼってその表示を
くつがえすことができず，それに反する処分は，信義則に違反して違
法な処分となる。他方で，文化学院事件第一審判決と同様，将来に向
かっての過誤の是正は許される，としている点が，類似の利益状況に
おいて機能する行政先例法（通達等で確立した行政解釈を将来に向かっ
て変更するには法改正が必要）との相違点である。

④　なお，後述（本節（3））するように，信義則が法の一般原則なのだと
すれば，納税者が誤った表示をした際の行政庁の信頼保護にも信義則
を適用すべきではないかという問題があるが，金子先生は，初版以降，
この論点には触れていない。信義則が納税者の主張を制限しうること
を肯定した[18]ネズミ講事件の福岡高裁判決（福岡高判平成 11 年 4 月 27
日訟月 46 巻 12 号 4319 頁）の登場後，同判決を紹介しつつも「ごく例

---

(18)　周知の通り，この訴訟は，ネズミ講組織が「人格のない社団」に該当することを
前提としてその収益事業に対する法人税課税処分が行われたことによるものであ
った。原告（ネズミ講主宰者の破産管財人）が，当該組織は人格のない社団に該
当しないと主張したのに対して，被告側主張の一つが，ネズミ講主宰者が過去に
当該組織を人格のない社団として事業活動を行い確定申告も行っていた事実に照
らして，いま原告が，当該組織を人格のない社団と主張することは禁反言ないし
信義則に反して認められない，というものであった。福岡高裁は，当該組織は
「人格のない社団」たる実体を欠く主宰者の個人事業に過ぎない，と認定したう
えで，被告による「禁反言ないし信義則違反」の主張を検討し，確かにそのよう
な側面があること，他方で課税庁としても主宰者の申告に対して実態を調査し得
たはずであること，破産債権者のために行動する本件原告は虚偽の外観を作出し
たネズミ講主宰者本人ではないこと等を挙げて，やや折衷的に，税額の一部につ
いて「その返還を求めることは信義則等に照らして相当でない」と述べている。
判決の論理には不明確な点が残るが，少なくとも，課税庁の信頼を保護する，と
いう記述はなく，原告側の禁反言，あるいは，課税庁には「人格のない社団＝法
人税課税」「社団の実体なし＝所得税課税」の二者択一の選択肢しかなかった，と
いう事情を重視しているようにも読めるところである。このように考えると，典
型的な「信義則」の問題とはそもそも筋が違う話，ということになりそうである。
なおこの点，谷口・前掲注（17）94 頁は，信義則を合法性の原則の外在的例外と
捉える立場から，税務官庁は合法性の原則に羈束されるので「信義則という法の
一般原理を援用して，過去の言動に反する納税者の主張を排除すべきではな」い
とする。金子説との相違点については本節（4）で改めて検討する。

外的な場合を除いては認められないと解すべきであろう」との記述が第8版（2001年刊行）から付加されているが，金子説の信義則理解の体系を変更するものとはされていない。

（2）信義則肯定説を支える論拠—金子説における租税法律主義の機能主義的理解

周知の通り，1966年刊行の「市民と租税」論文は，金子先生が，田中二郎博士の学説の影響下から独自の体系構築へと向かう途上で書かれた，金子租税法学を語る上で逸することのできない重要論文であるが，同論文が租税法律主義の「機能」として法的安定性の保障を挙げたことはとりわけ重視されるべきである。金子先生は，同論文の冒頭において，（当時既に）「国民の税負担が相当に重く，かつ租税がわれわれ市民の日常生活と密接な関係をもっている」ことに照らして「今日では，何らかの重要な経済取引を行なうに当っては，そこからいかなる税負担が発生するかを考慮することが不可欠であること，換言すれば，租税が各種の経済生活を行なうに当って重要なファクターとなっていること，を意味する」という現状認識に立ち，そこから，「租税法律主義は理念的には治者と被治者との自同性という政治原理に基づくものであるが，その現代取引社会における経済的機能はどこにあると考えるべきであろうか。おそらくそれは，国民の経済生活に法的安定性と予測可能性とを与えることにあると考えてよいであろう。」という，今日の租税法学では常識となった考え方を（法学者としておそらくはじめて）提示している[19]。

そして，この「予測可能性・法律生活の安定」が法治主義ひいては租税法律主義の「そもそもの狙い」[20]であるという当時としては先鋭な見解

---

(19) 確かに，租税法律主義が「経済生活の安定を図り，経済活動の予測可能性を与えようとするものである」という理解は金子説に特有というわけではない（例えば，田中二郎『租税法』（有斐閣，1968年）78頁）が，中川一郎，新井隆一，清永敬次らの論者と比較したときに，金子説における租税法律主義の捉え方がより柔軟で機能主義的であるということは言えそうに思われる。

(20) 金子宏「市民と租税」金子・前掲注（2）形成と解明（上）15頁。

から，①納税者の信頼を害するような遡及立法の禁止も租税法律主義の内容に含まれる，②私法からの借用概念の解釈については「概念の統一的理解の立場」（統一説）がとられるべきであること，そして③租税法律関係にも信義則が適用されるべきこと，が導かれる。筆者の確認し得た限り，この1966年の論文が，金子先生が信義則に言及した最初の公刊物であると思われるが，この段階で既に，租税法律主義の「機能的考察」[21]から信義則の適用を肯定する実質的論拠が与えられていることに注目したい。すなわち：

　「通達は，税務行政の公定解釈の意味をもち，納税者は現在通用している公定解釈に依拠して私法上の意思決定を行なうから，公定解釈を改め通達を納税者の不利益に変更する場合には，その効果を過去にさかのぼらせることなく（non-retroactive），将来に向ってのみ変更を認めることが，法的安定性の見地からは好ましい，ということである。この要請を立法政策のレベルにとどまらず，解釈論のレベルで主張するときは，通達の自縛性─税務行政庁は租税法の解釈につき自己の発した通達に拘束されそれに反した解釈をなしえない─というわが国では新しい解釈理論へと道を開くことになるであろう。」

と述べた上で，この論文の公刊直前に出された文化学院事件の第一審判決（白石健三裁判長[22]）を「租税法律関係にエストッペルの法理を適用したものとして興味ぶかい」という形で紹介している[23]。

（3）先行学説・同時期の学説

　このように，納税者の予測可能性の保障（「不測の損害」の予防）という機能主義的視点に立脚した，信義則に関する金子説の特徴は，これに先行

---

(21)　金子・前掲注（20）25頁注12。
(22)　なお同判決の左陪席は後に最高裁長官を務めることになる町田顕であった。
(23)　金子・前掲注（20）24頁，27頁注34。ただし，同論文の性質上，信義則の適用の可否を決する具体的な適用基準への論及は見られない。信義則の適用基準についてのまとまった記述が見られるのは，前述の通り，1976年刊行の『租税法』初版が最初である。

しあるいは同時期に存在した他の学説と対比することで，一層際立ったものとなろう。そこでまずは，これらの学説を駆け足で見ておこう[24]。

① 租税法研究会「租税法総論」（ジュリスト座談会）[25]

1958年刊行のこの座談会の時点では，（行政法一般とは異なり）租税法には信義則の適用があるのか自体，自明視されていなかった模様である。課税関係における行政裁量や行政と私人の間で交渉を行うことの許容性が話題となる中で，田中二郎博士が「行政法の関係でも信義誠実の原則とかクリーン・ハンド［ママ］の原則とかが認められて然るべき」で，租税法にも同様の考え方が及びうるようにも思えるが，課税の関係では，公平負担からの制約も働くので「租税法律主義そのものを曲げるわけにいかないという解釈に落ち着くべきでしょうね」と述べ，他の参加者もそれに賛同する，という流れであった。さらに，現在の信義則の議論とはむしろ逆であるが，税務調査に対して全ての情報を出さず，訴訟段階で新たな資料を出してくるような納税者に対して信義則を適用できないか，といった問題提起[26]もあり，今日の観点からは興味深いものがある[27]。

---

(24) 以下に紹介するものの他にも，その後の学説においては，例えば，信義則の適用が問題となるのは「合法性」と「正当性」が分裂する場面である，とした上で，後者を回復するための措置として信義則の適用を捉える首藤教授の議論（首藤重幸「税法における信義則」北野弘久編『税法の基本原理（判例研究日本税法体系Ⅰ）』（学陽書房，1978年）127頁，132頁）など，様々に興味深い議論が試みられてきた。ただ，前述の通り1976年刊行『租税法』初版において一応の完成を見た金子先生の「信義則」理解に焦点を絞る本稿では，それ以降の学説についての検討は割愛する。

(25) 租税法研究会編『租税法総論（ジュリスト選書）』（有斐閣，1958年）218-221頁。

(26) 信義則を公法私法に拘わらない法の一般原則と捉え，行政の優越性を理由とした信義則適用否定論（参照，原・後掲注(35)「行政法における信義誠実の原則」18頁以下）とも距離をとる立場からすると，納税者も信義誠実の原則に縛られるべきだ，という議論は一概には否定しがたくなるように思われる。この点をつとに指摘するのが，碓井光明「租税法における信義誠実の原則とそのジレンマ」税理23巻12号（1980年）4頁。なお，中川・後掲注(31)解釈及び適用337頁によると，ドイツの通説は税務官庁のみならず納税者にも信義誠実の原則の適用を認めるようである。また，第Ⅲ節(2)で述べるように，米国で禁反言則の適用を受けるのはむしろ納税者側の表示である。

② 田中二郎説

田中二郎博士は，文化学院事件第一審判決後に初版が刊行された『租税法』において，租税法の解釈原理としての信義誠実・禁反言の原則の適用を肯定する立場を明らかにした[28]が，管見の限り，文化学院事件第一審判決前の段階では，前述の「租税法研究会」での発言以外に，租税法関係における信義則の適用可能性について明確に述べたものは見当たらない。行政法総論の体系書の中で，行政法にも信義誠実の原則の適用可能性がある，と述べているが[29]，租税法について特段の言及はない。ある学説は，この時期の信義則を巡る理論状況を「結局具体例に関しては白紙といってよい状態」と評している[30]。

③ 中川一郎説[31]

最初期から租税法における信義則の適用を主張していたのが，中川一郎博士であった。中川説の特徴として，ドイツ公法学説を強く意識しその影響を受けている点，租税法律主義を厳格に解しつつ（それゆえ，法律主義が支配する租税法解釈について信義則は働かず，もっぱら租税法の適用のレベルで信義則が働くことを強調する），信義誠実の原則の根拠を形式的平等原則に求める点，を挙げることができる。合法性の原則と衝突する信義則をどう説明するかは学説がすべからく突き当たる難問であるが，中川博士においては，形式的租税平等主義は同一納税義務者に対する課税処分における税法の適用並びに要件事実の認定について，時間的に前になされた処分を基準として後になされる処分がこれに矛盾しないことを要請している，と

---

(27) 申告納税制度には納税者と課税当局の「協働」の契機が含まれることを指摘した上で，一切の納税協力を拒む納税者との関係で，申告納税制度の理念通りの取扱いを維持することが可能か，また妥当か，といった点に焦点を当てる最近の論攷（佐藤英明・租税法研究 53 号掲載予定）にも通底するものがある。

(28) 田中・前掲注（19）97 頁，119 頁。

(29) 田中二郎『行政法総論（法律学全集 6）』（有斐閣，1957 年）183 頁。

(30) 藤田宙靖「重要判例紹介」ジュリスト年鑑 1962 年 255 頁，256 頁。

(31) 中川一郎『税法の解釈及び適用』（三晃社，1961 年），同「税法における信義誠実の原則（1）～（6）」税法学 25 号（1953 年）22 頁～46 号（1954 年）5 頁。

いう論理で説明される[32]。中川説においては，日本国憲法の構造上，国民と税務官庁は対等の立場で当初から相互信頼関係の上に立脚しているものと考えなければならず[33]，この信頼関係を保護するものとして信義誠実の原則が法規範的地位を帯びる，という構造となっている。

④　新井隆一説[34]

文化学院事件第一審判決の登場後，学説では租税法における信義則の適用を肯定する学説が優勢となったように思われる。その中で，明確な否定説を表明した論者として，新井隆一博士を挙げることができる。新井説は，租税法律主義の原則からして，課税処分は，専ら課税要件規定の内容の客観的認識と課税要件事実の客観的な認定を要素とする作用（準法律行為的行政行為に分類される確認行為）と理解すべきであり，そこには，行政庁の意思の要素が介在し得ない以上，（禁反言の原則を，ある法主体が，自らの過去の言動に対する相手方の信頼に応える責任を負うことを前提とするもの，と捉えるならば）信義則は租税法律関係には適用し得ない，と論じる。そして，課税要件規定の解釈や課税要件事実の認定を巡っては，複数の合理的な立場が対立することがありうる以上，課税庁が故意や重過失によってあえて誤った解釈・認定を行った場合を除き，その誤りについて責任を追及され

---

(32)　なお，この理屈付けによって，中川説において至高の地位を与えられる租税法律主義と信義則が調和する，とされるが（中川・前掲注（31）解釈及び適用345頁），この点は筆者の理解の及ばないところである。金子『租税法』初版では，この中川説への疑問が示されていたが（「平等を強調することは，むしろ租税法における信義則の適用の否定に結びつくか，あるいはある納税者に誤った表示をしてその税負担を軽減することとなった場合には，他の納税者にも同じ取扱をしなければならないことになるか，のいずれかであると思われる。」（113頁注4）），第2版からは削除されている。

(33)　「信頼関係」への言及は，品川・前掲注（14）5頁にも見られる。さらに，近時，谷口勢津夫教授が，この中川説の強調する相互信頼関係を強調し，法創造根拠理由として信義則を積極的に活用するべきと主張していることが目を惹く。参照，谷口勢津夫「谷口教授と学ぶ「税法基本判例」【第27回】「合法性の原則の外的制約」」Profession Journal 525号（2023年）。

(34)　新井隆一「第9章　租税法の適用と解釈」金子宏ほか編『租税法講座（第1巻租税法基礎理論）』（帝国地方行政学会，1974年）293頁，311-315頁。

る理由はない，と論じている。

　新井博士は，納税者側の信頼保護の要素についてあまり論じていないが，これは，租税法律関係がこのような性質のものである以上，そもそも課税庁による法解釈・事実認定も，合理的な範囲で数多ありうる（その意味で可謬的な）判断の一つに過ぎないので，そのようなものは法的信頼の基礎となり得ない，という考え方であろうと思われる。これを逆から言えば，課税庁はその都度，最善の解釈・事実認定を行えばよい，ということだと思われる。これは後述する米国法の考え方にも近いように思われ，信義則の機能的考察の観点からも，今なお傾聴に値する議論である。

（4）金子説における信義則の読み直し

　以上のような学説の布置状況に金子説における信義則の議論を位置づけることで，その特徴，ひいては本稿の関心事であるところの金子先生の「信義則への強い思い入れ」の背後にあった思考を抽出できるように思われる。予め結論を述べれば，金子説は，信義則を全法領域に通用する法の一般原則の具体的表現と捉えて租税法関係への適用を認める学説の大勢[35]に与しつつも，租税法律関係の特殊性に即した信義則の具体的定式化において機能主義的でプラグマティックな立場を貫くものであった，ということになる。

　まず，英米法における禁反言は「事実の表示」にのみ適用される，という考え方[36]は明確に退けている。課税庁が，複雑な租税法規の解釈適用の場面で，納税者に対してコミュニケートする様々な「意向」「見解」を，「事実か意見か」という二分法でアプリオリに信義則の適用対象から除外

---

(35)　田中・前掲注（29）230-231頁，原龍之助「行政法における信義誠実の原則」大阪市立大学法学雑誌6巻3号（1960年）1頁，同「租税法と信義則の適用―二つの判決を機縁として」大阪市立大学法学雑誌16巻2・3・4号（1970年）246頁。

(36)　なお，つとに乙部哲郎「租税法における禁反言の法理」民商法雑誌75巻2号（1976年）280頁，312頁注1はこの点についての英米法の禁反言の法理と大陸法上の外観法理の相違に注意を喚起していた。

することなく，「信頼の対象となる公の見解」該当性の問題として受け止めた上で，第2段階の要件，つまり，納税者が信頼するに足りる程度の行為や表示であったか，そうすることに納税者側の落ち度はないか，ということを考えればよい，という利益衡量論的な態度だったのではないか。

また，信義則について熱心に論じた多くの学説が，ある種の義務論，すなわち「納税者の信頼」の保護それ自体に価値を見いだしている（信頼が害されることの不当性・不正義への憤り，納税者がおかれた過酷な状況の救済[37]，ある種のクリーン・ハンズ的な発想）のに対して（中川博士にその典型を見いだすことができる），金子先生の信義則を巡る筆致はやや趣を異にする。決して冷淡ではない（むしろ背後には「強い思い入れ」を感じさせる）が，信頼保護の必要性を情熱的に論じるのとも異なる。そこで筆者としては，以下のような読み方を提示し，以て読者諸賢の批判を待ちたい。

すなわち，金子先生は帰結主義的観点から，「課税庁が信頼に値する表示を行うことによって納税者の予測可能性が高まる」ことの道具的価値を重視していたのではないか，という読み方である[38]。言い換えれば，「信頼保護」それ自体に価値があると考えていたのではなく，租税法律主義の「機能」としての予測可能性・法的安定性[39]と同様に，それによって実現される経済的な効果に関心を寄せていたのだ，という読み方である。無論，金子先生がこのような「機能主義的」理解を直接述べた箇所は（筆者の管見の限りでは）見当たらないので，筆者の推論に過ぎない。しかし，例えば

---

(37) 例えば谷口・前掲注（9）6頁，10頁にはこうした姿勢が垣間見える。

(38) 契約法の機能的意味は，「契約を守らせること」ではなく，「契約を破られた場合にも一定の法的保護が得られるとの予測可能性を与えることで，人的つながりのない他人同士であっても，契約関係にコミットしやすくなる（自由な交換の成立によるパレート改善を可能にする）」という機能にある，というのは法と経済学の基礎的な知見であるが，「納税者の予測可能性」を重視する金子説において，税務行政における信義則はこのような機能的役割を与えられている，という読み方である。

(39) 金子・前掲注（3）租税法79頁。

以下のような傍証ないし状況証拠を提出することはできる。

　第1に，課税庁の誤った表示を信頼して行った申告行為自体は信義則の適用対象とはならない，としている点である[40]。金子説は，信義則適用のために「少なくとも」必要な3要件の一つに「納税者が表示を信頼しそれに基づいてなんらかの行為をしたこと」を挙げつつ，申告はここにいう行為に含まれない，とする。かような線引きは，「納税者の信頼保護」それ自体に価値があるとする立場からは整合的な説明が困難であると思われるが，上述の「機能主義的」理解からはすんなりと説明可能である。つまり，金子説における予測可能性の強調は，課税関係の不確実性が経済取引に萎縮効果をもたらす（ある経済活動について予想される税負担について課税庁の手のひら返しを許容すると，リスク回避的な納税者の観点から見て（不確実性を伴う）税引後利益の価値は低下するため，そのような活動自体が行われにくくなる）ことを懸念しているのであって，既に行われた経済活動について課税庁の誤導に基づく申告が生じたとしても，（納税者には大変気の毒であるが）経済活動への萎縮効果は生じないからである。これと実質的には同様の理由から，税務署長が誤って青色申告を受理し続けていた事案への信義則の適用を否定した昭和62年最判の事案についても（それによって納税者の経済活動が変化したわけではないから），同様に評価することができる（ただし，金子『租税法』は，誤って青色申告を受理したことが「公の見解の表示」にあたらない，という位置づけを与えている）。

　第2に，文化学院事件は昭和62年最判の事案とは異なり，課税庁の表

---

(40)　金子・前掲注（3）租税法147頁。なお，そのような誤信により過少申告となった場合，加算税が免除されるべき「正当な理由」（税通65条4項）該当性の問題としては別個の考慮を働かせる（正当な理由ありとする）ことは排除されない。同様の結論を採るものとして参照，札幌地判昭和50年6月24日判タ341号268頁。なお，金子『租税法』の前記箇所で引用されるこの札幌地裁決は「誤った表示を誤信して行った申告は（信義則の第3要件としての）行為に当たらない」という理由付けによっていない（むしろ，納税者が誤った申告を行ったことに対する課税庁の関与の程度や，信義則違反を理由に処分を無効とすることの他の納税者との不公平の問題などを総合的に考慮した，という理由付けになっている）。

示が納税者の法的・経済的生活上の行為を誤導したと言いうる事案であった[41]。すなわち，同事件第一審の東京地裁判決は，「原告においては，本件土地及び建物について，固定資産税が賦課されたことがなく，前記非課税取扱決定通知があつたため，これを信頼して，財団法人についても，教育用固定資産は非課税と考え，国等から補助金をもらう必要がなかつたところから，準学校法人となることを考えなかつたが，前記徴税令書により，財団法人のままでは，その教育用固定資産について固定資産税が賦課されることを知り，現に準学校法人となるための手続中である。」「原告は，現在準学校法人となるための手続中であるが，問題の非課税通知がなく本件土地及び建物が非課税であると信ずることがなければ，もつと早期にかような手続をとることも可能であつたのであり，さらに，原告のような各種学校においては，その経費は，主として，授業料収入によつてまかなうこととなるのであるから，過去に遡つて固定資産税が賦課されることとなれば，結局その負担は，将来の授業料に転嫁されることとなるなど，まつたく予測しなかつた不都合な結果を招来することとなるが，それは原告が東京都千代田税務事務所長の非課税通知を信頼したことに起因するものというべきである。」と認定している。納税者は，課税庁の（結果的に法令に反した）表示を信頼した結果，正しく課税関係を認識していたならばとっていたはずの経済的行為をとることができなかった，ということである。いわば金子先生の考える信義則適用にとって「筋の良い」事案であり，だからこそ文化学院事件を（実質的に信義則を認めるに値しなかった事案である）昭和62年最判よりも重視し続けたのではないか。こう考えれば，『ケースブック租税法』における同事件の（一見，不相応とも思われるほどの）重みづけは説明が可能となる。

　第3に，そのように考えれば，「私人と課税庁を対等に位置づけ，法の一般原則たる信義則を適用するのであれば，納税者側にも信義則を適用す

---

(41)　金子・前掲注（3）租税法147頁。

べし」という議論[42]に対して初版から一貫して冷淡であることも理解できる。既に述べたように，合法性の原則の上位に立つ法の一般原則として信義則を捉えるのであれば，課税庁に対してのみ片面的に適用すべきとは言いにくいはずである[43]。しかし，金子先生にとって信義則はあくまでも租税法律主義とともに，納税者の予測可能性を保障し，健全な経済活動を促すための，道具的な規範に過ぎなかったから，私人の側に課税庁に対する信義誠実を求める必要はない（それは別途，適正な申告等の義務履行を促す納税環境整備の問題として対処する），という理屈である。

　このような機能主義的な態度は，必ずしも金子説の専売特許というわけではない[44]。しかし，同時代の学説が，租税法律主義の貫徹か，納税者の信頼保護か，という理念的な対抗関係において信義則の是非を論じる傾きがあったのに対して，金子先生は，租税法律主義の機能主義的理解に立脚しつつ，むしろそれと連続線上にあるものとして（同一の原理の上での調整の問題として）信義則の問題を論じようとしている点は，強調されてよい。つまり，信義則についてもプラグマティックな機能を期待していたのではないか，という点は，金子説の特徴といって良いように思われる。

　さらに，以上のような金子説の「機能主義的」性質は，近時の学説が鋭敏に指摘するところとなっている。すなわち，谷口勢津夫教授は，信義則を「合法性の原則の外在的制約」と捉えたうえで，以下のように論じている（下線は本稿筆者）[45]。

---

(42)　松沢智「租税法律主義と信義則の法理―租税法における信義則についての新視点からの問題提起」税理 21 巻 4 号（1978 年）9 頁（15 頁）。さらに，碓井・前掲注（26）論文。

(43)　そのためには，課税庁に対しては引き続き合法性の原則が支配する（たとえ納税者側に信義則違反の行為があったとしても，課税庁は現に認定された課税要件事実に即した課税処分しか行えない），という別の論理を媒介させる必要がある（参照，谷口・前掲注（33）論文）。

(44)　租税法律主義と信義則をともに納税者の予測可能性の観点から重視するのは田中二郎説にも通じるところである。

(45)　谷口・前掲注（33）論文。

「法的安定性は，租税法律主義の機能として保障されるものであり（金子・前掲書『租税法理論の形成と解明　上巻』47頁，同『租税法〔第24版〕』79頁参照），しかもその機能（筆者は予測可能性と結びつけて予測可能性・法的安定性保障機能と呼んでいる）は，租税法律主義の派生的機能として，租税法律主義の本来的機能である課税の適法性保障機能から導出されこれと両立し得るものでなければならないと考えるところである（拙著『税法基本講義〔第7版〕』（弘文堂・2021年）【11】参照）。

　そうすると，法的安定性を信頼の保護と同義・同等に取り扱うとしても，それは合法課税すなわち合法性の原則に適合する課税に対する法的安定性であり信頼の保護であると考えるべきであろう。」

ここで谷口教授が警戒しているのは，単に納税者の主観的な予測可能性だけを保護するのでは，権利濫用の認識がある納税者に対しては明文の根拠なくその権利を否定することを認める「租税法律主義の自己否定」に陥りかねないことであり（谷口・前掲注（17）12-13頁），金子先生もこの危惧は完全に共有すると思われる。

　ただ，ここでの論点は，信義則を租税法の理論体系上どう位置づけるか，であり，その点には確かに相違がある。すなわち，金子説は，信義則の適用は，合法性の原則との間で「租税法律主義の内部における価値の対立の問題」[46]を生じさせる，と述べるところ，後続世代は，金子説のこの整理については，理論的批判を加えてきた。

　まず，谷口教授は，合法性の原則が租税法の解釈適用の場面で作動する税務行政の統制原理であるとして，これを租税法律主義の本質部分（「租税法律主義の本来的機能である課税の適法性保障機能」）に位置づける。これに対して，信義則は法の一般原理として，専ら合法性の原則に反する課税処分が行われた場面において，司法による法創造の根拠として救済を与えるものとして作動する。ゆえに，谷口説においては，信義則は合法性の原則

---

(46)　金子・前掲注（3）租税法144頁（下線は本稿筆者）。

の外在的制約，という位置づけになる。

　また，佐藤教授は，同じく信義則などの個別的救済法理の妨げとなってきた合法性原則の再定位を行う論文において，合法性原則は租税公平主義に出自を有すること，租税法律主義を「中核的地位を占める課税要件法定主義」「派生的な位置づけとなる予測可能性原則」に分析（二層化）すると，そこに合法性の原則の場所はなく，むしろ租税法律主義の劣位におかれることを説く。そうして「合法性の原則を租税法律主義の内容と考えないことにより，行政先例法や信義則の適用に関して，租税法律主義の内部での価値対立を解消しうる。これにより，個別救済法理の適用は，予測可能性確保の観点からその要否が判断されれば足りることになる。このような考慮によって個別救済法理の適用が促進されることを，本稿が示す租税法律主義理解の効果として，期待したい。」と論じる[47]。

　両学説はそれぞれ異なる立場から，信義則と合法性の原則が「租税法律主義の内部での価値対立」の関係にある，という金子説のテーゼを極めて説得的に批判していると言えよう。

　これに対して，プラグマティックな機能主義者として金子先生の信義則を読み直す，という本稿の企図からは，また別の読み方を提示することができる。

　まず，金子説においては，予測可能性は，租税法律主義の（派生的か本来的かという区別なしに）「機能」であり，前項（2）で紹介したように，租税法律主義の「そもそもの狙い」ですらあった。その限りで，個別的例外的局面での納税者の予測可能性（「信頼そのもの」ではなく）を道具主義的に保障しようとする信義則は，租税法律主義と同じ指向性を持つ。他方，合法性の原則も（それを包含するところの租税法律主義と同様）予測可能性を「一般的に」保障するという機能を有するものだと捉えるならば，最終的には同じ目的に奉仕するものということになる。要するに，信義則と合法

（47）　佐藤英明「租税法律主義と租税公平主義」金子宏編『租税法の基本問題』（有斐閣，2007年）70-71頁。

性の原則は，価値対立の問題ではなく，同一の目的を異なる方法で達成しようとしており，作動原理を異にするがゆえに抵触する関係，ということになろう[48]。そもそも金子説が機能主義的・道具主義的に信義則の問題を捉えているのだとすれば，金子先生がいう「価値」というのも，哲学的・道徳的な価値のことを論じているのではなく，法原理・法概念が体現する法的価値の問題に過ぎない，と言うことはできるのではないか。例えば刑事弁護人と検察官は，異なる法的価値を担っているが，究極的には，法の下での正義の実現という同一の道徳的価値に奉仕するもののはずである。いわば目標は同じであるが，そこにたどり着くためのルートとして，あえて異なる（対立する）道程をたどるように役回りを与えるのが，それぞれの職分を規律する法的価値である。そのように考えれば，金子先生が，合法性の原則と信義則が「租税法律主義の内部での価値対立」の関係にあるというとき，そこに解消不能な原理的対立を読み込んでいるのではなく，予測可能性確保に奉仕する二つの法理の調整の問題である，と考えていたのではないか，という読み方が浮かび上がる。

Ⅲ　信義則の機能主義的再定位―金子説を手がかりとして

（1）金子説を再訪する意味

　序論で述べたように，本稿は，金子租税法学の独自性と特長を明らかにしつつ，これを未来へと継承するということを目指すものである。第Ⅱ節では，機能主義的な観点からの再解釈を施すことで，信義則に関する金子説が首尾一貫した一つの考え方であることを示そうとした。では，そのような読み直しから，未来に向けて，何を導き出すことができるだろうか。とりわけ，信義則を巡ってはなお未解明の問題があると考えられるとこ

---

(48)　これは佐藤教授のいう「租税法律主義の内部での価値対立を解消し」「個別救済法理の適用は，予測可能性確保の観点からその要否が判断されれば足りる」という考え方に従うものである。

ろ[49]，本節では，「金子説の機能主義的・プラグマティスト的解釈」を足場に，どのような見通しが示されるか，考えてみたい。

（2）補助線―米国租税法の金子説への影響

金子先生が前節で述べたような信義則についての立場を形成されるに当たり何を手がかりとしたのか。文献上の直接の手掛かりとは言えないが，一つの補助線として，金子先生が1961年からの最初の米国留学で目にしたであろう，当時の米国租税法学の議論を見てみよう。これによって，「信義則に関する金子説」の背後にあるもの，あるいはその先にあるもの，を推測することが可能になる，という目論見である。

金子先生は，東京大学助教授時代の1961年から1963年にHarvard Law Schoolに滞在している。金子先生にとって最初の米国留学であった[50]。その時期に金子先生が目にした可能性のある，Surrey-Warrenの1960年版の租税法ケースブック[51]は，総論部分において，「行政解釈」としてルーリングの仕組みを解説し，どのような場合に撤回できるか[52]，といった議論を行っている（pp. 47-50）。金子先生がこの部分を参照したという確証はないものの，米国滞在中にこの制度を知って強い印象を受け，それが後年の紹介論文へとつながったであろうことは想像に難くない。これに対して，

---

(49) 浅妻・前掲注（12）民商553頁は，裁判例（文化学院事件控訴審判決・前掲注（13）にいう「事実と見解」の区別は，その後の判例（昭和62年最判その他）においても明示的に排斥されていないところ，もしこの考え方が維持されているならば通達は「見解の表示」として信義則の対象外となるのではないかという問題，さらに「法令解釈通達は納税者向けの見解の表示ではないのではないかという問題」も指摘している。なお，最判令和2年3月24日集民263号63頁［タキゲン事件］の宇賀克也判事補足意見は通達も「公的見解の表示」に当たるとするが，これが法廷意見に含まれないことをどう読むか，という問題もある。参照，浅妻・前掲注（12）ジュリ1564号138頁。

(50) 『公法学の法と政策（下）』（有斐閣，2000年）所収の「金子宏先生略歴」。そして，帰国から間もない昭和40年（1965年）に文化学院事件第一審判決に触れたことは，金子先生の学説形成にもそれなりのインパクトがあったのではないかと思われる。

(51) Stanley S. Surrey & William C. Warren, Federal Income Taxation: Cases and Materials, The Foundation Press, 1960.

英米法の概念である禁反言（estoppel）について，Surrey-Warren のケースブックでは（少なくとも index に掲記されるレベルでは）わずかに 1 ヶ所で触れられているのみである。そこでは，納税者が過去年度に行った申告と矛盾する立場を主張する場面が論じられている。例えば，1949 年に当時の時価 10,000 ドルの株式を報酬として得つつそれを申告しておらず，1954 年にこの株式を対価 15,000 ドルで譲渡する段になって「実は 1949 年に当時の時価で取得していたから 10,000 ドルが basis である」と主張することができるか，といった要領である。同書によれば，このような納税者に対する禁反言則の適用について裁判例が分かれており，1938 年の法改正で立法的解決が与えられた（上記の例で言えば，10,000 ドルの basis を認める代わりに，過去に遡って課税関係を是正する）こと，他方，裁判所は内国歳入庁に対して禁反言則を適用しないのが通例であること，が紹介されている（pp. 544-546）。

---

(52) Revenue Ruling の法的性質・効力は，金子・前掲注（3）「アドヴァンス・ルーリング」160 頁以下にある通り，具体的事実に即して租税法規の解釈適用が述べられたものであって，公式に撤回・修正されるまでは内国歳入庁を拘束する（納税者はこれに依拠できる）が裁判所と納税者を拘束しない，というものである。この拘束力を明示した法令の規定はないようであるが，財務省規則（Treasury Regulation § 601.601(d)(2)(ii)）や内国歳入庁のマニュアル（Internal Revenue Manuals 32.2.2.3.1 (08-11-2004)）が，ルーリングは内国歳入庁の公式の解釈として実務に対し権威的な地位を有することを明示し，裁判所も内国歳入庁に対する拘束力を認めてきた（Rauenhorst v. Commissioner, 119 T.C. 157 (2002)）。ルーリングの撤回・修正は将来に向かって効力を持つのが原則であるが，判例には，遡及的にルーリングを撤回して納税者に不利な課税を行うことを認めたものもある（Automobile Club of Michigan v. Commissioner, 353 U.S. 180, 183 (1957)["The petitioner argues that, in light of the 1934 and 1938 rulings, the Commissioner was equitably estopped from applying the revocation retroactively. This argument is without merit. The doctrine of equitable estoppel is not a bar to the correction by the Commissioner of a mistake of law."]）。この 1957 年の連邦最高裁判決は，課税庁が誤った解釈を述べたルーリングを撤回することが禁反言則によって妨げられるとした下級審裁判例（Stockstrom v. Commissioner, 190 F.2d. 283 (1951)）を排斥し，ルーリングの拘束力と禁反言が別の問題であるという伝統的な立場（後掲注（53））に回帰したものである。

我々の眼からすると，内国歳入庁が禁反言則の適用を受けないという扱いには違和感を覚えるところであるが，米国においては課税庁のルーリングの拘束力（前掲注（52）を参照）と，一般法理としての禁反言則は全く別（無関係）の問題として理解されている。この分野における伝統的な（ルーリングに関するルールが整備される前の）法の考え方を論じたある文献によれば，禁反言が典型的に問題となるのは過去に行った事実の誤表示（misrepresentation of fact）であり，これは納税者の側の行為が原因で生じることがほとんどであること（課税庁が自ら進んで誤った事実の表示を行った場合（例えば税額還付を受けるための申告書の提出期限を実際よりも先であると伝えたために納税者が還付を受けられなかったようなケース）には禁反言の適用がある），課税当局に対する禁反言の適用が（納税者によって）試みられる場面と言えば，過去に意見やルーリングとして出された行政解釈と異なる処分を違法とする主張であるが，これは認められない（課税庁は過去の行政解釈に当然には拘束されない），というのが米国の租税法における原則であること，むしろそれゆえに Closing agreement の制度があるのである，と説明されるようである[53]。

（3）課税庁のコミットメント手段―「合意」の機能的等価物としての信義則

　金子先生は（最初の留学中であったかどうかはともかく）いずれかの段階で，このような米国法の議論に触れており，それを踏まえて信義則に関する自説を組み立てた，と推測するのが自然であろう。金子先生としては，あくまでもアドヴァンス・ルーリングの充実（制度化）を本線と考えつつ[54]，米国には存在しない租税法律主義なかんずく「合法性の原則」の存在ゆえ

---

(53)　Martin Atlas, The Doctrine of Estoppel in Tax Cases, 3 Tax L. Rev, 71, 79-83 (1947). 現在でも，禁反言則は政府（内国歳入庁に限らず）が誤った事実の表示を覆すことを許さない反面，自らの誤った法解釈に拘束されることを命じるものではない（あくまでも法に従った行政を行う），とされている（Office of Personnel Management v. Richmond, 496 U.S. 414 (1990)）。

(54)　金子・前掲注（3）「アドヴァンス・ルーリング」。

に課税庁と納税者の「交渉」「合意」を理論的に位置づけることが容易ではない日本法の状況に鑑みて，裏側から同様の効果を達成しようとしたのが，信義則の強調だったのではないか。このように考えれば，米国では課税庁の見解の表示には法の一般原則としての禁反言の適用はない，という部分（文化学院事件控訴審判決はこの考え方に整合的である）を金子先生が（おそらく意図的に）無視したことも，すんなり理解できる。金子先生の関心は法の一般原理の輸入ではなく，その機能的等価物を日本の租税法に作り上げることだったからだ，というのが本稿が提出する仮説である。

　これを，納税者と課税庁の戦略的相互作用（ゲーム構造）のモデルを用いて説明してみよう。ここでは，信義則の適用は，いわば，Off-the equilibrium path[55]として現実に観察される均衡経路を裏側から支える役割を果たす。

図1　納税者と課税庁の信頼ゲーム

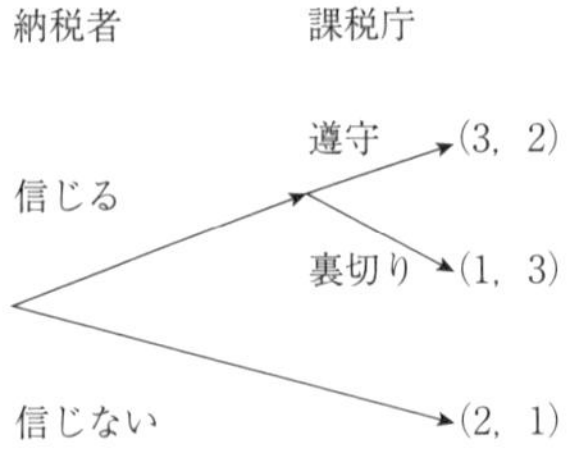

納税者　　　　　課税庁

```
              遵守 ──→ (3, 2)
信じる
              裏切り ──→ (1, 3)

信じない ──────────→ (2, 1)
```

　　　　　　　※カッコ内の数字の組は（納税者の利得，課税庁の利得）を表す。

　いま，課税庁が納税者に対して，納税者の行為Aに対する課税庁の対応Tについての何らかの表示を行うところから，納税者と課税庁がお互いの利得を最大化するように戦略的に行動し合う状況（ゲーム）が開始するとする。課税庁としては，納税者が自らの表示を信頼して行動を選択してくれた方が都合がよい（そのために表示を行っている）。ところがいざ納税者

---

(55)　Off the equilibrium path とはゲーム理論の用語法で，図1のような展開型ゲームにおいて，ゲーム参加者が逐次に手番を合理的に選択した結果の均衡に至る経路「ではない」経路のことである。「均衡外経路」などと訳される。

がその行動を行った後で，課税庁としては自らの表示を遵守するか，それとも手のひらを返す（裏切り）か，という選択肢があるとする。「裏切り」というと課税庁が悪いことをするかのような印象を与えるが，あくまでも具体的な状況の下では適法な（合法性の原則に合致した）課税であることがポイントである。むしろ合法性の原則からすると，かつての自らの表示を無視して「裏切らなければならない」のである。納税者はそれを知りつつ，自らの手番において，課税庁の表示を信じるか，信じないか，という選択肢があるとする。

　納税者・課税庁の行動選択肢（「戦略」）を ｜納税者の戦略，課税庁の戦略｜ と表記すると，納税者にとって好ましい順は ｜信じる，遵守｜＞｜信じない，φ｜＞｜信じる，裏切り｜，課税庁にとって好ましい順は ｜信じる，裏切り｜＞｜信じる，遵守｜＞｜信じない，φ｜[56]，という状況を想定することができる[57]。図1中の数値はこの大小関係を表現したものであり，数値の大きさそれ自体には意味はない。

　さて，課税庁が一般的にこのような利得構造を持っていることが，（課

---

(56)　φは，課税庁側で対応する行動がないことを表現している。ゲーム理論では本来このような場合にも戦略を割り当てるのが正式な表記法のようであるが，ここでは簡潔さを優先した。

(57)　このようなモデルを用いた思考の有効性は，モデルの尤もらしさに依存する。ここでは，①課税庁の利得については，課税庁は納税者が税務行政を信頼して活発な経済活動をする方が，税務行政のせいで経済活動が萎縮していると批難されるよりは望ましいと考える（ゆえに ｜信じる，遵守｜＞｜信じない，φ｜）が，だからといって，事後的に見て，当初課税庁が想定していなかった適用関係が生じ，看過すると公平を害する（と課税庁には認識される）という場合であれば，これを放置せずに課税処分を行うのがより好ましい（｜信じる，裏切り｜＞｜信じる，遵守｜），という選好であると想定している。事実，通達を公表することは，ある意味では課税庁の手の内を明かすことになるがそれによって得られる利得の方が大きい，ということである。と同時に，文書回答事例などでは照会内容と異なる事実関係には拘束されないと宣言することで，極力 ｜信じる，裏切り｜＞｜信じる，遵守｜ となる場面（事前の約束を裏切った方が前述のロジックで課税庁にとって「利得が大きい」ことになる場面）の可能性を小さくしている，と言うことができよう。

税関係の繰り返し，あるいは他の納税者の取り扱われ方などから）納税者には既知であるとすると，納税者は「課税庁を信じたものの，後で『適法な課税』を根拠に裏切られる」という可能性を考慮しなければならないことになる。課税庁がどの具体的ケースに「裏切り」を選ぶかは納税者には知り得ない[58]から，よほど楽観的でない限り（加算税なども考えればなおさら），｜信じる，裏切り｜という帰結は避けたいと考える。他方で，もし課税庁が自らの表示を遵守するのであれば，課税関係を予測して経済活動を行えるから，課税庁が信用できない場合に比べて，納税者にとっても利得は大きい（｜信じる，遵守｜＞｜信じない，φ｜）。租税法律主義の機能が納税者の予測可能性の保障にある，と金子先生が強調する通りである。

　以上のように設定されたゲームにおける均衡の求め方は，ゲームの樹を遡り，それぞれの手番で最適な戦略を選ぶという逆向き推論（backward induction）による。これは，納税者が｜信じる｜という戦略を選んだとき，課税庁は自らの手番において合理的に選択するとすれば，｜遵守｜＝利得2よりも｜裏切り｜＝利得3を選択する（サブゲームの均衡），これを合理的な納税者は予測するので，結局｜信じる，裏切り｜か｜信じない，φ｜の二択ということになり，｜信じない，φ｜の戦略の組み合わせがナッシュ均衡（両当事者とも，そこから自分だけが離脱することが自分を一層不利にしてしまうがゆえに，離脱できない状態）になってしまう。このときの利得は（2,1）であるが，納税者・課税庁のどちらも利得が高くなる｜信じる，遵守｜というパレート優位な均衡が実現しないという意味で，望ましくない状況が生じている。これは，課税庁が｜裏切り｜を選択した方が有利になる局面でもあえて｜遵守｜を選択するということに納税者が信頼できる形でコ

---

(58)　課税庁が納税者には有利だが法令の誤った解釈に基づく課税を，その違法であることを知りながら放置する（納税者との「約束」を守る）ことがあったとしても，納税者にはそれを争う動機も訴えの利益もないことに注意すれば，課税庁側の選択肢としては「裏切る」か「約束を守る」かという選択肢が（合法性の原則には違背するものの実際上は）存在することに留意されたい。なお，佐藤・前掲注(47) 69頁は，このような限界事例として「緩和通達」の存在に言及する。

ミットメントできないことが原因である。

　もちろん，課税庁が納税者との間で法的に拘束力のある契約を結ぶことができるのであれば，このコミットメント問題は解決する。むしろ前述したように，契約法とはまさに法的拘束力によるコミットメント手段を提供することで，相互の人的関係のない当事者間でも交換＝パレート優位な均衡を実現するための手段である。しかし前述の通り，金子先生は，悩みを示されつつも合法性の原則を放棄することはせず，課税庁と納税者の課税関係に関する合意を正面から認めるには至らなかった[59]。

　しかし，信義則が存在することは，一定の場合に，課税庁が納税者に対して示した事実や見解の表示に，その後の課税処分が拘束される効果をもたらす。信義則は，それが適用された場合には，（次項（4）で検討する，違法な課税処分に対する国家賠償請求や，過少申告加算税の賦課を免れる「正当な理由」（税通 65 条 4 項）の適用される場合とは異なり）あくまでも本税について，課税庁の誤った表示を信頼した納税者について（法令に反する）確定税額を維持する，という効果を持つ。その意味では ｜信じる，遵守｜ という戦略の組み合わせと同じ結果（均衡）が実現するように思える。しかしながら，信義則はあくまでも①「過去の表示に反するが適法な」課税処分がなされ，納税者がそれを争った場面で適用されるものであり，かつ②裁判所がどのような場合に信義則の適用を妥当するかには（法の一般原則ゆえの）不確実性を伴う。

　これを両当事者の利得という観点からはパラフレーズすると，信義則の存在は，①訴訟費用その他のコスト（利得の低下）を確実に伴い，かつ，②最終的な納税義務への影響は不確実（確率的）である，ということになる。このことをモデルに組み込んでみよう。

---

(59)　金子・前掲注（3）租税法 87 頁（「納税義務の内容や徴収の時期・方法等について租税行政庁と納税義務者との間で和解なり協定なりをすることは許されない」）。学説で主に議論されてきたのは租税争訟における和解の可否であるが，金子『租税法』の記述の射程は紛争の場面に限定されないと思われる。

いま，納税者・課税庁にとっての①のコストを $a \cdot \beta$，②の信義則が適用される確率を ρ とおくと，{信じる，裏切り} という戦略の利得構造は，信義則のない場合の $(1, 3)$ から，改めて，$(\rho(3-a)+(1-\rho)(1-a)$，$\rho(2-\beta)+(1-\rho)(3-\beta))$ という形で表すことができる[60]。信義則が適用された場合には，余分なコスト a は伴うものの，納税者としては {信じる，遵守} に準じる利得を期待できる。

　例えば $0 < a < 1$，かつ $\rho = 1$ であれば，納税者は常に {信じる} を選択した方が大きな利得を得られることになる。逆に課税庁は，$\rho = 1$ のとき，{遵守} を選択した方が必ず利得が大きい（つまり，表示を反古にして課税処分をした結果，訴訟費用を費やした挙げ句，裁判所に信義則を適用されるので，β の分だけ損をする）。となると課税庁ははじめから {裏切り} を選択しないので，{信じる，遵守} が実現する（ということを納税者は予測するので，安心して {信じる} を選択できる。同様のことは $\rho = 1$ でなくとも，1に十分近い（ほぼ確実に信義則が適用されるであろうと予測できる）場合には成り立つ。これを要するに，信義則が適用されるだろうという予測が成り立つおかげで，課税庁自身は合法性の原則によって「合意」「約束」をする権限がないにもかかわらず，そのようなコミットメントを行う能力があるのと同じ結果が達成される，ということである（課税庁にとっても，必要なときに納税者に信頼してもらえることは利得であることに注意）。実際，通達を信義則適用対象となる「公的見解の表示」と見るかはともかく（後述するように，本稿筆者はこれを肯定する金子説を，機能主義的観点から支持するが），各種の通達のほとんどについて，納税者はそれを前提として行動し，課税庁は自らの表示通りに課税を行っている。通達は法規範ではなく，納税者や裁判所を拘束しないことは言うに及ばず，合法性の原則からすれば課税庁自身をも拘束しないはずであるのに，実際にはあたかも拘束力があるか

---

(60)　各当事者の利得式の第1項は確率 ρ で信義則が適用された場合，第2項は確率 $(1-\rho)$ で信義則の適用が否定され，表示に反する課税処分が維持された場合，をそれぞれ表現している。いずれの場合にも費用 $a \cdot \beta$ は発生することに注意。

のように機能しているのである（もちろん，大多数の場合には，通達が裁判所の目にも「正しい」法令解釈に沿っているがゆえに，通達の表示自体の拘束力が問題となることはないのであるが）。

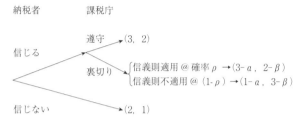

図2 納税者と課税庁の信頼ゲームと信義則の効果

※カッコ内の数字の組は（納税者の利得，課税庁の利得）を表す。

逆に，いわば「無理筋」で，信義則が適用されないことが予想される（$\rho \to 0$）ならば，納税者と課税庁の利得の期待値はそれぞれ（$1-\alpha$），（$3-\beta$）に近づく。それぐらいならば納税者ははじめからそのような無理筋な期待を持たずに｛信じない，ϕ｝という均衡を選んだ方がまだマシな利得が得られる，ということになろう。

つまり，いずれの場合にも，両当事者が正確に帰結を予想できるならば（$\rho \to 1$，または $\rho \to 0$），信義則は実際には発動されず，しかしその存在ゆえに，実現する均衡経路に影響を及ぼすことができる。本項冒頭で「均衡外経路（Off-the equilibrium path）としての信義則適用」と述べた所以である。

以上のモデルから，以下の2つの含意を引き出すことができる。

第1に，信義則の適用肯定事例がほぼ皆無であることは，信義則が無用の長物であることを意味しない。むしろそれは，現実に発動されないことによって，他にコミットメント手段を持たない[61]課税庁（さらには予想して合理的行動を選択する納税者）について，両当事者の期待を媒介してより

望ましい均衡を実現させるという，重要な機能を果たしている。むしろ，
信義則は発動されない場合に，その機能を最もよく発揮しているとさえ言
える。信義則が奉仕する予測可能性の保障とはこのような機能を果たす法
原理と捉えることが可能である。既に述べたところの繰り返しになるが，
信義則には，国と納税者を対等な相互信頼関係と捉えた上でクリーン・ハ
ンズの原則を求めるという（素朴な正義感に馴染む）議論とは別系統の議論
として，課税行政庁が提示した解釈指針を後で手のひら返しさせない／で
きないようにすることがもたらす機能的利点がある。このように信義則の
意義を理解した方が，例えばなぜ課税庁の誤った表示を信じて行った申告
行為のみでは信義則の適用要件をみたさないと金子先生が考えたのか，あ
るいは金子説に従えば[62]，従来の信義則の裁判例のほとんどが，信義則が
適用されなくてもやむなしと評価される事案（その中で異彩を放つのが文化
学院事件である）となることも，決して金子先生が信義則の適用を真摯に
捉えていないということではなく，むしろ金子説の「機能主義的な」信義
則理解からは首尾一貫したものとして理解できるのではないか。

　第2に，とはいえ実際には納税者によって信義則の適用がしばしば主張

---

(61)　なお，同種事例では通達通りに処理しているのに，特定の納税者に対してのみ異
　　なる処分を行う，という場合には平等原則により違法とされうるが，これは「同
　　種の処理から合理的理由なく逸脱しない」というコミットメント手段となってい
　　る。しかし本文の議論は，このような「大量反復的な同種事案」がない場合を想
　　定している。

(62)　例えば「公的見解の表示」のハードルとして，金子先生が「一定の責任ある立場
　　の者の正式の見解の表示のみが信頼の対象となると考えるべき」（金子・前掲注
　　(3) 租税法 145 頁）と述べる点をどう考えるか。納税者の（保護に値するような）
　　信頼それ自体を重視するのであれば，「税務『官庁』概念に着目し税務行政内部
　　の権限ないし責任の所在を重視するのではなく，権限・責任のある者による見解
　　の表示であるかの如き外観を呈しているかどうかを重視すべきであろう」（谷
　　口・前掲注 (33) 論文）という考え方の方が素直な立場のはずである。これに対
　　して，課税庁が「あえて」納税者の信頼を作出したい（コミットメント手段が必
　　要）場面に信義則が機能することを重視するのが金子説である，という本稿の仮
　　説からすれば，まさに「官庁」内部の論理で線が引かれることは，首尾一貫して
　　いることになる。

される(「均衡外経路」になっていない)ことをどう理解すればよいか。本稿のモデルからは,両当事者の信義則適用に伴うコストが大きすぎない範囲において,信義則適用の確率が中間的(どちらとも言えない)場合であることがわかる[63]。信義則が適用される場合,そうでない場合に比べると無駄なコスト($a + \beta$)が生じている。しかも,法令解釈が正面から争われる

---

[63] 信義則の主張が行われるのは|信じる,裏切り|の場面に限られるが,両当事者が合理的に行動した結果としてこの均衡が生じるのは,課税庁において|裏切り|の方が|遵守|よりも利得期待値が高く,それを踏まえてもなお納税者において|信じる,裏切り|の方が|信じない,φ|よりも利得期待値が高い場合に限られる。つまり,課税庁について,$\rho(2-\beta)+(1-\rho)(3-\beta)>2$ ゆえに $\rho<1-\beta$ が成り立ち,かつ,納税者について $\rho(3-a)+(1-\rho)(1-a)>2$ ゆえに $\rho>(1+a)/2$ が成り立つ場面である。これを図示すると,以下の網掛けの領域($a,\beta \leq 1/3$ かつ,$(1+a)/2 < \rho < 1-\beta$)でのみ,|信じる,裏切り|の均衡が出現し,信義則の適用が争われることになる。グラフが示すように,$a \cdot \beta$ が大きくなるほどに許容される ρ の範囲は狭くなる。

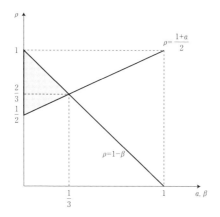

2点注意が必要である。第1に,ρ は実際には納税者・課税庁の主観的な確率であるので,両者において食い違うことがありうる。納税者にとっては ρ が大きいと(誤って)予測されるほど,課税庁にとっては ρ が小さいと(誤って)予測されるほど,各々がより大胆に|信じる||裏切り|を取りやすくなり,信義則の適用が争われる場面も生じやすくなる。第2に,モデルの設定時に述べたように,利得表の1~3の数値それ自体には意味はないので,以上の説明はあくまでも例証にとどまる。

場合（この場合も訴訟コストはかかるが，判決によって新たな法令解釈の産出（※情報＝不確実性の縮減）は社会にとってプラスの価値を持つ）とは異なり，信義則の適用場面では，正しい法令解釈は別に明らかになっているのだから，信義則の適用それ自体による新たな情報の産出はない。つまり，信義則は決して張り子の虎であってはならないが（それではコミットメント効果がない），実際に発動されてしまうのも機能主義的観点からは好ましくない。この点については，学説が信義則の適用場面を明確にすること，とりわけ「信義則に過大な期待を持たせないこと」が重要となる。金子先生が「初版」以来，信義則の適用範囲について，信義則の積極的な適用を是とする立場からすればともすれば狭きに失するような基準を立ててきたこと，その割に文化学院事件については教育上も理論上もかなり重視しているように見えること，はこのような観点からはすんなり理解できるのである。

（4）機能主義的に再構成された信義則の射程

本来であれば，このような観点から信義則の重要裁判例を再検討する作業がなされるべきところであるが，紙幅と時間の制約から，これについては将来の課題とせざるを得ない。ただ，本節に述べてきたことからすれば，（金子説をなぞるものでしかないが）以下のような方向性は示されるように思われる。

第1に，事実のみならず「見解」の表示についても，信義則の適用はある（タキゲン事件最判における宇賀補足意見）と考えるべきであろう。

第2に，「見解」についても，個別命題（文書回答事例等）ほど信義則の適用は肯定しやすい。通達については広狭様々でありうるが，一般命題であればあるほど，複雑な個別事情によっては妥当しないと判断せざるを得ない場面があろう。通達に反する課税の信義則違反が争われる事案の多くは，通達の限界事例のようなケースであることを考えると[64]，限界領域についてはむしろ納税者の信頼を期待しない，というのが課税庁の考え方であり，我々はそれを織り込んで行動すべきだ（少なくとも裁判所はそうしている），ということかもしれない。これは，課税庁にクリーン・ハンズを求

める考え方からすれば度し難い言明であろうが，本稿が金子説に読み込んだところの「信義則の機能主義的理解」からは，課税庁が納税者に提供し「信頼」を期待しているのは（いわば）「道の真ん中を通れること」への信頼だけである[65]，という読み方は，あながちおかしなものとも言えない。またこのように考えないと，課税庁限りで一般的な規範を定立することを許容することになってしまい，（適用場面での法理であるところの）合法性の原則はおろか，課税要件法定主義に反することになってしまう[66]。

　第3に，信義則とは別個に，納税者の信頼を保護する機能を持つ法理として，課税処分に対する国家賠償請求と，過少申告加算税の賦課を免除する「正当な理由」がある。後二者がいずれも，納税者の信頼の侵害，あるいは納税者が課税庁による適正手続を受ける権利（その中には，課税庁が職務上当然求められる注意義務を以て納税者の課税関係を処理すること，も含まれよう）の侵害に対する救済，という意味で釣り合いが取れている（本税の課税処分全体を無効とするのではなく，課税庁の任務懈怠に由来する損害額の回復，あるいは加算税の免除）。このように考えるときに，信義則違反の法的効果は「重すぎる」のであり，それが裁判所に信義則の適用を躊躇させている面もあるのではないか[67]。この点で金子先生が，信義則適用の要

---

(64)　ただしこの説明（典型的事例か限界事例か）では，匿名組合員が営業者から受ける利益の分配の所得分類について，旧通達を前提に行われた取引に対して，その後の新通達を適用して課税処分を行ったこと自体を適法とした最判平成27年6月12日民集69巻4号1121頁をうまく説明できないように思われる。浅妻・前掲注（12）民商553頁は，最高裁が課税庁の「見解」には信義則が働かないとしていたとすれば，納税者が主張した信義則の適用について沈黙していることを矛盾なく説明できる，と示唆する。引き続き検討したい。

(65)　もし行政部内の法令解釈の統一のみが目的であれば，秘密通達で構わないはずである。なお，通達の本来の役割は，納税者の信頼保護よりもむしろ，行政の個別判断が恣意に流れることを抑制することである，との指摘を研究会の席上で長戸貴之教授より頂いた。

(66)　したがって，本稿のような考え方からすると遥かに難物なのが，金子先生の行政先例法肯定論である。この点については，本論集所収の渋谷論文に譲る。

(67)　原田大樹・行政判例百選Ⅰ（第8版）43頁は，信義則適用の効果につき，様々な学説からの考察を要領よくまとめており，有益である。

件として納税者が信頼を元に経済的な行動をして，それゆえに損害を被ったことを要求していることが改めて注目されるべきである。金子先生が挙げている「ある団体への寄附が特定寄附金（所税 78 条）に該当し寄附金控除の対象となる，という表示を信頼して寄附をしたような場合」は，まさに税負担の予測が異なれば，当該経済的行為（この例で言えば寄付）そのものの合理性が覆る（その信頼が回復されないようであれば，それを観察する不特定多数の納税者にとっての，特定寄付金制度による誘導効果自体が損なわれる），という場面である。これに対して，申告行為における誤信は，いかに納税者に気の毒な事情があったとしても，法令に従って負担すべき税額を負担することになったに過ぎない。ここで（この善良だが不注意な納税者の）本税を免除することが他の納税者との均衡を失することは明らかであるが，それ以上に，このような納税者に本税を免除するという効果をもたらす機能的正当化根拠がないのである。

Ⅳ 結　　語

　紙幅と時間の制約のため，金子説の読み直しからの示唆を近時の裁判例に当てはめる検討を将来の課題とせざるを得なかったことは反省点である。それでも，信義則に関する金子説を再読し，今後の学説発展のための課題や示唆を引き出せることを示す，という意味では，本稿の企図は達せられたと考える。

金子租税法学の回顧と継承

権利確定主義はどこへ
——法人税法 22 条の 2 創設は何を変えたのか？

一橋大学教授　吉村　政穂

Ⅰ　問題の所在

　収益の年度帰属の時期に関しては，平成 30 年度税制改正により法人税法 22 条の 2 が創設されるまでは，特例となる規定（「別段の定め」）を除いて，法人税法それ自体は具体的なルールを提供してこなかった。法人税法が明文化されたルールを欠く中で，権利確定主義は，ある収益の獲得が課税適状な状態にあるか否かを判定するリーガルテストとしての位置付けを与えられてきた。後述のとおり，その重要性は金子宏教授の論文においてたびたび強調されるとともに，最高裁判決等に採用されるなど，法的な議論においてその地位が認められながらも，企業会計（実現主義）との関係においては，かえってその厳格さを批判され，課税実務において，実現主義の具体化という名目の下に，権利確定基準の置換えが当然視されるという捩れの状況にあったと言えよう。

　しかしながら，こうした状況は，企業会計分野において収益認識に関する会計基準[1]（以下「収益認識基準」という）が開発されたことによって一変

---

(1)　企業会計基準委員会「収益認識に関する会計基準（企業会計基準第 29 号）」（2018 年 3 月 30 日）。

する。従来曖昧であった実現主義[2]の内容が、履行義務の充足時点として定式化され、その客観性・画一性を高めるに至ったことは、企業会計の分野のみならず、(法人税法22条4項という導管を有する[3])法人税法にとっても大きな影響をもたらすことが予想された。その対応として、法人税法は、22条の2の規定を創設し、新しい収益認識基準の考えを取り入れる反面、明文規定によって収益の年度帰属ルールが具体化された限りにおいて、従来の権利確定主義は排斥されることになったように見える。

本稿では、権利確定主義をめぐるこれまでの議論を概観した上で、法人税法22条の2の規定が創設された意義を検証することを目的としている。特に、法人税法22条の2は会計との関係を接合するものか、それとも関係を切断するものとなっているのか、また企業会計との関係が再定義されたことによって新たに提起される問題にどう取り組むかを検証する必要があると考えている。

以下の構成は、次のとおりである。まず法人税法22条の2が創設されるまでの権利確定主義をめぐる議論を整理し(第Ⅱ章)、その上で、22条の2が創設されたことの意義を検討する(第Ⅲ章)。最後に簡単な結語を付す(第Ⅳ章)。

---

(2) 企業会計において、「売上高は、実現主義の原則に従い、商品等の販売又は役務の給付によって実現したものに限る」(企業会計審議会「企業会計原則」(1954年)第二(損益計算書原則)三 B)と宣明されていたものの、収益認識に関する包括的な会計基準は開発されずにいた。島田謡子「企業会計基準第29号『収益認識に関する会計基準』等の解説」季刊会計基準61号74頁(2018年)。

(3) 企業会計と法人税法の課税所得算定ルールがどのように結び付いているかについても、租税法学においては重要な研究課題であった。ここでは、その記念碑的な研究として、中里実『法人税の研究—租税法論集Ⅰ—』(有斐閣、2021年)第1部Ⅰ〔初出、「企業課税における課税所得算定の法的構造(1)~(5・完)」法学協会雑誌100巻1号50頁、3号477頁、5号935頁、7号1295頁、9号1545頁(1983年)〕を挙げておく。

II　法人税法22条の2創設までの議論

1　客観的なリーガルテスト（権利確定主義）と現実の企業経理という対比

　権利確定主義をめぐる議論に関しては，幅広い観点から検討を加えた植松守雄氏による力作[4]が1つの基準となることは間違いない。通達改正を跡付け，関連する論説や企業会計からの提言なども踏まえつつ，植松氏は，権利確定主義の内容は，①税務上の実際の収入金額計上基準の説明としても，または②税法の解釈としてあるべき原則としても，適当ではないと主張する[5]。曰く，①の点につき，国税庁通達の内容などから見て実態に合致していないと指摘し，②の点に対しては，税法上の具体的根拠を欠くとともに，解釈として適切な結論を導く基準にならないというのである。

　ここで指摘される権利確定主義と課税実務との乖離の背景には，それに先立って，権利確定主義の適用を「緩和」する必要があるという課税当局の問題意識と，それに基づいて通達の取扱いが整備されてきた積み重ねがあったように思われる。例えば，1960年代の改正（昭和42年度税制改正）を振り返った際に，細かい期ズレ否認への批判を受けて自主的経理の尊重を打ち出すに至った法人税法22条4項創設であったり，（所得税法ではあるが）青色申告者について一定範囲で現金主義を許容したりと，収益認識のタイミングを緩和することが実務上求められていたという立案担当者の認識[6]をその典型として挙げることができよう。

　考えてみると，こうした認識の前提としては，納税者の選択を抑制し，画一的な処理を要求する権利確定主義というイメージに実現主義を対比さ

---

(4)　植松守雄「収入金額（収益）の計上時期に関する問題——『権利確定主義』をめぐって——」租税法研究8号30頁（1980年）。

(5)　植松・前掲注（4）103-104頁。

(6)　塩崎潤ほか『所得税法の論理』（税務経理協会，1969年）89頁〔塩崎潤発言〕。

せる見方が設定され，その見方に立脚した，権利確定主義に対する一面的な評価が存在していたように思われる。その見方を代表するものとして，次のような記述を参照することができよう。

　　「権利確定主義といっても幅があるわけです。権利確定主義ということを厳格に考えれば契約締結等によって財産の所有権，商品の所有権が移る。その反面として債権が生ずる。その債権の中には当然売上利益というものが包含されるので，そこで権利確定時点をもって課税適状とするという考え方であると思います。」[7]

　　「実現主義ということば自体も抽象的なもので，なにを実現と見るかというのは，一義的に決まったものがあるわけじゃない。……やはりいろんな企業が，それなりの抽象的な理念のもとにおいて，それぞれ自分の選択する方法によって収益を計上しているのが現状です。」[8]

　言うなれば，会計基準の明確化・具体化が進んでいないことを前提として，実現主義の曖昧さを利用してきたのである。企業の会計処理を許容する方向で課税実務を動かすためには実現主義に依拠することが便宜であり，それが権利確定主義への批判を後押しするように機能したのではないか。もしこれが正しいとすれば，課税庁と納税者との紛争が生じた場面では，かえって何が正しい（＝法人税法上許容される）会計処理であるかを特定する機能が弱体化したと考えることができるのではないか。この文脈に権利確定主義を位置付けた場合，この紛争解決機能に焦点を当て，理論的解決の指針を与える試みが，権利確定主義を維持する論者の基礎を成していたと考えることができよう。

2　法的分析の洗練化に向けて

　金子教授は，権利確定主義に対する批判に次のような反論を加えていた[9]。そこで重視されたのは，訴訟の場面における解決に有益かという視

---

(7)　塩崎ほか・前掲注（6）90頁〔塩崎潤発言〕。
(8)　塩崎ほか・前掲注（6）94頁〔塩崎潤発言〕。

点であった。

　「権利確定主義は，現行所得税法の解釈基準として妥当性を失ってしまった，あるいは破綻してしまった，と考えるべきであろうか。それとも，それはなおも妥当性を維持していると解すべきであろうか。また，実現主義は，所得の年度帰属について権利確定主義よりも，より明確な基準を提供してくれるであろうか。」

　「筆者が法律学の専門家として問題としたいことは，この意味での実現主義が訴訟の場面において，法的分析の道具として十分に役立ちうるかどうかである。」[10]（傍線筆者）

　前述のとおり，権利確定主義に対する批判がその厳格さを嫌ったものであったとすれば，それへの反論は，法的分析の道具として権利確定主義を擁護しつつ，通達の引渡基準を包摂する試み（無条件請求権説）として提示されることは自然な流れであった。すなわち，金子教授は，「引渡が権利の確定ないし所有権の移転の最も明白で争いの少ない証拠であり，また税務行政にとって契約の効力発生または所有権移転の事実を最もよく把握しうる時点であるから，その時点をもって権利の確定ないし所有権の移転の時期と見なすのが執行上は最も安全で確実であるという理由によるものであって，権利確定主義を廃棄する趣旨を含むものではない，と解すべきである」[11]と述べ，引渡基準が権利確定主義と矛盾するものではないことを示すとともに，それを積極的に支持する理論的可能性として，無条件請求権説の可能性を提示していた[12]。

　しかしながら，こうして「執行上は最も安全で確実」という考慮によっ

───────────────

(9)　金子宏「所得の年度帰属——権利確定主義は破綻したか——」『所得概念の研究』（有斐閣，1995年）295頁〔初出，日税研論集22号3頁（1992年）〕。

(10)　金子・前掲注 (9) 295-296頁。

(11)　金子・前掲注 (9) 299頁。

(12)　金子・前掲注 (9) 300-301頁。その背景には，全事象基準の下で個別事案ごとに適切な解決を裁判所が提示する米国法のあり方が念頭にあったと思われる。米国法における所得の年度帰属論に関する最新の研究として，倉見智亮『課税所得計算調整制度の研究』（成文堂，2021年）参照。

て，通達が採用した引渡基準への歩み寄りを見せるアプローチは，仮説として示された無条件請求権説のように，およそ権利確定主義とは異なった要素の混入をもたらす可能性をはらんでいた。収入実現の蓋然性に注目する見解について，①収入実現の蓋然性があること，②それを客観的に認識できること，という２段階の審査として捉えるべきという指摘は，この点を正しく言い当てるものである[13]。ほかにも，理論的可能性として，権利確定主義は納税者（契約）によって対価に係る請求権の成立時期を操作される惧れを包含するものであり，その点を補うためにも，対価をはじめとした経済的利益に対する支配に注目した基準を導入すべきとの批判を許すことにもなった[14]。

3　裁判所の動向

　それでは，こうした議論状況に対して裁判所はどのように応じたのだろうか。いわゆる大竹貿易株式会社事件（最判平成 5 年 11 月 25 日民集 47 巻 9 号 5278 頁）において，最高裁は，法人税法 22 条 4 項の規定の存在に言及した上で，「ある収益をどの事業年度に計上すべきかは，一般に公正妥当と認められる会計処理の基準に従うべきであり，これによれば，収益は，その実現があった時，すなわち，その収入すべき権利が確定したときの属する年度の益金に計上すべきものと考えられる」と判断した。法人税においても権利確定主義が妥当することを認め，かつそれが一般に公正妥当と認められる会計処理の基準によって支持されると判断したものと理解される。

　もっとも，その直後に，最高裁は次のとおり述べ，基準は 1 つに限定さ

---

(13)　田中晶国「所得の年度帰属――収入実現の蓋然性とその客観的認識――」税法学 579 号 108 頁（2018 年）〔田中晶国『課税要件法の理論と課題』（成文堂，2022 年）所収〕。

(14)　田中治「税法における所得の年度帰属――権利確定主義の論理と機能」大阪府立大學經濟研究 32 巻 2 号 170 頁（1987 年），岡村忠生『法人税法講義〔第 3 版〕』（成文堂，2007 年）58-59 頁。

れるのではなく，納税者ごとに異なり得ること（自主的経理の尊重）を明らかにした。

「法人税法22条4項は，現に法人のした利益計算が法人税法の企図する公平な所得計算という要請に反するものでない限り，課税所得の計算上もこれを是認するのが相当であるとの見地から，収益を一般に公正妥当と認められる会計処理の基準に従って計上すべきものと定めたものと解されるから，右の権利の確定時期に関する会計処理を，法律上どの時点で権利の行使が可能となるかという基準を唯一の基準としてしなければならないとするのは相当でなく，取引の経済的実態からみて合理的なものとみられる収益計上の基準の中から，当該法人が特定の基準を選択し，継続してその基準によって収益を計上している場合には，法人税法上も右会計処理を正当なものとして是認すべきである。」

企業会計原則の下で，課税庁は実現主義を引渡基準として捉え，それが一般社会において定着している中で，それを具体化したものとしての通達（引渡基準）を許容する途を開くものであったと言えよう。最高裁は，実現を権利確定主義に引き寄せて理解した上で，同時に法人税法22条4項の趣旨を通じてその許容範囲を拡大するというアプローチによって，それを達成したのである。

もっとも，紛争解決に向けたリーガルテストという観点からは，ある一点を特定する必要がないのだとすれば，権利確定主義を採用することの意義は減じられることになる。その結果，納税者の選択を抑制する原理として，収益の帰属年度に関する基準から離れ，「法人税法の企図する公平な所得計算という要請」が外枠として設定されることになったと理解すべきではないか。

4 小 括

以上のとおり，権利確定主義をめぐる議論は，客観的なリーガルテスト

としての権利確定主義と現実の企業経理との乖離という対立軸が設定され，それぞれの論者が実務的な有用性を競ってきたように思われる。会計基準としての実現原則が曖昧な状況において，実務上の要請を建前として，権利確定主義の「緩和」が求められるとの批判に対して，金子教授は，理論面でも権利確定主義が維持し得ると主張していた。その基礎には，訴訟局面における基準として有用な法的枠組みを提示しようという動機があった。

　これに対して，裁判所は，大竹貿易株式会社事件最高裁判決において，権利確定主義の妥当性を認めつつも，法人税法 22 条 4 項の趣旨を通じて，取引の経済的実態に即した会計処理の選択を許容するという判断を示した。こうした議論の展開は，権利確定主義という基準の訴訟局面における意義を相対化させ，その代替として，「法人税法の企図する公平な所得計算という要請」を外枠として設定する方向性を採用する結果となった。収益認識に関する法的基準を確立せず，法人税法の観点から会計処理の選択範囲に枠をはめていく流れは，後の法人税法 22 条の 2 の創設に向けた議論の土台となっていくことになる。

Ⅲ　収益認識基準と平成 30 年度税制改正

1　収益認識基準の開発

　新たに策定された収益認識基準は，顧客との契約内容を評価し，別個の財・サービスの約束をそれぞれ履行義務として識別することを義務付けた上で，各履行義務を充足した時に，または充足するにつれて，取引価格のうち，当該各履行義務に配分した額について収益を認識することを求めている。

　収益認識基準の基本原則は，約束した財またはサービスの顧客への移転を当該財またはサービスと交換に企業が権利を得ると見込む対価の額で描写するように収益を認識することであり，その原則に従って収益を認識するために，次の 5 つの主要なステップが設定されている[15]。

① 顧客との契約を識別する。

② 契約における履行義務を識別する。

③ 取引価格を算定する。

④ 契約における履行義務に取引価格を配分する。

⑤ 履行義務を充足した時にまたは充足するにつれて収益を認識する。

特に注目すべきは、収益認識基準では、約束した財またはサービスを顧客に移転することにより履行義務を充足した時にまたは充足するにつれて、収益を認識すると定められたことである（収益認識基準17項）。そして財またはサービスが移転するのは、顧客がそれらに対する支配を獲得した時または獲得するにつれてであるとされている（収益認識基準35項）。このとおり、収益認識のタイミングが、財またはサービスを顧客に移転した時点とされ、対価等の収入に着目した基準とは異なる考えが採用されたことが明確に表れている。

2　法人税法22条の2創設

平成30年度税制改正では、こうした収益認識基準との整合性が強調され、収益認識に関する通則的な規定が導入された。すなわち、「内国法人の資産の販売若しくは譲渡又は役務の提供（以下この条において「資産の販売等」という。）に係る収益の額は、……その資産の販売等に係る目的物の引渡し又は役務の提供の日の属する事業年度の所得の金額の計算上、益金の額に算入する」と規定され、資産の販売等については、別段の定め（22条4項を除く）があるものを除き、収益の額は「その資産の販売等に係る目的物の引渡し又は役務の提供の日」の属する事業年度の益金の額に算入されることが明らかにされた（22条の2第1項）。収益の認識に関する通則的な規定を設けるに当たって、対価等の収入に着目した基準は否定され、引渡しまたは役務提供を基準として収益の帰属年度が決せられることになった。

---

(15)　島田・前掲注（2）76頁。

税制改正の解説は，この規定について次のような説明を与えている⁽¹⁶⁾。

「今回，収益認識に関する会計基準の導入を契機として，収益の額についての……定めが設けられたことにあわせて，収益の認識時期についても通則的な規定が設けられました。この際，<u>権利の確定といった対価の流入の側面に着目するのではなく</u>，上記の無償譲渡に関する論点や〔従来の〕収益の額についての考え方との整合性も考慮して，資産の引渡し又は役務の提供の時点を収益認識の原則的な時点とすることで，従来の『実現』や権利の『確定』といった考え方及び収益認識に関する会計基準における考え方とも整合的となる規定とされました。すなわち，資産の販売若しくは譲渡又は役務の提供による収益の額は，その資産の販売若しくは譲渡又は役務の提供に係る目的物の引渡し又は役務の提供の日の属する事業年度の益金の額に算入することが原則とされた上，従来の取扱いを踏まえ，一般に公正妥当と認められる会計処理の基準に従ってその資産の販売若しくは譲渡又は役務の提供に係る契約の効力が生ずる日その他の引渡し又は提供の日に近接する日の属する事業年度の確定した決算において収益として経理した場合には，その経理した事業年度の益金の額に算入することが明確化されました。」（傍線筆者）

なお，ここで言及される無償譲渡に関する論点というのは，最高裁判所が，法人税法 22 条 2 項について，「法人が資産を他に譲渡する場合には，その譲渡が代金の受入れその他資産の増加を来すべき反対給付を伴わないものであっても，譲渡時における資産の適正な価額に相当する収益があると認識すべきものであることを明らかにしたもの」（最判平成 7 年 12 月 19 日民集 49 巻 10 号 3121 頁）という理解を示したように，法人税法上，資産の販売等に係る収益の額は，現に受け取った対価の額ではなく，資産または役務の適正対価の額をもって認識すべきと考えられてきたことを指して

---

(16) 財務省「平成 30 年度税制改正の解説」271 頁（2018 年）〔藤田泰弘ほか執筆担当〕。

いる。

　認識されるべき収益の額を計算する基礎となる考え方を示したものであるが，これとの「整合性も考慮」された点が興味深い。すなわち，権利確定主義に対する批判のもう1つの系譜として，所得課税の観点を持ち出す見解が存在していたからである。

　　「権利確定主義やこれを補う管理支配基準には，根本的な誤りがある。それは，これらの考え方が，もっぱら対価，つまり，取引によって納税者に入って来たものに着目していることである。所得課税の観点からは，入って来た対価ではなく，譲渡された目的物や提供された役務，つまり，出て行ったものが着目されねばならない。その理由は，前述した清算課税説に見られるように，所得課税の基本的な考え方として，資産の譲渡に係る損益は，納税者の保有期間にどれだけの価値変動があったか，納税者がどれだけの価値を付加したかによって算定され，また，役務提供にかかる損益も，納税者がどれだけの価値のある役務を提供したかによって算定されるからである。そうでなければ，無償取引のように対価が観念できない取引をはじめ，現物出資や現物配当についても収益が発生することを説明できない。……収益の本源は，資産の譲渡や役務の提供という取引に求められるべきであり，したがって益金の年度帰属も，対価の収受や債権の成立とは無関係に，譲渡や提供という取引事実が認められた年度とされるべきである。」[17]

　所得課税の課税対象を画定する場面と収益の計上時期とが直線的に結び付くかは疑問があるものの[18]，「整合性」を高める1つの方向であること

---

(17)　岡村・前掲注（14）59-60頁。

(18)　例えば，収益の認識時期に関する実現主義について，「実現主義の内容をなす個々のコンベンションは，各種の類型の取引が行われた場合にどの段階でそれを帳簿に記載するのが妥当であるか，あるいは，各種の取引による収益をどの年度に計上するのが妥当であるか，といった実際的考慮や便宜に基づいて形成されてきたもの」という認識を前提に，こうした経済取引の要請に対応しようというのが権利確定主義の試みであったと評価できる。金子・前掲注（9）296頁参照。

は間違いない。さらに，上記解説は，「従来の『実現』や権利の『確定』といった考え方及び収益認識に関する会計基準における考え方とも整合的となる規定」とも触れている。これまでの議論を踏まえると，統一的な基準に基づいた整理よりも，法人税法が基礎とする多様な視点から収益認識基準（がもたらす結果）との調整を図った改正として位置付けるのが適当であると思われる。

3 小 括

収益認識基準の開発と法人税法22条の2の創設は，収益認識のあり方に重要な転換をもたらした。収益認識基準は，顧客との契約から生じる履行義務の充足に焦点を当て，財またはサービスの支配の移転をもって収益を認識する体系的なアプローチを確立した。これを契機に導入された法人税法22条の2は，資産の引渡しまたは役務の提供の時点を収益認識の原則的な時点とすることで，従来の対価等の収入に着目した基準から離れ，新たな通則的規定を設けた。

この改正の特徴は，収益の帰属年度に関する従来の議論枠組みとの整合性を図りつつも，無償譲渡に関する法人税法固有の論点や所得課税の基本的考え方との整合性をも考慮した点にある。すなわち，改正は単なる会計基準への追随ではなく，法人税法が基礎とする多様な観点からの調整を図った結果として理解することができる。

Ⅳ 結語——権利確定主義の今後の位置付け

以上のとおり，法人税法22条の2が設けられた後において，権利確定主義または実現が正面に論じられる範囲は大きく減ることになった。依然として，資産の販売等に該当しない，損害賠償請求権といった法定債権の取得については，従前どおり，支払いを受けるべきことが確定した日の属する事業年度において，その債権に係る収益の額を益金の額に算入するこ

とになると思われるが，権利確定主義の妥当範囲がこのように縮減された
と理解するのが適切なのだろうか[19]。

　権利確定主義が訴訟の場面におけるリーガルテストとして機能すること
を期待されていた以上，資産の販売等において会計基準が整備されたこと
に伴い，その限りで意義を失ったと考えることもできよう。つまり，法人
税法 22 条の 2 という制定法が創設された後も，権利確定主義に相当する
リーガルテストを探求する必要があるかという問いであれば，リーガルテ
ストとしての役割を期待される場面は限られることになる[20]。

　これに対して，実現（権利確定）によって所得が課税対象となるという
意味において，なお権利確定主義の理念が重要だという見方も成り立つ。
法人税法 22 条の 2 について，「判例や通達などで示されてきたこれまでの
扱いを明確にしたという性格をも持つ規定」として捉え，「変わったのは
会計原則の方であって，法人税法の考え方自体が大きく変わったわけでは
ない」という見方も可能である[21]。つまり，22 条 4 項によって新たな会
計基準の内容が法人税法を上書きすることを遮断するために設けられたの
が 22 条の 2 であり，その遮断の意義を捉えるためには，権利確定主義の
理念が重要ということになる。また，権利確定主義の実定法化として捉え
た上で，「これらの条文の解釈を検討するに当たっては，これまで論じら
れてきた権利確定主義の考え方が意義を失ったと考えるのは妥当ではなか
ろう」という見解[22]も検討に値する。

---

(19)　なお，実現の具体的内容が曖昧な時期に認められた自主的経理の尊重については，
　　　権利確定主義と同じく，妥当範囲が狭められることになった（22 条の 2 第 2 項）。
　　　前述のとおり，自主的経理の尊重が建前としての権利確定主義を採用したこと
　　　（または実現の曖昧さ）の反映であった以上，当然の結果であったと考えられる。
(20)　これは必ずしもネガティブなものではなく，「明文の規定がなかった権利確定主
　　　義は，これまでの理解であった実現主義と同義であるというある種の建前上の拘
　　　束を解かれて，純粋な契約に基づいて『権利が確定したとき』に益金の額を認識
　　　するというものになったといえる」という評価も可能であろう。宮崎裕士「わが
　　　国法人税法における収益認識—権利の確定と履行義務の充足の異同とは—（下）」
　　　九州情報大学研究論集 24 巻 43 頁（2022 年）。
(21)　渡辺徹也『スタンダード法人税法〔第 3 版〕』（弘文堂，2023 年）116 頁。

筆者の力不足から本稿では論じられなかったが，この見方の試金石となる具体的な素材として，デジタルマネー類似型ステーブルコインの発行時における課税がどうなるかを検討することは有益であろう。企業会計基準委員会は，電子決済手段の発行時の会計処理として，「本実務対応報告の対象となる電子決済手段を発行するときは，その受渡日に当該電子決済手段に係る払戻義務について債務額をもって負債として計上し，当該電子決済手段の発行価額の総額と当該債務額との間に差額がある場合，当該差額を損益として処理する」と整理している[23]。これに基づけば，発行時における電子決済手段の発行価額の総額と当該債務額との差額を損益として計上することが予定されているが，法人税法22条の2の適用結果として，このような会計処理を収益の額として受容し得るのだろうか。権利確定主義のみならず，同じくリーガルテストとしての位置付けを与えられている債務確定主義（引当金排除）との関係も問題となるであろう[24]。

　今後の具体的事例を素材としながら，権利確定主義の意義については引き続き検討していきたい。

---

[22]　酒井克彦「権利確定主義の事実上の終焉か（下）―法人税法上のグランドルールとしての債務確定基準と権利確定主義―」税務事例51巻1号5頁（2019年）。

[23]　企業会計基準委員会「資金決済法における特定の電子決済手段の会計処理及び開示に関する当面の取扱い（実務対応報告第45号）」（2023年11月17日）8項。

[24]　従来の議論においても，債務免除益との関係で，なぜ借入金が所得を構成しないのかは租税法学の一大論点であった。例えば，増井良啓「債務免除益をめぐる所得税法上のいくつかの解釈問題（上）・（下）」ジュリスト1315号192頁，1317号268頁（2006年），小塚真啓「債務免除益の法的・経済的性質と所得分類」租税研究795号74頁（2016年），藤間大順「消費者が享受した債務免除益にどこまで課税すべきか？―Raghavan（2023）を中心的な検討対象として―」税大ジャーナル36号59頁（2024年）参照。

金子租税法学の回顧と継承

国際人道税・国際連帯税の構想：地球規模課題と租税法学の空間的拡張

東京大学教授 神山 弘行

I はじめに

1 本稿の回顧対象とその意義

　金子宏名誉教授（以下，「金子宏」とよぶ）は，日本における租税法学の学術体系を確立されたのみならず，世界的にみて先駆的な提言をされていた。その一つが1998年に Tax Notes International 誌において提唱した国際航空券に対する国際人道税（international humanitarian tax）の構想である[1]。金子宏の温厚篤実な人柄が偲ばれる構想である。

　本稿では，金子宏の国際人道税の提案を題材に，Covid-19 のパンデミック経験を踏まえて，改めてその現代的意義と課題について検討を加えることとしたい。Kaneko (1998) を主たる対象としつつ，その後に 2010 年

---

(1) Hiroshi Kaneko, *Proposal for International Humanitarian Tax-A Consumption Tax on International Air Travel*, 17 TAX NOTES INTERNATIONAL 1911 (Dec. 14, 1998)〔以下，Kaneko (1998)〕，金子宏「国際航空運賃と消費税」税研 81 号 6 頁（1998 年）〔以下，金子 (1998)〕。金子宏は国際人道税を 10 年近く前から構想していたと記している（Kaneko (1998), at 1911）。1980 年代後半からの金子宏の知的営為と関係があるのかもしれない。金子宏の国際的交流については，本論集の増井論文を参照。

に公刊された金子宏の講演録[2]，金子宏が IMF 財政局税制担当課長ビク
トリア・ペリー氏と行った公開対談[3]，その他の小論[4]なども対象とする。

Kaneko（1998）が提唱した国際人道税を取り上げる理由は，次の3点に
ある。第1は，Kaneko（1998）は短いものであるが，国際航空券への消費
課税を国際人道目的の財源として利用することを金子が世界の先駆者とし
て提唱したものであり[5]，金子租税法学の国際的展開を示す重要な業績と
して後世に伝える価値があると考えるからである。第2は，感染症対策に
代表される地球規模課題を解決するための新たな財源として，国際航空券
への消費課税が有力な候補の一つと考えられる点である。2020年から
Covid-19の世界的拡大を経験した現代の人類社会にとって，国際的に普
遍性が高い公共目的（感染症対策などの国際的公衆衛生）のための財源のあ
り方について，法的理論枠組みのアップデートを試みることは有益であろ
う。第3は，Kaneko（1998）が租税法学に国家主権との関係で「課税権
（狭義の徴税）と歳出権（歳入の行使権）」の乖離という現象をどう整理する
べきかという難題を提示しており，この点を考察することは理論的にも興
味深いと考えるからである。

本稿は，次の点で，金子の国際人道税構想を紹介・分析する先行研究[6]
と異なる。第1は，Covid-19の経験を踏まえて，世界的な感染症対策（又
は国際的公衆衛生）の財源のあり方という観点から検討を加える点である。
第2は，Covid-19のパンデミックに代表される地球規模課題の対応につ

---

(2) 金子宏「IFA 韓国支部主催『中国・日本・韓国租税会議』におけるランチョン・
スピーチ」租税研究731号300頁（2010年）〔以下，金子（2010）〕。

(3) ビクトリア・ペリー＝金子宏「国際航空券税（国際人道税）等国際課税の問題に
ついて」租税研究724号66頁（2010年）〔以下，ペリー＝金子（2010）〕。

(4) 金子宏「国際人道税（国際連帯税）の提案」『租税法理論の形成と解明（下）』662
頁（有斐閣・2011年），金子宏「『国際人道税』のその後（上）（下）」税研197号
14頁，税研200号40頁（2018年）。

(5) *E.g.*, ALAN SCHENK & WEI CUI, VALUE ADDED TAX: A COMPARATIVE APPROACH, 224
(Cambridge University Press, 2nd ed. 2015). 同書 VIII. Proposal to Fund
Disaster Relief において Kaneko（1998）の主要部分が紹介・転記されている。

いて，地域間衡平の視点を織り込みつつ，行動経済学の知見も踏まえて，基礎理論の観点から検討を加える点である[7]。国際連帯税については政府税制調査会専門家会合（2010）の論点整理[8]が存在するところ，本稿では，紙幅の制約から，2010年以前の動向については概要の紹介にとどめることとしたい。

2　議論の背景：地球規模課題への対応と財源

公共財（public goods）について，増井（2010）は，その地理的広がりに応じて，①グローバル，②ナショナル，③ローカルの3段階に区分している[9]。②ナショナルな公共財の提供は中央政府が国税によって，③ローカルな公共財の提供は地方政府が地方税によって資金調達を行うことができるのに対して，①グローバルな公共財（地球環境破壊・国際的テロ行為・伝染病の広域感染）については，国際機関や非営利組織が提供するが，自前の資金調達手段を有していない[10]。その財源は，経済先進国からの拠出金やODA等に依って調達されてきた。従来のODAに加えて，革新的資金

---

(6)　金子の国際人道税に関する先行研究として，例えば増井良啓「国際連帯税」ジュリスト1413号42頁（2010年），伊藤悟「日本の国際連帯税導入への課題」札幌法学23巻2号13頁（2012年），兼平裕子「COP21パリ協定9条における資金問題と国際連帯税構想：課税権力としての租税の役割の変容および国内租税法との整合性」愛媛法学会雑誌43巻1・2号1頁（2016年），木村佳弘「わが国における国際人道税を巡る論点」桃山学院大学経済経営論集61巻1号37頁（2019年）参照。

(7)　コロナ禍における巨額の財政措置と財源を巡る世代間衡平の諸問題については，例えば，神山弘行「COVID-19と租税法：危機対応の財源と世代間分配」法律時報92巻12号94頁（2020年），神山弘行「租税原則と世代間衡平：国債管理政策の影響」法律時報94巻5号10頁（2022年），神山弘行「世代間衡平と租税法：租税・財政・社会保障」フィナンシャル・レビュー152号123頁（2023年）参照。また，租税法学の時間的及び空間的拡張の可能性については，神山弘行「租税法における時間と空間：研究ノート」論究ジュリスト37号232頁（2021年）参照。

(8)　政府税制調査会・専門家委員会「国際課税に関する論点整理」（2010年11月9日）。

(9)　増井（2010）・前掲注（6）42頁。

(10)　同上。

調達メカニズム（innovative finance mechanism）[11]によって追加的な資金調達が志向されることとなる。

3　本稿の構成と用語法

　本稿の構成は次の通りである。まず【Ⅱ】で，国際人道税に関する金子の構想を理解する。次に【Ⅲ】において，国際連帯税の展開について概観をする。【Ⅳ】では，国際連帯税の理論的基礎と課題，普通税と目的税の相克，行動経済学の知見を踏まえた目的税に関する理解更新，資金援助に関する法的課題について考察を加える。

　本稿では，「国際人道税」の用語を税収が国際社会（国際機関等）の歳入と観念され，国際社会（国際機関等）が使途を決める租税の意味で用いる。一方，「国際連帯税」の用語を税収が主権国家の歳入を構成し，各国が国際的支援に利用する租税の意味で用いることとしたい（この分類については，後述【Ⅱ 2】参照）。

　また，消費課税及び消費税の用語については，（個別消費税である旨の記述をしない限り）間接税型の付加価値税の意味で用いることとする。

Ⅱ　国際人道税の構想：金子構想の理解

1　Kaneko（1998）の構想

　国際人道税について，金子はどのような構想をしていたのであろうか。まず，①課税権の所在，②歳出の決定主体，③徴税主体の観点から検討を

---

(11)　UN（2024）によれば，革新的資金調達メカニズムに関して確立した定義は存在しないものの，「伝統的 ODA に加えて持続可能な開発のために追加的な資金を調達する財源及び仕組み」を含むものとして理解されている。United Nations, *Inter-agency Task Force on Financing for Development, Financing for Sustainable Development Report 2024: Financing for Development at a Crossroads*, 113 （2024）, *available at*, https://developmentfinance.un.org/fsdr2024.

してみる。

　金子 (1998) は「国際航空運賃に消費税 (付加価値税) をかけて，その税収を……犠牲者の救済の資金に充てたらどうかと考えてきた」[12]とした上で，国際航空に「低税率の消費税を課しただけで厖大な金額の税収が得られるはずである。それを目的税として，地域紛争の犠牲者の救済……に充てることは，きわめて人道的なことである」[13]と述べている。ここでは，基本構想についての提案が主眼にあり，①課税権の所在や②歳出の決定主体について，初期段階では必ずしも詳細に言及はされていない。

2　国際人道税の特徴

　金子の国際人道税構想の特徴を理解する上で，約 10 年後に IFA のランチョン・スピーチを記録した金子 (2010) の次の言及が手掛かりとなる。

【金子 (2010) から抜粋[14] (下線は筆者が付した)】

　「第 1 に，各国は，国際航空券の購入者に低い税率の消費税をかけることとし，その徴収は，旅行代理店その他の発券業者に，航空券の代金と一緒に特別徴収の方法で徴収してもらい，発券業者は 1 月単位または 2 月単位で徴収した税金を国の特別預金口座に送金する。

　第 2 に，国は集まった税金を 1 月単位又は 2 月単位で国連に送金し，国連はそれを人道目的の諸活動の費用に充てる。

　私の基本的発想は，国際航空運賃に対しては国際社会が課税権をもっているという考え方です。国際航空は各主権国家の領域外のことで

---

(12)　金子 (1998)・前掲注 (1) 6 頁。 Kaneko (1998) は "The revenues raised would go into an international fund dedicated to the relief of disaster victims." と表現している。Kaneko (1998), *supra* note 1, at 1911.

(13)　金子 (1998)・前掲注 (1) 6 頁。Kaneko (1998) は，"Therefore, as mentioned above, a modest tax on this base could also raise a correspondingly large amount of revenue. To use this revenue to help the victims of international disputes (perhaps for the removal of land mines as well) would be an important humanistic act." と表現している。

(14)　金子 (2010)・前掲注 (2) 300-301 頁。

すから，各国家はそれに対して課税することはできない，あるいは課税すべきではないと一般に考えられています。むしろ，それは国際社会の課税権の下にあると云ってよいでしょう。しかし，国際社会は，いまだに国家に匹敵するような統治組織をもっておらず，徴税組織ももっていないから，自らの手で航空運賃に対する租税を賦課・徴収することはできない。そこで，国家が国際社会の機関（代理人）として，国際社会に代わってそれを賦課・徴収しその税収を国際社会の中心的政治組織としての国連に送金する。

　フランスの制度は，国際航空券に課税し，その税収を発展途上国の救済に充てるという点で，発想は国際人道税に似ているのですが，国際人道税とは大きな相違があります。それは，国際人道税では税収が国際社会の収入となり，国連（たとえばユニセフ）がその使途を決め，その活動資金とするのに対し，国際連帯税では，各国の税収となり，各国が使途を決め，支出することです（フランスが他のヨーロッパの国と組んで税収をプールし支出する例もある）。その意味で，国際連帯税は伝統的国家主権タイプであるのに対し，国際人道税は国際社会タイプであるといえます。」

　金子（2010）では，フランスにおける国際航空券に対する課税（国際連帯税）〔後述【Ⅲ】参照〕と比較する形で，国際人道税の特徴を明確化している。まず，①課税権の所在については，国際連帯税は国家にあるのに対して，国際人道税は国際社会にあるとする。また②歳出の決定主体については，国際連帯税では各国の税収となり各国が使途を決定するのに対して，国際人道税では税収が国際社会の収入となり，国連等の国際機関がその使途を決めることとしている。なお，③徴税主体については，国際人道税では，国家が国際社会の「機関（代理人）」として賦課・徴収をすると述べている。これらの点を整理すると【表1】のようになる。

【表1：国際人道税と国際連帯税の差異】

	課税権の所在	歳出の決定主体	徴税主体
国際人道税	国際社会	国際機関	国家が国際社会の機関（代理人）
国際連帯税	主権国家	主権国家	主権国家

3　国際人道税と国際連帯税の比較

　金子（2018）は，国際人道税（ユニセフ型）とフランスで導入された国際連帯税（フランス型）を比較し，次の理由から，国際人道税の方が望ましいとの見解を提示する。その理由として，①フランス型の場合は旧植民地と旧宗主国の関係から支援先が旧植民地に偏る懸念がある点，②ユニセフは国際的 NGO との提携関係・協力関係にあり迅速・効果的な支援が可能になる点，③フランス型では国際連帯税の導入により従前の海外支援予算を削減される可能性がある点をあげている[15]。

Ⅲ　国際連帯税の諸構想とその展開

1　国際連帯税構想

　20 世紀後半から 21 世紀にかけて，どのような租税が国際連帯税として構想され，議論が展開してきたのか，概観することとしたい。

（1）トービン税

　広義の国際連帯税を，特定の国の歳出（国庫）を賄うためではなく，国境を越えた諸課題に対応するための財源を捻出するための新たな租税枠組みとするとしたら，Tobin（1974）の提案（トービン税）にその理念を見出すことができよう[16]。トービン税の目的は，為替相場の過度の変動を抑制することであり，貧困や感染症対策などの地球規模課題への財源捻出では

---

(15)　金子（2018）・前掲注（4）税研 200 号 40 頁。

(16)　James Tobin, The New Economics: One Decade Older, 83-93 (Princeton University Press, 1974).

ない。トービン税は，為替取引に高い税負担を課すことで，投機による過度な為替変動を抑止することが目的であった[17]。これは，租税という取引上の「摩擦（friction）」を高める手法と位置づけられる。

近年，地球規模課題に対応する財源として，通貨取引税が提案されることがある。これは，トービン税とは異なり為替取引を阻害しないような低税率——例えば，取引時にトレーダーが認識できない超低税率（0.001％未満）——で税負担を課すことなどが提案される[18]〔後述【Ⅲ 2 (3)】も参照〕。ここでは，租税は市場を通じた意思決定を歪めないよう，「摩擦」とならないことが想定されている。

一方で，コンピューターによる高頻度取引（HFT：high frequency trading）にとってはコストが嵩むことを含意するが，証券市場で議論が展開されている高頻度取引規制の流れと親和的ということになろう[19]。

（2）国際航空券税

2006 年に，開発のための革新的開発資金調達メカニズムに関する各種イニシアティブの促進等を目的として，フランス，チリ，ブラジル，スペインの主導で開発のための革新的資金調達に関するリーディング・グループ（Leading Group on Innovative Financing for Development）が設立された[20]。

フランスでは，既存の民間航空税に加えて 2006 年に国内・国際便に課税する航空券連帯税が導入されている[21]。当初，①国内便・欧州域内便の

---

(17) 山口和之「トービン税をめぐる内外の動向」レファレンス 63 巻 2 号 2，57 頁（2013 年）参照。
(18) 同上。外務省・SDGs の達成のための新たな資金を考える有識者懇談会「最終論点整理」7 頁（2020 年 7 月 16 日）https://www.mofa.go.jp/mofaj/files/100074604.pdf.
(19) 雨宮卓史「株式等の高頻度取引：EU の法制度と我が国の制度案」調査と情報 960 号 1 頁（2017 年）参照。
(20) Leading Group on Innovative Financing for Development, *available at*, https://www.diplomatie.gouv.fr/IMG/pdf/2021_12_-_leading_groupe_innovative_financing_en__web2_cle85adb2.pdf.

エコノミークラスは1ユーロ，ビジネスクラス及びファーストクラス[22]は10ユーロ，②国際線のエコノミークラスは4ユーロ，ビジネスクラス及びファーストクラスは40ユーロに設定された[23]。その後，2014年と2020年に増税がなされ[24]，【表2】のようになった[25]。ビジネスクラスの税率をエコノミークラスよりも高く設定している理由として，航空移動の需要弾性値（需要の価格弾力性）に応じた課税である旨が指摘されている[26]。

　税収は，フランスの特定財源とされた上で，途上国におけるHIV，マラリア，結核などの治療薬等を提供する国際組織であるUNITAIDに税収の90％が拠出され，税収の10％が予防接種のための国際的金融ファシリティであるIFFImに拠出されている[27]〔IFFImについては後掲【IV 3】参

---

(21)　政府税制調査会（2010）・前掲注（8）5頁。民間航空税は1987年に導入され，目的地までの距離に応じてフランス出発の国内・国際便に賦課されている。同上。

(22)　法律上は「すべての乗客が無料で利用できない機内サービスを追加料金なしで享受できる乗客」と「その他の乗客」と規定されている。France, Code général des impôts, Article 302 bis K, VI.-1. 本稿では，表記の簡便化のために，前者をビジネスクラス及びファーストクラスと，後者をエコノミークラスと表記した。

(23)　増井（2010）・前掲注（6）43頁。

(24)　法律第2013-1278号：2014年の財務に関する事項，第108条（France, LOI n°2013-1278 du 29 décembre 2013 de finances pour 2014, art.108, J.O., Dec.30, 2013., p.83)，法律第2019-1479号：2020年の財務に関する事項，第72条（France, Loi n° 2019-1479 du 28 décembre 2019 de finances pour 2020, art. 72, J.O., Dec. 29, 2019., p.92)。

(25)　2025年の予算法案（Finance Bill）において，①国内便・欧州域内便（欧州経済領域（EEA）を含む）のエコノミーは9.5ユーロ，ビジネスクラスは30ユーロに，②5,500km未満の飛行のエコノミークラスは15ユーロ，ビジネスクラス及びファーストクラスは80ユーロに，③5,500km以上の飛行のエコノミークラスは40ユーロ，ビジネスクラス及びファーストクラスは120ユーロに変更される旨の案が提出された。エールフランスWebサイト https://corporate.airfrance.com/en/news/airline-ticket-solidarity-tax〔最終訪問日2025年1月3日〕。

　　　上記法案は議会で採択されなかったため，2025年1月3日時点では従前の税率が適用されている。https://corporate.airfrance.com/en/news/airline-ticket-solidarity-tax-0〔最終訪問日2025年1月3日〕。

(26)　ペリー＝金子（2010）・前掲注（3）70頁〔ペリー発言〕。

(27)　増井（2010）・前掲注（6）43頁，外務省・前掲注（18）2頁参照。

照〕。

フランスの他に航空券への国際連帯税を導入している国として，韓国，
チリ，カメルーン，ニジェール，モーリシャス，マリ，マダガスカル，コ
ンゴ共和国があげられる[28]。

【表 2：フランスの国際連帯税の変遷】

	国内便・欧州域内便 （EEA を含む）	国際便
エコノミークラス	1 ユーロ（2006 年）	4 ユーロ（2006 年）
	1.13 ユーロ（2014 年）	4.51 ユーロ（2014 年）
	2.63 ユーロ（2020 年）	7.51 ユーロ（2020 年）
ビジネスクラス ファーストクラス	10 ユーロ（2006 年）	40 ユーロ（2006 年）
	11.27 ユーロ（2014 年）	45.07 ユーロ（2014 年）
	20.27 ユーロ（2020 年）	63.07 ユーロ（2020 年）

〔出典：増井（2010）・前掲注（6）43 頁，表 2 をもとに加筆修正〕

（3）金融取引税

フランスは，2012 年に国際連帯税として金融取引税（financial
transaction tax：FTT）を導入している[29]。課税対象はフランスに本社のあ
る時価総額 10 億ユーロ以上の大手企業の上場株式の取得，ヘッジ目的以
外のソブリン（国債）の CDS（クレジット・デフォルト・スワップ）の取得，
高頻度取引である[30]。税率は株取引が 0.2％，高頻度取引と CDS 取引が
0.01％に設定され，2017 年には株取引への税率が 0.3％に引き上げられ
た[31]。フランスでは，当初，FTT の税収の 10％が，2016 年以降は税収の

---

(28) ThinkWell Institute, *Innovative Financing Mechanisms for Health: Mapping and
Recommendations*, at 47（2020）；グローバル連帯税フォーラム Web サイト
http://isl-forum.jp/archives/129〔最終訪問日 2025 年 1 月 5 日〕。
(29) 山口・前掲注（17）47-48 頁。
(30) 山口・前掲注（17）53 頁。なお，フランスの FTT は売却時には課税されない。
(31) Gunther Capelle-Blancard, *The taxation of financial transactions: An estimate of
global tax revenues*, Centre d'Economie de la Sorbonne Working Papers, CES
WP n° 2023.09R, at 7（2023）.

25％が開発援助に配分されている[32]。

2　日本における議論状況

（1）政府税制調査会専門家委員会の論点整理

　日本では，2010年に政府税制調査会の専門家委員会である国際課税小委員会における「国際連帯税を巡る国際的な動向の整理等」において調査及び検討がなされている[33]。そこでは，国際連帯税を次のように整理した上で，検討が進められた[34]。

　　　「1990年代に金子宏東京大学名誉教授が提唱した国際人道税は，国際航空運賃に定率で課し，各種の紛争による飢餓や障害に苦しんでいる人々を救援するという人道支援のために，その税収を国際機関に直接拠出するもの。国際航空運賃に課税する根拠は，国際航空運賃に対しては付加価値税が課されておらず，国際航空と国内航空との間に課税の中立性が確保されていないことから，これを是正するというものであった。」[35]

　その後，2012年の社会保障の安定財源の確保等を図る税制の抜本的な改革を行うための消費税法等の一部を改正する等の法律7条7号において，「国際的な取引に関する課税については，国際的な租税回避の防止，投資交流の促進等の観点から必要に応じて見直すとともに，国際連帯税について国際的な取組の進展状況を踏まえつつ，検討すること」と規定された。

（2）税制改正要望

　外務省は，2010年度（平成22年度）から2020年度（令和2年度）の税制

---

(32)　Gunther Capelle-Blancard, *The Financial Transaction Tax: A Really Good Idea*, Scientific Advisory Board Review, 28 (2017), *available at*, https://www.amf-france.org/sites/institutionnel/files/2020-02/201710_etude_ttf_va.pdf.

(33)　政府税制調査会（2010）・前掲注（8）。

(34)　日本の政治過程における国際航空連帯税の動きについては，木村・前掲注（6）44-54頁参照。

(35)　同上・3頁。

改正要望において連続して国際連帯税（国際貢献税）の新設要望を提出していた[36]。なお Covid-19 の世界的拡大を受けて，2021 年度（令和 3 年度）税制改正要望以降は，新設の要望は中断されている。

一方で，国土交通省の税制改正要望に関して，観光先進国の実現に向けた観光基盤の拡充・強化を図るための財源を確保する観点から，国際観光旅客税が，2018 年度（平成 30 年度）税制改正で導入され，2019 年 1 月 7 日以降の国際観光旅客等の出国 1 回につき 1,000 円が課されることとなった。

（3）革新的資金調達手法の模索

◆ 外務省有識者会議における最終論点整理

2019 年に，日本が開発のための革新的資金調達リーディング・グループ（Leading Group on Innovative Financing for Development）[37]の議長国となったことなどを背景に，外務省において「SDGs の達成のための新たな資金を考える有識者懇談会」が設置され，2020 年 7 月に「最終論点整理」が公表されている（以下，「最終論点整理」とよぶ）[38]。そこでは，まず（A）租税等として，(1) 出入国時の課税，(2) 旅券・査証を財源とする措置，(3) 金融取引税（株式・債券取引及び為替取引への課税），(4) デジタル課税が検討され，(B) 民間資金動員を促す措置として，インパクト投資の促進，SDGs 債券投資の促進，ブレンディッド・ファイナンスの活用，休眠預金の活用が検討されている。

ここで，租税等に関する上記 4 候補について，若干の考察を加えることとしたい。なお，上記の最終論点整理は，短期的には（B）民間資金動員を促す措置の実現に期待を寄せており，（A）租税については様々な制約

---

(36) 2010 年度（平成 22 年度）から 2015 年度（平成 27 年度）までは「国際連帯税の新設」として，2016 年度（平成 28 年度）以降は「国際連帯税（国際貢献税）の新設」として要望を提出している。

(37) 66 ヶ国及び主要な国際機関（UN, Worldbank, OECD, WHO, UNICEF, GAVI），著名な慈善財団（Bill & Melinda Gates Foundation, Rockefeller Foundation）が参加しており，常設事務局はフランス外務省に設置されている。

(38) 外務省・前掲注（18）。

から短期的な実現ではなく，中長期的な展望として検討を加えている。

◆ 出入国時の課税

まず，出入国時の課税について，最終論点整理は課税根拠として「国際旅客は短期間での感染症拡大等の形で人々の健康及び国内経済に大きな打撃を与え得ることから，国境を越えた人の移動への課税による税収を国際的な感染症予防対策の支援に充てるといった形で使途を明確化することには一定の合理性がある」[39]と述べている。既に出国税が導入されていることから，出国時に二重の経済負担を求めることが困難であるとすれば，「入国時」に一定の税負担を求めることが選択肢として考えられるかもしれない。

なお，出国時に複数種類の経済的負担を課すこと自体が法的に禁止されているとまでは考えられないであろう。すなわち，同一税目を1回の国際的移動に対して「2度」賦課することは租税法律主義との関係で違法と評価されるが，「同じ課税客体に異なる税目」——国際観光旅客税と国際連帯税——を賦課すること自体は直ちに禁止されていないと解されよう。

憲法29条が規定する財産権の保護[40]との関係で重要な点は，経済活動に対する形式的な「課税の回数」ではなく，実質的な「課税負担の水準」という点ではないだろうか。例えば，国際観光旅客税を1回1,000円から1,500円に増額する場合【状況 a】と，国際観光旅客税1,000円に加えて国際連帯税500円を追加する場合【状況 β】を比較すると，1回の国際的移動という行為に対して状況 a でも状況 β でも経済的負担の水準（すなわち，財産権に対する侵害の程度）は同じということになる。

一方で，「課税の回数」自体が問題になる局面も考えられる。行動経済学におけるプロスペクト理論（prospect theory）が提示する価値関数の形

---

(39) 外務省・前掲注（18）5頁。
(40) ここでの財産権は，特定の個別財産に対する財産権という意味ではなく，納税者の税引後の消費可能額（可処分消費）——換言すれば「消費の自由」の確保——を念頭に議論している。この点については，渕圭吾「憲法の財産権保障と租税の関係について」法学新報123巻11号17頁（2017年）参照。

状が一定割合の納税者の現実の行動様式を描写している場合,「課税の回数」が問題になる可能性がある[41]。納税者が,利得よりも損失を最大評価する損失回避性（loss aversion）の傾向を有し,同時期に賦課される名目が異なる租税を「異なる負担」として認識する場合【状況 β】,単一税目を一度課される場合【状況 α】よりも相対的に重い負担と感じる可能性が高まるかもしれない。この点に関する実証研究の蓄積が待たれる。

　なお,国際航空券等の予約時及び発券時に,「航空券代〇〇円＋空港諸税・燃油費等〇〇円」という表記になることが多い[42]。購入者が空港諸税・燃油費等の内訳を毎回確認しないのであれば,【状況 α】に近いということになろう。

◆　旅券・査証を財源とする措置

　次に,旅券・査証を財源とする措置として,最終論点整理は①旅券の発給に必要な行政手数料に上乗せする方式,②行政手数料に税を課す方式,③デザイン旅券を導入し,デザイン旅券選択者に寄付の名目で追加的費用を課すことで財源を捻出する方式,④寄付を募った上でSDGsシールのような品物を寄付者に付与する方式が考えられるとする[43]。その上で,最終論点整理は,上記手法の課題及び懸念点として,行政手数料は受益と負担の関係から説明が困難である点,行政手数料への課税は憲法22条の移転の自由（渡航の自由）への侵害の有無,在外公館における徴税行為という公権力の行使の国際法上の位置づけ,旅券発行手数料への課税は徴収対象

---

(41)　神山弘行「租税法と『法の経済分析』〜行動経済学による新たな理解の可能性〜」金子宏編『租税法の発展』322-325,329頁（有斐閣・2010年）参照。

(42)　例えば,日本航空や全日空の予約webサイトでは,空港諸税・燃油費等の内訳を別途表示することは可能である。2025年3月の全日空の羽田＝ニューヨーク便の往復では,税金・料金等として合計「66,370円」が計上されている。内訳は,旅客サービス施設使用料2,950円,国際観光旅客税1,000円,SEPTEMBER 11TH SECURITY FEE 850円,TRANSPORTATION TAX 6,740円,動植物検疫使用料570円,空港施設使用料690円,入国審査料1,070円,税関審査料1,100円,燃油特別付加運賃50,000円,航空保険特別料金等航空会社が定める料金1,400円となっている。

(43)　外務省・前掲注（18）6頁参照。

が日本人のみとなり地球規模課題解決の目的の税の範囲として適切かという点を指摘している[44]。

この点，徴収金額が数百円と低額であれば，海外渡航時に負担する各諸税との比較から，渡航の自由の侵害に当たるとは考えづらいのではないだろうか。

◆ 金融取引税

金融取引税に関して，最終論点整理は，株式・債券取引税について，市場取引を歪めることから望ましくないと評価した上で，為替取引税は，為替取引がクロスボーダーであることから，「各国が歩調を合わせて国際社会の共通目標であるSDGs達成のための資金調達」[45]と整合性があるとする。また，税率をトレーダーが取引時に認識できない水準（元本金額の0.001％未満の超低税率）に設定することが提案されている。具体的には，米ドル／円取引が下3桁目までのレートで意思決定がなされているところ，取引決済時に下4桁目のところで為替取引税を課すことで意思決定への歪みを最小限にできるというのである[46]。全世界の為替取引に，各国が協調して課税ができる場合，0.0001％の税率の場合は年100億円程度の税収が見込まれるとする[47]。

◆ デジタル課税

デジタル課税については，OECDでの第1の柱，第2の柱に関する議論が錯綜していた時期でもあり，最終論点整理は「現時点でデジタル課税の税収を国際貢献に向けるという方向性を打ち出すことは時期尚早といえよう」[48]としている。

───────────────────

(44)　同上・6頁。
(45)　同上・7頁。
(46)　同上。
(47)　同上。為替取引税を日本が単独で導入すると，為替取引の実行場所をシンガポール等の他拠点に移管されてしまう可能性があるため，同時間帯に存在する主要な取引拠点であるシンガポール，香港，オーストラリア，ニュージーランドが協力する必要性も指摘されている。同上。
(48)　同上・8頁。

IV 考　　察

1　国際連帯税（国際航空券税）の正当化と課題
（1）目的と使途

　国際連帯税を一般会計ではなく，目的税（earmarking tax）や特定財源（以下，「目的税」とよぶ）として構想する場合に，幾つかの課題が生じる[49]。目的税は，①財政の硬直化や②歳入超過の際に資源が浪費されることなどが指摘される[50]。

　SDGs 達成のための資金ギャップは，コロナ禍を経て拡大し，年間 4.2 兆ドルと試算されている[51]。開発支援なども含めると範囲が広範になる。仮に目的税とする場合の使途については，人の安全分野では，ワクチン支援の費用対効果が高いと考えられることから[52]，限られた財源をワクチン支援に充てることは一定の合理性があろう。

（2）基礎となる考え方

　国際連帯税の賦課を基礎づける考え方としてどのようなものがあるのであろうか。

　第 1 は，消費税の非中立性の是正である。現在の消費税法の下では，国内航空券（付加価値税あり）と国際航空券[53]（付加価値税は輸出免税）で非中立的な構造になっている[54]。国内航空券は，付加価値税が課される分，相

---

(49)　ペリー＝金子（2010）・前掲注（3）72 頁〔ペリー発言〕。

(50)　櫻井真司「決算から見た目的税・特定財源の課題〜道路以外の特定財源にも見直しの余地はあるか？〜」立法と調査 286 号 66 頁（2008 年）。日本でも，道路特定財源による不適切な支出などが問題となった。同上・76 頁。

(51)　United Nations, *Financing for Sustainable Development Report 2024*, at 2-3 (2024).

(52)　*See, e.g.*, Michael Kremer, Jonathan D. Levin & Christopher M. Snyder, *Advance Market Commitments: Insights from Theory and Experience*, 110 AEA Papers and Proceedings 269 (2020)；ビル＆メリンダ・ゲイツ財団 Web サイト https://www.gatesfoundation.org/our-work/programs/global-development/immunization〔最終訪問日 2025 年 1 月 3 日〕。

対的に不利になっており，国際航空券に「付加価値税相当額の負担」を課すことで税制の中立性を回復することにつながる可能性がある。例えば，日本国内の居住者が沖縄旅行（国内航空）とグアム旅行（国際航空）を比べると，航空券だけでみると相対的に「国内旅行が不利」，「海外旅行が有利」となっている。内需（国内旅行とそれに伴う消費）の拡大の観点からは，中立性を回復する方向性は望ましいのではないだろうか。

　第2は，国際航空による人の移動と感染症拡大の関係である。仮に，国際連帯税をワクチンに使途を限定する場合，航空機による移動が短期間で疫病を世界各地に容易に伝播させる恐れが高いのであれば，予防措置にかかる費用を負担してもらうという考え方もできよう[55]。人類が2020年から直面したCovid-19は記憶に新しい。また，感染力が高いはしか（measles）やポリオに対するワクチン接種などもこの考え方と親和的であろう。

（3）課　　題

◆ 仕向地原則との関係

　国際航空券に消費税（付加価値税）を課す場合，「仕向地原則」（輸入時課税，輸出時免税）との関係が問題となる[56]。各国とも国際航空券には入国・出国の双方を免税扱いとしているため，無課税状態（税の真空地帯）になっている。国際的に「出発国」又は「最終到着国」のどちらか一方の国が，間接税を賦課できる旨の国際的調整又は合意をすれば二重課税は発生しないと考えられる[57]。

---

(53)　法令上，「国内取引」であるが「免税（ゼロ税率）」対象となっている（後述【Ⅳ 1（3）】参照）。

(54)　ペリー＝金子（2010）・前掲注（3）68頁，金子（2010）・前掲注（2）301頁。政府税制調査会（2010）・前掲注（8）4頁。

(55)　次のパンデミックに備えるDZF（Day Zero Pandemic Financing Facility for Vaccines）の枠組みは，健康安全保障の考え方に立脚している（後述【Ⅳ 3（1）】参照）。

(56)　Schenk & Wei, *supra* note 5, at 223, 268.

(57)　ペリー＝金子（2010）・前掲注（3）69頁。

そもそも国外取引であれば，消費税法の建付けとして，課税を行えないことになる。日本の消費税法の内外判定基準では，日本発着の国際旅客は「国内取引」とされる（消費税法4条3項2号，同法施行令6条2項1号）。これは輸出免税として仕入税額控除を認めることと整合的に設計されている（消費税法7条1項3号）。

EUにおいても国際旅客はゼロ税率（免税）になっている[58]。欧州委員会のConsultation Paperでは，距離に応じた課税は困難なので，出発地に課税権を付与する旨が提案されている[59]。

国際航空運送協会（International Air Transport Association: IATA）は，国際航空券の非課税について，「国際航空輸送および関連サービスは，いかなる課税管轄権の外において最終消費者に提供される。このため，課税国で購入されたサービスや供給品に対して支払われた付加価値税（VAT）は，ゼロ税率として全額返金されるべきである」[60]との立場を表明している。

しかし，国際航空券への付加価値税は，本質的な免税ではなく，調整問題が処理されていないため課税できていない状況と捉えることが可能であろう[61]。そうであれば，国際的合意を形成した後に，各国が法令改正で対応することで課税ができることになる（国内法の技術的対応としては，消費税法7条1項3号の改正が最も簡便であろう）。

◆ 消費と事業の区別

別の問題として，消費と事業の区別という問題がある。消費税（付加価値税）においては，仕入税額控除の対象となるか否かの判断が難しくなる。ただし，同様の問題は国内航空券についても生じていると考えられるため，国際航空券に特有の問題ではない。

---

(58) Council Directive 2006/112/EC, Art. 146 (1) (e), 2006 O.J. (L 347).

(59) SCHENK & WEI, *supra* note 5, at 223.

(60) IATAWeb サ イ ト https://www.iata.org/en/programs/airline-distribution/taxation/vat-sales-taxes/〔最終訪問日 2025 年 1 月 3 日〕.

(61) 政府税制調査会（2010）・前掲注（8）4 頁参照。

なお，金子案では，付加価値税ではなく，次善の策として個別消費税として賦課した上で，法人の損金計上を認める方式も提案されている[62]。

◆ 受益と負担の関係？

　国際航空券への課税に対して，「受益と負担の関係が不明確」との批判がある[63]。租税は「特定の給付に対する反対給付ではなく，公共財・公共サービス提供のための財源を確保するために私人に課する金銭給付」[64]とされてきた。そもそも，利用料等とは異なり，租税の場合には一般財源として賦課徴収されるのであれば，特に受益と負担の関係を求められることにはならない。

　使途が特定された目的税として賦課徴収される場合に，導入時に，納税者への説明の観点から受益と負担の関係について重要視されることが考えられる。これは，法的な要請というよりも立法過程における正当化要素ということがいえよう。受益と負担の関係については，使途と密接不可分に関係する。この点については，次の【Ⅳ 2】及び【Ⅳ 3】で改めて検討することとしたい。

　受益と負担の関係が不明確であると，新税の導入や既存の税制改正（増税）ができないということは，政治プロセスにおいてはともかく，（裁判規範を念頭に置くと）法的な要請とまではいえないであろう[65]。

◆ 航空業界への影響

　国際航空券への課税について，航空業界への影響が問題となりうるが[66]，国際航空券税の影響の定量的検証は可能かという点が別の問題として惹起

---

(62)　ペリー＝金子（2010）・前掲注（3）71頁〔金子発言〕。
(63)　河口雄司「航空における新税導入の動き」運輸と経済77巻3号123，129頁（2017年）。
(64)　金子宏『租税法〔第24版〕』9頁（弘文堂・2021年）。
(65)　最高裁判例において，租税立法について立法府に広範な裁量を認めており，合憲性の推定が働くとされてきた。最大判昭和60年3月27日・民集39巻2号247頁参照。
(66)　*E.g.*, Michael Keen & Jon Strand, *Indirect Taxes on International Aviation*, IMF Working Paper WP/06/124（2006）.

されることになる。

　また，航空会社は，着陸料，使用料，航空機燃料税を負担しているとの
批判もある。しかし，航空会社は，利用者にこれらの負担を転嫁している
であろうし，使用料等は空港等の整備に利用されているため利用対価の側
面があろう。

2　普通税と目的税の相克
（1）普通税と目的税

　租税法・財政法分野では，一般に目的税や特定財源[67]の理論的な正当
化は難しいと考えられてきた。その理由として「目的税および特定財源は
……多用すると，財政の統一的運営を困難にし，また財政の硬直化の一因
となるから，それを用いることには慎重でなければならない」[68]旨が有力
に指摘されている。

　目的税とする場合には，「使用料・保険料・負担金」と「租税」の相違点
も勘案しつつ，「何故，特定の目的（SDGs）のために『租税』によって資
金を調達する必要があるのか」という正当化根拠を慎重に検討する必要性
があろう。

---

(67)　目的税と特定財源は厳密には異なるが，特定事業の財源に充てられる限りにおい
　　て，特定財源は実質的に目的税と異ならないと解されている。金子・前掲注
　　(64) 18頁。
　　　また，吉村（2008）は，「目的税ないし特定財源に価値を見いだそうとする機能
　　的分析からは，結びつけられた歳入歳出の前提として，受益・負担という関係が
　　存することは求められない」とした上で，応益性が強調される意味として「実質
　　として租税ではないとのフィクション，または特別会計の整理合理化にあたって
　　再認識された受益と負担の牽連性というロジックは，立法者がある歳出を否定す
　　る場合に，その歳入の課税根拠を（政治的に）失わせるという意味において，立
　　法の裁量に対する（弱い）拘束として機能している可能性も否定できない」旨を
　　指摘する。吉村政穂「特定財源―受益と負担の牽連性は必要か」ジュリスト1363
　　号10, 15-16頁（2008年）。
(68)　金子・前掲注 (64) 18頁。

（2）日本の新税と特定財源

　21 世紀に日本で導入された新税として，国際観光旅客税と森林環境税がある。国際観光旅客税は，特定財源化の法制（外国人観光旅客の旅行の容易化等の促進による国際観光の振興に関する法律の一部を改正する法律）とセットで導入されている[69]。

　また，2024 年から賦課されている森林環境税は，森林環境譲与税（2019年から 2023 年は譲与税特別会計における借り入れ）として使途が特定されている[70]。森林環境譲与税は，市町村及び都道府県に譲与され，市町村は森林整備及び森林の整備促進等に関する費用[71]に，都道府県は森林整備を実施する市町村の支援等に関する費用に充てることとされている[72]。使途の透明性を高める観点から，市町村及び都道府県は森林譲与税の使途についてはインターネットその他適切な方法により公表することが，法律上，義務づけられている点に特徴がある[73]。

　近年の新税が特定財源として導入されている背景には，どのような要因が考えられるのであろうか。一つの仮説として，国民の理解を得るために，ペイアズユーゴー（pay as you go）の考え方が暗黙の前提として存在している可能性が考えられる[74]。そこで，次に新税の導入や既存税目の増税の

---

(69)　財務省『平成 30 年度税制改正の解説』1006 頁（2018 年）は，次のように述べている。「国際観光旅客税は，個別の法律で使途が規定されているという意味において，特定財源に該当します。他方，課税根拠となる税法上その使途が特定されているいわゆる目的税には該当しません。」（下線部は筆者が付した。）https://www.mof.go.jp/tax_policy/tax_reform/outline/fy2018/explanation/index.html.
(70)　森林環境税及び森林環境譲与税に関する法律 27 条。
(71)　同法 34 条 1 項。
(72)　同法 34 条 2 項。
(73)　同法 34 条 3 項。
(74)　伊藤孝一「国際観光旅客税の創設について」ファイナンス 2018 年 8 月号 21 頁は，次のように述べている。
　　　「今回，観光財源の確保という課題に対して，観光庁による主体的な検討の後，財務省も連携して，新税の創設という答を出した形となりました。ペイアズユーゴーの考え方は，厳しい財政状況を反映し，平成 30 年度税制改正で同じく創設が決定された森林環境税（仮称）にも見られます。」（下線は筆者が付した。）

場合に，租税の目的税化や特定財源化が，納税者の認知にどのような影響を与えうるのかについて，導入的な検討を加えることとしたい。

（3）目的税の行動経済学的理解

◆ Hemel & Porter（2022）以前の議論

租税を一般財源として賦課徴収するよりも，目的税として（特定財源のために）賦課徴収することは，当該租税への支持を高める可能性又は理論的仮説[75]は従前から提示されてきたが，支持を集めるための具体的な条件は不明であった[76]。

目的税については，①納税者が税金の使途を正確に知っている場合に，租税が受容されやすいという「顕著性」による説明，②利益団体による支持という公共選択論（public choice theory）による説明，③将来の主流派による予算配分プロセスの変更から，現在の主流派が望ましいと考える使途に予算を確保するという説明が展開されてきた[77]。

◆ Hemel & Porter（2022）の実験

これに対して，Hemel & Porter（2022）は，消費者行動における行動経済学の先行研究[78]を租税に拡張する観点から，目的税の税収源が税収の使途と「合致」している場合に最も支持を集めるとの仮説を立て，実験を通じて検証している[79]。上記①の顕著性の視点は指定された支出の人気に注目し，上記②の公共選択論は利益団体間のコストと利益の分配に着目しているのに対して，Hemel & Porter（2022）は，課税される対象とその

---

(75) *E.g.*, James M. Buchanan, *The Economics of Earmarked Taxes*, 71(5) JOURNAL OF POLITICAL ECONOMY 457 (1963).

(76) Daniel Hemel & Ethan Porter, *Aligning taxes and spending: theory and experimental evidence*, 6(3) BEHAVIOURAL PUBLIC POLICY, 464 (2022).

(77) Hemel & Porter, *supra* note 76, at 466.

(78) *See*, Daniel Kahneman, Jack L. Knetsch, & Richard Thaler, *Fairness As A Constraint On Profit Seeking: Entitlements in the Market*, 76(4) AMERICAN ECONOMIC REVIEW 728 (1986); Lisa E. Bolton, & Joseph W. Alba, *Price Fairness: Good and Service Differences and the Role of Vendor Costs*, 33(2) JOURNAL OF CONSUMER RESEARCH 258 (2006).

税収が目的税化される支出との「合致」に焦点を当てている[80]。

Hemel & Porter（2022）は目的税に関する実験を通じて，「負担者による受益（you get what you pay for it)」[81]又は「原因者負担金的課税（you break it, you buy it)」[82]に対する支持が相対的に高くなる傾向がある旨を指摘している[83]。一方で，消費者の公正感は，文化的差異が大きいため，実験が実施されたアメリカ以外の文化圏で同様の結果になるかは慎重な判断が必要との留保を付している[84]。

◆ 考察：地理的割引の視点

納税者の時間的割引率が高い場合，将来の効用について現在の効用よりも相対的に低い重みづけをすることにつながる。同様に，地理的割引（spatial discounting）の割引率が高い場合，遠くの事象について近くの事象よりも相対的に低い重みづけをすることになる[85]。

納税者が途上国や新興国における感染症拡大に対して「遠くの他人事」と感じる場合に，上記の目的税の議論との関係からは，支持を得ることが

---

(79) Hemel & Porter, *supra* note 76, at 467. 納税者の租税に対する態度決定は，消費者的公正感（consumer fairness）と関連している可能性があり，消費者行動の研究から得られる洞察は政策立案者が世間の支持を得られるような租税を構想することに資するかもしれない旨を指摘する。Id. at 470.

(80) Id.

(81) 「支払った分だけ得る」は，「特定の活動に対する税金は，その活動に参加する人々に利益をもたらす支出に充てるべきという観念」と説明される。Hemel & Porter, *supra* note 76, at 465.

(82) 原因者負担金的課税は，『壊したら買う』という考え方（つまり，特定の活動に対する税金は，その活動が引き起こす害を軽減するために使われるべきだという考え方）"you break it, you buy it" (i.e., the idea that a tax on a particular activity should go toward mitigating harms that the activity causes). Hemel & Porter, *supra* note 76, at 465.

(83) ただし，一部結論が混在しており，慎重な検討が必要であろう。Hemel & Porter, *supra* note 76, at 476 table 3.

(84) Id. at 480.

(85) *E.g.*, Charles Perrings & Bruce Hannon, *An Introduction to Spatial Discounting*, 41(1) JOURNAL of REGIONAL SCIENCE 23 (2001); Dave E. W. Mallpress, *Some theoretical notes on spatial discounting*, 186 BEHAVIOURAL PROCESSES 104355 (2021).

難しいということが示唆される。一方，航空機を利用した国際旅客の発達により，感染症が短期間で世界各地に伝播することが，「遠くの他人事」ではなく「身近な事象」として認知されれば，支持を得られることにつながるかもしれない。

　その意味で，国際航空券への連帯税を導入するのであれば，人道支援全般という広範な使途よりも，国際旅客がもたらす感染症の世界的伝播という負の外部性に対処するための財源を確保する手段として位置づける方が，納税者の支持及び導入可能性を高めることができるかもしれない。

　従来から，租税法学は課税のタイミングとの関係で金銭の時間的価値（time value of money）や異時点間の価値比較について，多くの研究が遂行されてきた[86]。国際連帯税の構想は，租税の賦課徴収及び税収の使途が自国以外にも影響がある場合に，「地理的割引」という別の視点からも租税法学における議論を豊かにしてくれるのではないだろうか。

3　IFFIm と法的課題
（1）ワクチンの効果的支援枠組み

　国際人道税ではなく，より現実的な選択肢として国際連帯税を構想する場合，途上国へのワクチン支援を短期間で可能にする仕組みとして，IFFIm（International Finance Facility for Immunisation）による Gavi ワクチン・アライアンスへの資金提供メカニズムが存在する（Gavi 及び IFFIm の

---

(86)　*E.g.*, William Andrews, *A Consumption-Type or Cash Flow Personal Income Tax*, 87 HARVARD LAW REVIEW 1113 (1974); Daniel Halperin, *Interest in Disguise: Taxing the "Time Value of Money"*, 95 YALE LAW JOURNAL 506 (1986); Alvin C. Warren, *The Timing of Taxes*, 39 NATIONAL TAX JOURNAL 499 (1986); Thomas Brennan & Alvin C. Warren, *Realization and Lock-in When Interest Rates Are Low*, 152 TAX NOTES 1151 (2016). 金子宏「所得の年度帰属―権利確定主義は破綻したか」『所得概念の研究』282 頁（有斐閣・1995 年，初出 1993 年），中里実「所得概念と時間―課税のタイミングの観点から」金子宏編『所得課税の研究』129 頁（有斐閣・1991 年），神山弘行『所得課税における時間軸とリスク』（有斐閣・2019 年）参照。

概要は後掲【Box 1】参照）。

　IFFImにおいて，各国は撤回不可能かつ法的拘束力ある形で，8〜23年間の寄付を誓約する[87]。この将来の寄付額を裏付に，世界銀行を通じて金融市場でワクチン債を発行することで，今すぐワクチンを途上国の子供に提供することが可能になる。IFFImの仕組みは，ワクチン供給を前倒しすること（frontloading）で，人命救助と費用効率性を両立する手法である[88]。「現在の途上国」へのワクチン支援の財源を「将来の先進国」の財源から提供することを，「現在」法的に確約する点に特徴があるといえる。2024年6月時点での主要参加国の寄附誓約額は【表3】の通りである。

【表3：2024年6月時点でのIFFImへの参加状況】

国名	寄附総額 （米ドル換算）	寄附期間
イギリス	42億3,000万ドル	23年間
フランス	18億8,000万ドル	20年間
ノルウェー[89]	10億7,000万ドル	25年間
イタリア	8億2,100万ドル	25年間
オランダ	4億8,700万ドル	20年間
スペイン	4億2,700万ドル	30年間
オーストラリア	3億4,600万ドル	20年間
スウェーデン	3億2,500万ドル	25年間
カナダ	9,200万ドル	8年間
南アフリカ	2,000万ドル	20年間
ブラジル	2,000万ドル	20年間

（出典：IFFIm, *IFFIm resource guide 2024*, at 17, fig.3 (2024) をもとに筆者作成。）

---

(87)　IFFIm, *IFFIm resource guide 2024*, at 14 (2024). ただし，所定の条件下になると，一定の減額があり得るとされる。Id. at 19-20.

(88)　Id. at 13-14.

(89)　ノルウェーの寄附総額には，Covid-19のワクチン開発に関する追加的拠出も含んでいる。Id. at 17.

Covid-19への対応として，IFFImはワクチン開発のためにCEPI（the Coalition of Epidemic Preparedness Innovations）に対して2億7200万ドルを拠出している[90]。Covid-19ワクチンを購入できない低中所得国に対して，同ワクチンを複数国で共同購入し，公平に分配するための国際的な枠組みとしてGavi COVAX AMCが設立された。COVAXは92の低所得国に対して20億ダースのワクチンを提供している[91]。なお，日本は，2022年4月に拠出済みの10億ドルに加え，最大で5億ドルの追加拠出を岸田総理が表明した[92]。

中低所得国へのワクチン輸送の遅れの60～70％は，資金不足による購入契約の遅れが原因であったとされる[93]。Covid-19を経たIFFImの挑戦として，次のパンデミックに備えて事前確保資金を提供する枠組み（Day Zero Pandemic Financing Facility for Vaccines：以下，「DZF」とよぶ）の構築がG7及びG20を中心に進められている[94]。DZFの一環として，2023年12月に5億ドル規模のFirst Respond Fundの設立が承認されている[95]。

DZFは，ODAのような開発援助や人道的支援とは異なり，パンデミックが世界規模で経済と安全保障に与える影響に焦点を当てる形で，世界的な健康安全保障を強化することを企図している点に違いがあると説明される[96]。

---

(90)　IFFIm, *IFFIm resource guide 2023*, at 31 (2023).

(91)　Id.

(92)　首相官邸Webサイト https://www.kantei.go.jp/jp/101_kishida/discourse/2022 0408covax.html〔最終訪問日2025年1月3日〕.

(93)　Ruchir Agarwal & Tristan Reed, *Finance Vaccine Equity: Funding for Day-Zero of the Next Pandemic*, IMF Working Paper, WP/22/99 (2022).

(94)　IFFIm (2024), *supra* note 87, at 34. DZFは，「次のパンデミックが発生した際に，医療対策や『リスクを伴う』投資のために十分な事前確保資金が即座に利用できるようにするためのグローバルな安全保障イニシアチブ」と定義される。Ruchir Agarwal, *What Is Day Zero Financing?: A Global Security Perspective for Pandemic Response*, CGD NOTE 365, at 1 (April 2024).

(95)　Agarwal & Reed, *supra* note 93, at 11.

(96)　Agarwal & Reed, *supra* note 93, at 6.

【Box 1：Gavi と IFFIm】 神山（2021）からの抜粋（一部加筆・修正）[97]

　租税法・財政法の時空間的拡張を考える際に示唆を与えてくれる事例として，Gavi ワクチン・アライアンス（Gavi, the Vaccine Alliance）[98]における予防接種のための国際金融ファシリティ（International Finance Facility for Immunisation，以下「IFFIm」とよぶ）の仕組みがある[99]。

　IFFIm は Gavi への資金提供メカニズムの一つとして 2006 年に開始され運用されている[100]。IFFIm は，各国が「撤回不可能（irrevocable）かつ法的拘束力（legally binding）」[101]のある形で将来の長期寄付…を誓約した上で，当該寄付額を償還財源とすることで金融市場においてワクチン債を発行し，今すぐワクチンを途上国の子供に提供を可能にする資金調達メカニズムである[102]。

（中略）

---

(97)　神山弘行「租税法における時間と空間〈研究ノート〉」論究ジュリスト 37 号 232，235-236 頁（2021 年）。なお，神山（2021）は本稿の研究ノートとして執筆されたため，記述及びアイディアが一部重複する部分がある。

(98)　Gavi は，低所得国への衡平かつ持続可能なワクチンの提供を通じて人々の命を救い健康を守るために 2000 年に設立された官民共同体である。https://www.gavi.org/our-alliance〔最終訪問日 2025 年 1 月 3 日〕。

(99)　IFFIm は，2001 年に策定されたミレニアム開発目標（Millenium Development Goals: MDGs）や，その後継である持続可能な開発目標（Sustainable Development Goals: SDGs）における革新的資金調達メカニズム（Innovative Financing Mechanisms）の一例とされる。その他の仕組みとして，ワクチンの事前買取に関する AMC（Advanced Market Commitment）などがある。AMC は，新型コロナウィルスのワクチン開発に関する COVAX ファシリティにも応用されている。

(100)　2006 年にイギリスとフランスが主導して IFFIm を立ち上げて，イタリア，ノルウェー，スペイン，スウェーデンが直後に IFFIm に参加している。その後，2007 年に南アフリカが，2009 年にオランダが，2011 年にオーストラリアが，2018 年にブラジルが，2023 年にカナダが参加している。IFFIm（2024），*supra* note 87, at 12. IFFIm 設立経緯については，David Gartner, *Innovative Financing and Sustainable Development: Lessons from Global Health*, 24 WASH. INT'L L.J. 495, 498-501（2015）が詳しい。

(101)　「法的拘束力」のある寄附の誓約の意味・意義については，公開資料からは不分明である。

(102)　IFFIm（2024），*supra* note 87, at 14.

IFFIm は,「現在の途上国」へのワクチン支援の財源を「将来の先進国」の財源から捻出することを現在（法的又は道義的に）拘束する点で興味深い。ポリオや麻疹のワクチン提供を 20 年間掛けて細々と続けるよりも，短期間に行った方がより多くの途上国の子供達の生命と健康を救うことができるという点で，費用対効果が高いと考えられている[103]。これは，COVID-19 のワクチン提供でも同様で，数年間掛けて途上国にワクチン提供をするよりも，短期間にワクチンを全世界に広めた方が効果が高くなるといえよう。

(中略)

IFFIm はワクチン債を発行して，参加国の将来の寄附で償還する仕組みのため，参加国が IFFIm への寄附がなければ拠出可能であった将来の ODA 関連支出をクラウディング・アウトさせる可能性も指摘されている[104]。経済危機などにより経済見通しが不確定でワクチン債及びその償還財源を提供する各国の格付けが低迷する状況下では，IFFIm による資金調達の持続可能性が低くなる恐れもある[105]。

（2）憲法 86 条との関係

IFFIm は，限られた援助資金を効果的に活用する仕組みとして，注目に値する。国際航空券に対する国際連帯税の税収の使途として有力な選択肢になるであろう。もし仮に，日本で国際連帯税の税収を根拠として IFFIm に参加するとした場合，資金提供国が撤回不可能かつ法的拘束力がある形で，長期間の寄付を誓約することから，予算単年度主義を規定する憲法 86 条との関係が問題となる[106]。

財政リスクは，①債務が確定しているか否かという分類軸——確定債務

---

(103) Id. at 13-14. *Also see*, Owen Barder & Ethan Yeh, *The Costs and Benefits of Front-loading and Predictability of Immunization*, Center for Global Development Working Paper, 80 (2006).

(104) Gartner, *supra* note 100, at 510.

(105) Gartner, *supra* note 100, at 510.

(106) 予算単年度主義と憲法 86 条の関係については，神山弘行「財政赤字への対応」ジュリスト 1397 号 12, 13-14 頁（2010 年）参照。

（direct liability）と偶発債務（contingent liability）——と，②債務の法律上又は契約上の支払い義務の有無による分類——明示的債務（explicit liability）と非明示的債務（implicit liability）——が可能である[107]。

IFFImへの寄附誓約は，財政リスクとしては，支払いが法的に確定している（撤回不可能である）ことから，明示的確定債務（explicit *direct* liability）のカテゴリーに分類され，財政統制に服することになる[108]。日本では，明示的確定債務については，（修正）現金主義かつ単年度主義が採用されており，複数年度の債務負担は原則として認められない[109]。もし仮に，10〜30年間の寄付を誓約した場合，長期の国庫債務負担行為（財政法15条，26条参照）となる。国庫債務負担行為を無制限に認めると，国際約束を通じた中期的な債務負担が際限なく広がることが懸念されるため，国会の承認を必要とする条約の形式（憲法73条3項）にするなど，慎重な対応が必要となろう。一方，継続費であれば5年以内の債務負担権限と支出権限が例外的に付与されることになる（財政法14条の2）。継続費は，財政統制の観点から潜水艦の建造など極めて例外的な場合に限定されるべきとの立場からすると，安易な利用には慎重であるべきであろう。

一方で，先述のDZFは，債務負担及び支出が確定していないという点

---

(107) Hana Polackova, *Contingent Government Liabilities: A Hidden Risk for Fiscal Stability*, 2 World Bank Policy Research Working Paper No. 1989 (October 1998), *available at*, SSRN: http://ssrn.com/abstract=604971；神山弘行「財政法におけるリスクと時間— Contingent Liability としての公的債務保証」フィナンシャル・レビュー103号35頁（2011年）。

(108) 神山（2011）・前掲注（107）36頁。

(109) 同上・28-29頁。なお，EU統計局のルールでは，資本市場からの借入段階では寄附を誓約した政府の借入又は負債として計上されない。また，各政府からIFFImへの寄附の誓約は，現実の支払いがなされた時点で政府支出として計上されるため，EU諸国では，寄附の誓約時点では財政支出にも政府債務にも計上されない（IFFIm（2024），*supra* note 87, at 14.）。そのため，将来の財政的負担について，将来的支払額は見通せるものの，現時点での各種財政指標に反映されないため，十分な費用認識がされない可能性が高い。神山（2021）・前掲注（97）236頁。

において，明示的偶発債務（explicit *contingent* liability）に属することになる。公的保険や債務保証等に類似した法形式であれば，現行の財政法の下では，現金支出を伴わないため予算総則に総額（上限額）のみ記載すればよく，予算単年度主義の制約を潜脱することが可能となる[110]。将来の財政支出を過少見積もりさせる点において，現金主義的な財政法が非中立的な構造になっている。そのため，財政コストを正確に認識できるよう発生主義的予算の導入など，財政法など関連法令の環境整備がDZFなどへの参加の前提条件となろう。

V　結　　語

本稿では，金子宏の先駆的提案であるKaneko（1998）の国際航空券に対する国際人道税構想を対象に，その意義と近年の動向を確認した。金子宏の国際人道税の提案は，ユニセフ等の国際機関の財源として構想されていた点に特徴があった。2006年以降，フランス等において，国際航空券に対する国際連帯税が賦課されるようになっている。

Covid-19のパンデミックの経験を踏まえて，本稿では人道支援の中でもワクチン支援が特に効果的であるとの観点から，国際連帯税の使途として，Gavi等の国際協調枠組みに資金提供をするIFFImに焦点を当てて検討を加えた。IFFImの枠組みは，「地理的に遠い途上国」に対して，先進国が「将来の税収」を基礎に「現時点」で寄附を誓約する点で興味深い。また，DZFの議論にみられるように，感染症対策は，単なる人道支援ではなく，先進国の経済・健康安全保障の観点から今後重要性を増すものと考えられる。一方で，WHO，Gavi，IFFImなどに多額の資金を提供する場合に，そのガバナンスのあり方も，より一層重要な論点となろう。

租税法学が，新たな資金調達メカニズムに関して事実解明的分析及び規

---

(110) 神山（2011）・前掲注（107）33-40頁参照。

範的分析を進めるためには，従来の金銭の時間的価値や予算単年度主義に代表される「時間軸」（時間割引）の観点だけでなく，地理的要素に関する「空間軸」（空間割引）の観点も包含する形で，理論・実証の双方から考察を深める必要がある。このような観点からの分析を深めることは，ワクチン支援にとどまらず，地球環境問題や国際的租税回避への対応など，地球規模課題について，租税法学が向き合っていく際の知的土壌を豊かにしてくれるであろう。金子宏の国際人道税の構想は，租税法学の空間的拡張を試みる点でも先駆的提案であったと位置づけることができよう。

金子租税法学の回顧と継承

累進的消費課税の執行とプライバシー
——中央銀行デジタル通貨（CBDC）に関する議論の参照

学習院大学教授　長戸　貴之

I　は じ め に

　金子宏が，包括的所得概念の支持者であったことは改めて言うまでもないが，後世に向けて記録しておくべきは，その実装に向けてそのときどきの経済環境を前提とした執行面への深慮も欠かさなかった姿勢である。租税法学が，経済学的な思考を積極的に取り入れつつも，法学の一分野として固有の価値を提供できる要因の一つに執行面への配慮がある。本稿は，租税法学において花形と目されてきた所得概念論における包括的所得概念と消費型所得概念のそれぞれを課税ベースとした場合に，その執行のためにいかなる情報を必要とするかをプライバシー保護の観点から検討する。

　以下では，まず，包括的所得概念の支持者である金子がいかにして包括的所得概念の実装を試みてきたかを振り返る（II）。次に，消費型所得概念の立場から，とりわけ情報通信技術の発達を考慮して累進的消費課税の実装を主張する近時の見解を取り上げ，プライバシー保護の観点から批判的に検討する（III）。結論として，包括的所得概念と消費型所得概念という対立軸とは別に，課税ベースの算定方法に関して積算法と加減法による対立

軸を観念でき，直接税としては，後者にプライバシー保護の観点から優位
性があると主張する（Ⅳ）。

Ⅱ　包括的所得概念に基づく所得税の実装

1　包括的所得概念の支持
（1）制限的所得概念との対比
　金子は，所得概念論に関する記念碑的著作たる「租税法における所得概
念の構成」において，制限的所得概念と包括的所得概念を外国の諸学説を
素材に対比しながら検討し，主として公平負担の観点から後者が望ましい
とした[1]。さらに，包括的所得概念の法律上の問題点（実現・帰属所得・不
法利得）について比較法的検討をしたうえで，行政的実行可能性という
「実際的困難を理由として所得の範囲をせばめることは，……所得税にと
って自殺的である」と述べ，その具体例として，有価証券の譲渡益の非課
税を挙げた[2]。
（2）消費型所得概念との対峙
　次に，所得概念論において金子が態度決定を求められたのが，消費型所
得概念との関係である。金子は，「所得税の課税ベース——所得概念の再
検討を中心として」において，William Andrews の消費型所得概念に関す
る著名論文[3]を素材に，同概念や個人に対する直接税において消費を課税

---

(1)　金子宏「租税法における所得概念の構成」『所得概念の研究』1頁，27-33頁（有
　　斐閣，1995）［初出1966］。フィスカルポリシーの観点からも包括的所得概念を支
　　持するが，この点には触れない。
(2)　金子・前掲注（1）113頁［初出1975］。「租税法における所得概念の構成」が完結
　　までに時間を要した経緯として，金子宏ほか「座談会　金子宏先生に聞く　第2
　　回　所得概念論，経済学との関係」法律時報84巻5号112頁，113-114頁
　　（2012）。
(3)　William D. Andrews, *A Consumption-type or Cash Flow Personal Income Tax*,
　　87 HARV. L. REV. 1113 (1974).

ベースとする支出税構想について検討し，主として消費型所得税において
は消費されなかった所得への課税が確保されない点，ひいては富の増殖と
偏在によって経済的階級分化を促進する危険を懸念し，結論として包括的
所得概念支持の立場を維持した[4]。ただし，所得税の税率構造の簡素化や
税率引下げも併せて提案していた（実現可能性は低いとみるもののシャウプ
勧告に着想を得て累進性を確保するための一般財産税の導入と併せてであれば
比例税率にすることも認める考え方を示していた）[5]。

（3）間接消費税

多くの国の税制は，直接消費税の方向には舵を切らなかったものの，
1960年代には欧州諸国で間接税としての消費税が導入されていった。こ
れを受けて，金子も将来における間接消費税（附加価値税）の導入までは
否定していなかった[6]。そして，1980年代後半の抜本的税制改革を経てわ
が国にも間接消費税が導入されるに至った頃には，シャウプ勧告以来の所
得税を基軸とした直接税中心主義からの転換を看取し，法人税・消費税と
併せたタックス・ミックスの下で所得税を累進性確保のために改革してい
く姿勢を明らかにしていた[7]。

---

(4) 金子宏「所得税の課税ベース——所得概念の再検討を中心として——」『所得概
念の研究』前掲注（1）161頁［初出1989］；金子宏「所得税の理論と課題」同編
著『所得税の理論と課題（二訂版）』1頁，5頁（税務経理協会，2001）。1970年
代以降の所得概念をめぐる論争の内容自体には立ち入らない。この点は，その後
の展開も併せて，上記金子論文の他に，藤谷武史「非営利公益団体課税の機能的
分析（二）——政策税制の租税法学的考察——」国家学会雑誌118巻1＝2号1
頁（2005）；藤谷武史「所得税の理論的根拠の再検討」金子宏編『租税法の基本問
題』272頁（有斐閣，2007）。

(5) 金子（1989）・前掲注（4）185-186頁；金子宏「高齢化社会における税制のあり
方」『租税法理論の形成と解明（上）』272頁，284-285頁（有斐閣，2010）［初出
1995］。

(6) 金子宏「附加価値税の採用の是非をめぐって」『租税法理論の形成と解明（下）』
403頁（有斐閣，2010）［初出1970］。むしろ，近い将来における消費税の導入に
よる逆進性を念頭に総合累進所得税の重要性を指摘していたといえる。金子宏
「税制と公平負担の原則——所得税を中心として——」『所得課税の法と政策』1
頁，14頁（有斐閣，1996）［初出1972］。

（4）二元的所得税

1990年代後半に，北欧的な二元的所得税が注目を浴びるようになると，経済のグローバル化なども背景に所得税制が二元的所得税の方向に動いてゆくことはありうるとしつつも[8]，給与所得への累進課税，資産所得への比例税率課税は不公平であるため，むしろ全ての所得を比例税率で課税しつつ，所得税における累進性は一般財産税の採用によって維持する方向性を改めて示した[9]。

（5）小　　括

以上みてきたように，金子は，変わりゆく理論的趨勢や経済環境の下で，柔軟にそのコミットメントの度合いを調整しつつも，包括的所得税（および一般財産税）を支持してきたと言える。次に，そのような理想を実装するためにいかなる税務執行上の議論を展開してきたかを振り返る。

2　包括的所得税実装のための提案
（1）名寄せのための納税者番号制度と納税者のプライバシー保護

金子は，包括的所得概念支持の立場を明らかにした当初からその理想の実現を執行面から支えるための具体的な制度創設の提案も併せて行っていた。その典型が，納税者の所得情報を総合的に収集・管理するための前提となる納税者番号制度の創設とそれに伴う納税者のプライバシー保護の提案である[10]。1970年代には，仮名預貯金が一般的に行われ，マル優等の

---

(7)　金子宏「所得税制改革の方向——いわゆる「抜本的税制改革」の意義と限界——」『所得課税の法と政策』前掲注（6）88頁［初出1991］。タックス・ミックスへの移行をもってシャウプ勧告に欠陥があったと批判するのではなく，シャウプ勧告が出された頃の時代制約性を指摘する。金子宏「シャウプ勧告の歴史的意義——二一世紀に向けて——」『租税法理論の形成と解明（上）』前掲注（5）216頁，247-248頁［初出2000］。

(8)　金子（2000）・前掲注（7）238頁；金子（2001）・前掲注（4）7頁；金子宏「所得税改革の動向——株式譲渡益課税の問題を中心として」『所得税・法人税の理論と課題』69頁，80-81頁（日本租税研究協会，2010）［初出2008］は，恒久措置ではなく特別措置としての金融所得課税の一体化に理解を示す。

(9)　金子（2001）・前掲注（4）15-16頁。

利子所得に関する税制優遇措置も一人の納税者が複数のマル優を利用しているという問題が生じており[11]，また，株式譲渡益は非課税であったが，これを課税の対象とすることへの反対論として所得の把握の困難が挙げられていた[12]。これらの問題を解消し，包括的所得税を実施していくために納税者番号制度の創設を提唱したのである。

　同時に，申告納税制度の下で，納税者番号制度創設に伴い納税者の個人的および経済的秘密が租税職員の知るところとなる可能性が高くなることから，納税者の自発的納税協力および質問検査権に対する協力を確保するために，納税者の秘密の保護にも目を向けた[13]。金子は，当時のプライバシー権に関する議論を参照しつつ，保護されるべき納税者の「秘密」として，「個人であると法人であるとを問わず，私人の生活範囲に属する事実のうち，まだ一般に知られておらず，知られないことがその人の利益に合致すると認められる事実をいう」と解し，特に，租税職員の守秘義務との関係では，個人的秘密と経済的秘密の双方が含まれると広く解した[14]。また，納税者番号制度と結びついて納税者に関する情報が拡散することを防ぐために，納税者の租税資料およびそこに含まれている情報は，原則として門外不出であって，租税行政庁はそれを外部に開示してはならないという原則（租税資料開示禁止原則）が現行法上妥当していると主張した（ただし合理的な例外は認める）[15]。

　さらに，平成に入り，利子所得にかかるマル優等の各種非課税措置が廃

---

(10)　金子宏「納税者番号制度と納税者の秘密の保護」『所得課税の法と政策』前掲注(6) 180頁，181-182頁［初出1978］。

(11)　非課税貯蓄の限度管理を適正に行うための任意申請に基づくグリーン・カード制度の問題点を指摘し，強制的な納税者番号制度の創設を訴えていた。金子宏「利子所得課税のあり方——グリーン・カードの問題を含めて——」『所得概念の研究』前掲注(1) 241頁，276-277頁［初出1982］。

(12)　金子・前掲注(10) 187-188頁。

(13)　金子・前掲注(10) 189頁。

(14)　金子・前掲注(10) 191-192頁。

(15)　金子・前掲注(10) 193頁。

止され，有価証券の譲渡益についても原則課税へと転換した後にもこれら
の所得について分離課税とされていたことから，分離課税を廃止し，総合
課税化していくための制度的前提として，所得の把握と名寄せのために同
様に納税者番号制度の創設と納税者の秘密の保護を提唱し続けた[16]。

（2）税務情報の収集と税務情報の保護

本稿の議論との関係で，納税者の秘密の保護に関する金子の主張におい
て注目すべきは，上記のように，①租税行政庁が取得する納税者の情報の
範囲に関する問題（税務情報の収集）と②租税行政庁が収集した個人情報
の他の行政機関による利用の可否の問題（税務情報の保護）が明確に区別
されている点である[17]。

まず，①税務情報の収集について，憲法上，納税の義務（憲法30条）が
あること等からして，納税者のプライバシーその他の私人の秘密が課税の
関係で制限を受けること（例えば納税申告の義務，税務調査の受忍義務）はや
むをえない，とする[18]。ただし，時機を同じくして公表された別の論文に
おいては，租税行政庁による納税者の秘密への制限に関しても，一定の限
定を設ける議論を展開する[19]。すなわち，「個人からの税務情報の収集に
当っては，古典的・伝統的意味におけるプライバシーに属する情報は，原
則として収集の範囲から除かれると解すべきである」とし，所得税の申告
書に関し，「所得税の計算に必要な経済的情報の記載のみが求められてい
るが，もしプライバシーに関する情報の記載を義務付けるようなことがあ
れば，憲法13条に違反するおそれがある」，また，「医療費の証明書等に
病名・病歴等の記載を義務づけるような措置をとれば，それもやはり憲法
13条に違反するおそれがあるといえよう」とする。ただし，婚姻の有無，

---

(16)　金子（1991）・前掲注（7）118-121頁。

(17)　渕圭吾「日本の納税者番号制度」日税研論集67号33頁，53頁（2016）。

(18)　金子宏「納税者番号制度の意義と機能——税制調査会小委員会報告書の紹介と検
討」『所得課税の法と政策』前掲注（6）196頁，228頁〔初出1993〕。

(19)　金子宏「税務情報の保護とプライバシー——納税者番号制度を視野に入れて
——」『所得課税の法と政策』前掲注（6）231頁，235頁〔初出1994〕。

子の人数といった配偶者控除や扶養控除に必要な情報については，「社会生活上の公知の事実であってプライバシーの範囲に属さないと解するか，それともプライバシーの権利は自己に有利な制度との関係では一定の制限を受けると解するかは別として，申告書にこれらの情報の記載を求めることは，プライバシーの権利の侵害には当らないと解すべきである」とする。

また，「思想・信条等のいわゆる精神的自由権は，経済活動と直接の関係がないから，納税申告・情報申告および税務調査において，これらの自由権に関する事項の表明が要求される例を想定することは困難である。もしそのような例が生ずるとしたら，それは，課税要件事実の把握に必要な場合であろうが，その場合にも，思想・信条の自由にできるだけ触れることがないように注意しつつ調査を行わなければならないことは，いうまでもない」とする[20]。

次に，②税務情報の保護について，金子は，情報化社会＝コンピュータの発達した時代を意識して，「税務情報開示禁止原則」ないし「税務情報門外不出原則」を（例えば国税通則法の中に）法律上明定すべきだと主張していた[21]。さらに，税務情報が外部に漏れるのを防止するために税務情報の管理態勢を強化することを主張していたこと[22]にも注目すべきである。

（3）情報申告の拡充

金子の理想とする包括的所得税（当時の時代背景との関係では利子所得や株式譲渡益の総合課税化）を実施していくためには，当然のことながら納税者番号制度の創設だけでは不十分であり，肝心の名寄せの対象となる所得情報が租税行政庁に伝えられねばならないが，金子は情報申告とセットで納税者番号制度の創設を考えており[23]，その後も情報申告の拡充を主張していた[24]。

---

(20)　金子・前掲注（19）236頁。
(21)　金子・前掲注（10）192-194頁；金子・前掲注（19）241-242頁。
(22)　金子・前掲注（19）242-243頁。
(23)　金子・前掲注（10）184頁；金子・前掲注（19）197頁。

（4）申告納税制度自体の民主主義的価値

　金子は，租税実体法の面から包括的所得概念を志向し，その実装のための租税手続法に関する議論を展開したが，同時に，租税手続法の面でもシャウプ勧告から影響を受け，申告納税制度に固有の民主主義的価値を見出していた[25]。そして，総合累進所得税の趣旨に反する金融所得の分離課税に反対するだけでなく，高度に洗練された給与所得の源泉徴収と年末調整についても選択的にであれ確定申告の機会を与え必要経費の実額控除を認めるべきだと主張していたのである[26]。

（5）その後の法制度

　現実の法制度は，平成25年のマイナンバー制度創設[27]を経て，昨今の副業やフリーランスの増加，ギグエコノミーの発展という経済社会のあり方の変化に対応して，マイナンバーカードを用いた認証手続の簡素化や，マイナポータルを通じた情報連携を進めることで電子申告の利便性向上を図るという形[28]で，金子の理想へと歩みを進めていると評価できる。

　また，マイナンバー制度の下での税務情報の保護に関しても，住民基本台帳ネットワークに関する最判平成20年3月6日（民集62巻3号665頁）［住基ネット合憲判決］を参照しつつ整備された番号利用法について，最

---

(24)　金子宏「民主的税制と申告納税制度」『租税法理論の形成と解明（下）』前掲注
　　　（6）577頁，583頁［初出1997］。とりわけ把握の難しい株式の取得価額に係る情
　　　報申告制度の紹介として，長戸貴之「アメリカにおける金融所得に係る第三者情
　　　報申告制度」税研197号110頁（2018）。

(25)　金子（2000）・前掲注（7）248頁は，申告納税制度は「民主主義の学校」である
　　　と評する。また，金子・前掲注（24）588頁は，「申告納税制度は，民主的租税思
　　　想の最も重要な要素であり，情報申告制度や納税者番号制度は，申告納税制度を
　　　バック・アップするための制度としての意味をもっているにすぎない。」として
　　　いた。

(26)　金子宏「わが国の所得税と源泉徴収制度——その意義と沿革」『所得課税の法と
　　　政策』前掲注（6）125頁，172-173頁［初出1991］。

(27)　行政手続における特定の個人を識別するための番号の利用等に関する法律（平成
　　　25年法律第27号）（以下，「番号利用法」という）。

(28)　税制調査会「わが国税制の現状と課題——令和時代の構造変化と税制のあり方
　　　——」248-250頁（2023年6月）。

判令和5年3月9日（民集77巻3号627頁）［マイナンバー制度合憲判決］は，マイナンバーを用いたデータマッチングのおそれ[29]に配慮しつつ，「番号利用法に基づく特定個人情報の利用，提供等に関して法制度上又はシステム技術上の不備があり，そのために特定個人情報が法令等の根拠に基づかずに又は正当な行政目的の範囲を逸脱して第三者に開示又は公表される具体的な危険が生じているということもできない」として，憲法13条の保障する個人に関する情報をみだりに第三者に開示又は公表されない自由を侵害するものではないと判断した。このように，金子の当初の主張通り，単に納税者番号制度を創設するだけでなく，情報化社会に対応する形での納税者の秘密の保護に配慮した法制度が装備されてきていると言える。

　その一方で，金融所得の総合課税化については，金子も金融所得課税の一体化に一定の理解を示すようになっていたように[30]，グローバル化した経済の下で変化の兆しはみえていない（そもそもそのような変化が望ましいかを本稿では論じない）[31]。とはいえ，執行面にかかる法制度としては，課題を残すものの必要なインフラはそれなりに準備可能な状況にあると評価できる[32]。

---

(29)　「特定個人情報の中には，個人の所得や社会保障の受給歴等の秘匿性の高い情報が多数含まれることになるところ，理論上は，対象者識別機能を有する個人番号を利用してこれらの情報の集約や突合を行い，個人の分析をすることが可能であるため，具体的な法制度や実際に使用されるシステムの内容次第では，これらの情報が芋づる式に外部に流出することや，不当なデータマッチング，すなわち，行政機関等が番号利用法上許される範囲を超えて他の行政機関等から特定の個人に係る複数の特定個人情報の提供を受けるなどしてこれらを突合することにより，特定個人情報が法令等の根拠に基づかずに又は正当な行政目的の範囲を逸脱して第三者に開示又は公表される具体的な危険が生じ得るものである。」とする。

(30)　前掲注（8）およびそれに対応する本文。

(31)　いわゆる1億円の壁に対しては，令和5年度税制改正において「極めて高い水準の所得に対する負担の適正化措置」（租税特別措置法41条の19）が導入されたものの，壁を作り出す基本的な構造はそのまま残っており，折に触れて政治的な議論の対象となっているが変化の兆しはない。日本経済新聞朝刊1面「金融所得課税強化　検討せず」（2024年10月8日）。

Ⅲ　直接消費税とその執行のために必要な情報

1　過去の直接消費税に関する提案

　本節では，金子が採らなかった立場，すなわち消費型所得概念に基づく直接税（直接消費税）の執行面に目を向ける。直接消費税のあり方としては，後払消費課税（例：キャッシュフロー税）と先払消費課税（例：労働所得課税）があり，生涯所得＝生涯消費であり，税率が一定の場合には両者が等価であるが，以上の前提が成り立たない場合や，超過収益が発生する場合には両者が非等価となることが知られている[33]。とりわけ，投資（貯蓄）の意思決定への課税の中立性だけを重視するのであればともかく，消費に担税力を見出すのであれば，事後的に発生した超過収益に課税が及ばない先払消費課税は不満足なものとなり，また，労働所得の稼得能力の高い者が，株式報酬をはじめ労働所得を資本所得の形で稼得することが可能な税制[34]の下では先払消費課税に過度な期待をすることはできない。

　消費を課税ベースとする場合にも，従来，直接に個人の消費支出を積算してその合計額を算定すること（積算法）は非現実的だと考えられており，Irving Fishser や Nicholas Kaldor の支出税構想においても，キャッシュフロー税の形で，消費を所得額から投資（貯蓄）額を控除する方法（加減法）によって間接的に把握する方法が念頭に置かれていた[35]。そして，それでもなお残る執行上の困難を克服する可能性があるものとして注目を浴びた

---

(32)　長戸貴之「年末調整の簡素化の先にありうる申告手続──イギリス及びアメリカの動向を参考に」中里実ほか編著『デジタルエコノミーと課税のフロンティア』88頁（有斐閣，2020）。

(33)　神山弘行『所得課税における時間軸とリスク』153-167頁（有斐閣，2019）〔初出2012〕。

(34)　長戸貴之「スタートアップ企業によるイノベーションを促進する税制の設計のあり方──令和5年度税制改正大綱を踏まえて──」租税研究881号145頁，158-160頁（2023）。

のが Andrews による，持ち家をはじめとする耐久消費税の購入に部分的
に先払消費課税を取り込むことを肯定的に捉える考え方であった[36]。

2　Viswanathan による個人勘定累進的消費課税（IAPCT）の提案

これまで，直接消費税は，執行上の観点からキャッシュフロー税などの
加減法の形で行うことが念頭に置かれてきた。しかし，近時，Manoj
Viswanathan は，後払消費課税であっても，加減法により間接的に課税ベ
ースとしての消費を算定するのではなく，発展した情報通信技術を活用し
て積算法により直接に消費額を算定する税制である「個人勘定累進的消費
課税（individual accounting progressive consumption tax（IAPCT））」を構想
した[37]。IAPCT の設計については既に紹介があるため詳細はそちらに譲
り[38]，ここでは，本稿の主たる関心である納税者のプライバシー保護との
関係について取り上げる。

IAPCT の構想は，端的にいえば，クレジットカード等（銀行のデビット
カードや Venmo・Paypal も念頭に置かれる）による電子決済が普及したこと

---

(35)　Irving Fisher & Herbert W. Fisher, CONSTRUCTIVE INCOME TAXATION: A PROPOSAL
　　　 FOR REFORM (1942); Nicholas Kaldor, AN EXPENDITURE TAX 192-193 (1955).
　　　 Fisher と Kaldor の支出税における課税ベース算定方法について，それぞれ，松
　　　 田有加「フィッシャーの『支出税』の特徴と意義」宮本憲一ほか編『現代租税の
　　　 理論と思想』55 頁，65-69 頁（有斐閣，2014）；高山新「カルドア『支出税』の理
　　　 論と特徴」宮本ほか編・前掲注（35）85 頁，99-100 頁。「加減法」・「積算法」と
　　　 の用語は，金子（1989）・前掲注（4）163 頁による。
(36)　See Andrews, supra note 3, at 1126-1128, 1158。Andrews の提案について，八田
　　　 達夫「所得税と支出税の収束」木下和夫編著『租税構造の理論と課題（改訂版）』
　　　 25 頁（税務経理協会，2011）［初出 1996］；増井良啓『租税法入門（第 3 版）』
　　　 167-169 頁（有斐閣，2023）；諸富徹「アンドリュースによる『現代的支出税』構
　　　 想──所得課税ベースか，それとも支出課税ベースか」宮本ほか編・前掲注
　　　 （35）175 頁，180-190 頁。
(37)　Manoj Viswanathan, Implementing a (Modern) Progressive Consumption Tax,
　　　 41 VA. TAX REV. 241 (2022).
(38)　神山弘行「累進的な消費課税の提案と課題：耐久消費財の問題〈研究ノート〉」
　　　 トラスト未来フォーラム研究叢書『金融取引と課税（6）』231 頁（2024）。

で，各人の消費支出をリアルタイムで正確に把握することが技術的に可能
となったことから，電子決済事業者に各人の消費額に関する情報を内国歳
入庁に報告する義務を負わせ，これをデータベース化し，商品購入時にデ
ータベース化した各人の累積消費額に関する情報をもとに，適切な適用税
率を決定し，直接税として累進的消費課税を行うというものである[39]。完
全にはなくならない現金決済に対しては，原則として最高税率を適用する
ものとしておき，店頭で本人確認機能付きの本人の限界税率を表示する内
国歳入庁のアプリの QR コードを提示することで小売事業者との間では匿
名性を維持したまま本来の適用税率で課税されることを想定している[40]。
購入時に適切な税率が自動的に決定されるため年度末の確定申告は原則と
して不要になる。

3 IAPCT におけるプライバシー権侵害のおそれ
（1）Viswanathan によるプライバシー問題の軽視

　Viswanathan は，個人の IAPCT が納税者のプライバシー権を侵害する
可能性についてさほど問題視しない。その理由として，内国歳入庁に提供
される情報は，電子決済を行う際に既に民間の電子決済事業者に対して提
供されている情報（これらの民間事業者は他の事業者と情報をやりとりして
いることも前提となっている）よりも少ない情報が，個別の購入物品に係る情
報ではなく総額データとして内国歳入庁に提供されるにすぎず，また，構
築されたデータベースも公衆にアクセスできないことを挙げている[41]。
また，現行の所得税制において既に国に第三者情報申告されている給与，
利子，配当，失業給付，ギャンブルの利益，株式の譲渡にかかる取得価額
情報，債務免除益情報，といった多くの情報に比べ，提供される情報は消
費の総額（個別の物品は含まない）に限定されており，プライバシー権制約

---

(39)　*See* Viswanathan, *supra* note 37, at 257-258.
(40)　*See id.* at 259.
(41)　*See id.* at 260.

の度合いは現状よりも低いとする[42]。

（2）加減法の積算法に対する優位性

しかし，このような想定はいささか単純にすぎる。租税行政庁が，個人の消費支出に係る情報の全てを毎年度把握することを甘受することを法律により義務付けることには憲法上のプライバシー権侵害のおそれがないだろうか。ここでは，金子が論じた，国家による①税務情報の収集の可否の問題について取り上げ，課税ベース算定のために加減法が積算法に対してプライバシー保護の観点から優位性をもつことを主張する。なお，昨今の憲法学における議論では，プライバシー権を自己情報コントロール権と理解する考え方への疑問が呈され[43]，「適正な自己情報の取扱いを受ける権利」と捉えなおす考え方[44]が注目を浴びる一方，自己情報コントロール権としての理解の擁護を図る議論も展開されている[45]。しかし，国家に対していかなる情報を提供するかに焦点を当てる[46]本稿との関係では，自己情報の提供に関する自己決定ないし選択を重視する自己情報コントロール権との理解[47]でも問題はなく，この論争には立ち入らない。なお，Viswanathan に限らず，アメリカの租税法学においては，②税務情報の保護に関しては盛んな議論が展開されているものの[48]，そもそもの，①税務

---

(42) *See id.*

(43) 曽我部真裕「自己情報コントロールは基本権か？」憲法研究3号71頁（2018）；曽我部真裕「憲法上のプライバシー権の構造について」毛利透編『講座 立憲主義と憲法学〈第3巻〉人権Ⅱ』7頁（信山社，2022）。

(44) 音無知展『プライバシー権の再構成——自己情報コントロール権から適正な自己情報の取扱いを受ける権利へ』（有斐閣，2021）。

(45) 山本龍彦『〈超個人主義〉の逆説——AI 社会への憲法的警句』141-191頁（弘文堂，2023）；高野祥一＝田中美里「日本のプライバシー権・現行法制度の外観」山本龍彦ほか編著『個人データ保護のグローバル・マップ——憲法と立法過程・深層からみるプライバシーのゆくえ』3頁，39-40頁（弘文堂，2024）。

(46) 「同意疲れ」の問題を直接には惹起しない。

(47) 山本・前掲注（45）155頁。

(48) アメリカ法の紹介として，吉村政穂「行政内部における租税情報の共有と制限——アメリカにおける納税者番号（TINs）をめぐる議論を中心に——」税大ジャーナル14号29頁（2010）。

情報の収集の可否をプライバシーの観点から議論するものがほとんどなかったことが指摘されている[49]。

　ア　税務情報の収集の可否に関する渕圭吾の議論

　まず，金子の提起した①税務情報の収集の可否の論点について，渕圭吾が，金子の議論を参照しつつ，下記のように適切に議論を展開している。ここではやや長くなるがそのまま引用する[50]。

　「この点については，筆者は，金子の考え方には必ずしも賛同できない。金子は『古典的・伝統的意味におけるプライバシーに属する情報は，原則として収集の範囲から除かれると解すべきである』と述べている。しかし，このように解してしまうと，家族構成や病歴，趣味に関する支出等，様々な私的事項が申告及び税務調査の対象となってしまう現行所得税法は違憲だと言わざるを得なくなってしまうのではないだろうか。また，一般に，個人の担税力＝保有する全財産の価値の増減に着目する所得税制度，また，それに依存する福祉国家は憲法違反ということになってしまうのではないだろうか。

　むしろ，筆者としては，国家が収集しうる個人情報の内容は，租税実体法の制度設計に依存することを強調しておきたい。国民の代表によって構成される国会が包括的な所得税を導入し，それを維持している以上，国民は国家が個人のプライバシーに関わる情報を集めることを甘受したと看做さざるを得ないのである。国民がこの意味でのプライバシー侵害を望まないのであれば，分類所得税や源泉分離課税によって課税関係が終了するようなタイプの所得税，あるいは，付加価値税のような租税に頼らざるを得ない。

　さらに，『古典的・伝統的意味におけるプライバシー』と言っても，人々がプライバシーと考える情報の範囲は時代や法域によって大きく異なる。現在の日本では，都市に住む人々の多くは，自宅の電話番号を電話帳

(49)　Michael Hatfield, *Privacy in Taxation*, 44 FLA. ST. U. L. REV. 579, 606-610 (2017).
(50)　渕・前掲注（17）59-60頁。

に載せていない。しかし，およそ40年前には，『国民総背番号制』に強硬に反対する論者ですら，電話帳に電話番号を載せるのはプライバシーの侵害になりうるとは考えていなかった。現在でも，例えば，アメリカ合衆国においては，かなりの著名人であっても電話帳に名前と電話番号を載せているようである。

　以上のことから，国家（または地方公共団体）が収集しうる個人情報は，原則として，ある税目に関するある納税義務者の納税義務を確定するために必要なものに限られるが，必要であると言えるならばこの納税義務者のプライバシーに関わるものであっても構わない，と考えるべきである。ただし，前述のような租税実体法と収集される個人情報との相関関係を考慮するならば，国民のプライバシーに関する感覚が変遷することによって，従来であれば問題のなかった租税制度（例えば，包括的所得概念に基づく所得税制度）がもはや維持できなくなる，ということがありうることに注意すべきである。」（傍点は引用者。引用にあたり脚注は省略した。）

　渕の議論のうち，特に，①国家が収集しうる個人情報の内容は，租税実体法の制度設計に依存すること，②国民のプライバシーに関する感覚によって，採用できる租税実体法が決定されうること，の指摘は注目に値する。

　イ　加減法と積算法におけるプライバシーの取扱いの違い

　次に，課税ベースの算定方法における加減法と積算法とでは，税務情報の収集に際するプライバシー保護の観点から決定的な違いがあることを指摘する。

　現行の所得税は，包括的所得概念をベースラインとしていると説明されることが多いが，実際の所得税額算定に際しては，基本的に加減法を採用しており，収入金額から必要経費を控除したうえで純所得を算出したのちに[51]，種々の所得控除を行い，税率を乗じ税額控除を行うことにより納税額を決定する。すなわち，Henry Simonsによる所得＝期中消費額＋期中

─────────────

(51)　増井・前掲注（36）75頁。

純資産増額という定式を直接には用いず，所得の構成要素としての消費は間接的に把握するのである。また，消費を課税ベースとする場合も，前述のように後払消費課税や先払消費課税は，直接に消費額を算定するものではない。これは，沿革上・執行上の理由によるものであろうが，プライバシーの観点からも重要な意味があると考える。

　加減法による場合，例えば所得税であれば，純所得算定上，各人の個々の消費支出に関する情報を国に提供する義務は基本的に存在せず，ただ，本来であれば家事費や家事関連費（所税45条）として控除できないはずの消費支出を必要経費として申告した場合にのみ，それが真に必要経費該当性を肯定しうる支出であるかを租税行政庁によって調査されることになる。したがって，国が納税者の個々の消費支出に関する情報を知ることになる局面は脱税や過少申告の端緒を見出したときに限られる構造になっている。なお，配偶者控除・扶養控除といった社会政策的な側面を有する所得控除については，加減法の下でも別途納税者から租税行政庁への情報提供が必要になるが，金子が示唆していたように，プライバシー権は自己に有利な制度との関係では一定の制限を受けると解する余地もあり，また，法律の書き方[52]やテクノロジーを用いた解決手法[53]も考えられる。

　次に，キャッシュフロー税の場合も，課税ベースは所得額―投資額で算定されるため，国家が個々の消費支出に関する情報を取り扱うのは，私的消費と投資の両面を有し得る一定の類型の耐久消費財や，事業経費ないし

---

(52)　髙橋祐介「納税者番号制度と納税者の秘密の保護」日税研論集67号183頁，204頁（2016）は，自己情報コントロール権の観点から，社会保障給付や税の減額に関しては，オプトアウトの仕組みの採用を主張していた。しかし，Hatfield, *supra* note 49, at 627 は，納税者の一定の行動変容を期待した租税誘因措置の有効性が人々のプライバシーへの感応度に左右されることには疑問を呈する。

(53)　小塚真啓「コンピュータサイエンスと税制――コンピュータサイエンスの観点から」租税法研究50号237頁，241-244頁（2022）は，Self-Sovereign Identity の考えに基づき，納税者の管理する情報を必要な限度で租税行政庁に提供し，いったん提供されたデータは，Confidential Computing で暗号化し，暗号化されたままの状態でデータ処理を行う，という解決方法を提示する。

投資と見せかけた消費に関する調査の局面に限られる。なお，間接消費税の場合は，事業者間ではインボイスのやり取りがなされるものの，最終消費者の個々の消費支出に関するデータは不要である。その裏返しとして累進税率での課税が難しいが，近時，間接消費税（VAT）において，単一税率としつつ，デジタル技術を用いて購入時に事前に集積された所得水準データをもとに低所得者に金銭補償をリアルタイムで与える累進的 VAT の提案もなされている[54]。ただ，このような形での累進的消費課税の提案は，対象者の設定を，並行して用いる所得税（加減法）に係る情報をもとにするため IAPCT とは性格が異なる。

　これに対して IAPCT を含む積算法の場合，個々の消費支出を積み上げていくことによってはじめて課税ベースを構成する消費額を算定することができる。個々の消費支出の内訳には，高確率で思想・信条や秘匿性が高いと考えられているプライバシーに関する情報が含まれていよう。プライバシーの問題をさほど重視しない Viswanathan は，同じ支出であっても，課税ベースを構成する消費支出と構成しない事業経費の区別の税務執行における難しさを棚上げしたまま[55]，小売業者から内国歳入庁へと提供される情報は個々の消費支出内容に関するものではなく，総額データにすぎないから問題は大きくないと論じるが，消費支出なのか事業経費なのかを明らかにするためには，個々の支出内容に立ち入らざるを得ないから，このような立論に説得力はない。また，総額データであっても人々の反発を招きうることは，2021 年にバイデン政権下の the American Families Plan で構想された，金融口座の出入金の総額情報の情報申告制度の提案が，the Build Back Better 法案にも現れなかったこと[56]からも想像に難くない。

---

(54)　Rita de la Feria & Artur Swistak, *Designing a Progressive VAT*, IMF working paper WP/24/78 (2024).

(55)　*See* Viswanathan, *supra* note 37, at 286.

(56)　長戸貴之「米国所得課税改革の動向——バイデン政権の富裕層増税案」日税研論集 80 号 1 頁，19-21 頁，24 頁（2022）。

人によっては，現在の加減法による所得税においても，各人の所得の増減を把握するための情報が広く国家によって収集されるとみる向きがあるかもしれず，それはその通りである。しかし，積算法による算定の場合と比べると，加減法による算定は，なおも個人のプライバシー情報へのアクセスの度合いは相対的に低いと評価できる。なぜならば，仮に人々の経済活動領域が，憲法学における私的領域と公的領域との区分[57]よろしく，職業などの所得稼得活動を行う領域（事業領域）と（まさにプライベートでの）消費活動を行う領域（家事領域）に二分できると考えた場合[58]，少なくとも現在の人々のプライバシーに関する感覚では，後者に係る情報の方がプライバシーとしての要保護性が高いと考えられていると理解できるからである。

　ウ　中央銀行デジタル通貨（CBDC）に関する議論の参照

　そのように考える理由を説明する際に，技術的には各人の消費支出の全てを，小売事業者からの情報提供を要せずして国家が直接にリアルタイムで把握する可能性のある中央銀行デジタル通貨（CBDC）に関する議論が参考になる。なぜなら，CBDC のあり方を考えるうえでは，通貨の匿名性をどのような場合に確保すべきかに関する検討が重要[59]だからである。2023 年 12 月公表の財務省における有識者会議の取りまとめ[60]（2024 年 4 月公表の「CBDC（中央銀行デジタル通貨）に関する関係府省庁・日本銀行連絡会議」の中間整理[61]においても同様）では次のように整理されている。

　まず，技術的には民間の仲介機関を介さず中央銀行が直接に利用者と

---

(57)　長谷部恭男『憲法（第 8 版）』151-152 頁（新世社，2022）。

(58)　増井・前掲注（36）74 頁；奥谷健「市場所得における控除概念——基因原則による必要経費」『市場所得と応能負担原則——応能負担原則の二元的構成——』82 頁，83-84 頁（成文堂，2018）［初出 2001］。

(59)　藤岡祐治「通貨の匿名性が課税に与える影響」金子宏＝中里実編『租税法と民法』191 頁，207-208 頁（有斐閣，2018）。最近の検討として，堀天子「マネー・ローンダリングの防止と匿名性」ジュリ 1602 号 42 頁（2024）。

(60)　財務省「CBDC（中央銀行デジタル通貨）に関する有識者会議 取りまとめ」（2023 年 12 月 13 日）。

CBDC の取引をすることも可能であるものの，仲介機関を介する「二層構造」とすることが適当であるとし，その理由の一つに，「日本銀行が取り扱う利用者情報・取引情報を必要最小限とすることができる」としてプライバシー確保に配慮する[62]。さらに，「利用者情報・取引情報の取扱い」として，日本銀行や政府が取り扱う情報に関して次のように述べる[63]。

　「次に，日本銀行については，CBDC を自らの負債として一元的に発行することになるため，その記録・確認を正確に行うための仕組み（台帳等）の管理を行うこととなるが，利用者情報・取引情報を取り扱う範囲は必要最小限とすることが基本と考えられる。

　例えば，日本銀行は個別の利用者情報・取引情報を可能な限り取得・保有することがないよう設計することが考えられる。また，仮に個別の情報を取得・保有する場合も，匿名化などの措置を講じることや，必要な期間のみ保有し不要になれば速やかに消去することが考えられる。

　一方，政府については，現在の仕組みと同様，平時においては利用者情報・取引情報を取り扱うことなく，AML/CFT をはじめ公共政策上の目的に基づき，必要に応じて情報提供を受けることが基本と考えられる。その際，国民のプライバシーに関する懸念を払拭する観点から，その目的や対象を事前に明確にしておく必要がある。」（傍点は引用者。引用にあたり脚注を省略した。）

---

(61) 「『CBDC（中央銀行デジタル通貨）に関する関係府省庁・日本銀行連絡会議』の中間整理」16-18 頁（2024 年 4 月 17 日）。なお，日本銀行は，「中央銀行デジタル通貨に関する日本銀行の取り組み方針」（2020 年 10 月 9 日）において，「中央銀行と民間事業者の役割分担，すなわち『誰が，どの範囲のデータを，どのような条件のもとで取得，管理するか』について検討する必要がある。」としたうえで，決済システムにおけるプライバシー保護技術に関する検討を行っている。例えば，日本銀行決済機構局「プライバシー保護技術とデジタル社会の決済・金融サービス」決済システムレポート別冊シリーズ（2022 年 9 月）。

(62) 財務省・前掲注（60）10 頁。

(63) 財務省・前掲注（60）18 頁。

このように，現時点においては，人々の個々の決済情報を中央銀行や政府が網羅的に把握することは避けられるべきであるとのプライバシーに関する感覚があることが窺える。もしそのように言えるのであれば，①各人の全ての消費支出に関する電子決済情報が，②購入時にリアルタイムで直ちに租税行政庁に提供され，③提供された情報は税務調査のために一定期間保存されることを甘受する義務を課すことは，まさに CBDC に関する議論で意識されたプライバシー確保の観点からは忌避されるべきではなかろうか。そしてそのような義務を課す立法は，たとえ租税立法に関する広い立法裁量[64]をもってしても手段の適切性の面[65]（他に加減法による方法や累進的 VAT のような方法がある）から，プライバシーの権利[66]への過度の制約として違憲になると解すべきである。

　想定される反論としては，現時点でも，①（Viswanathan の主張するように）民間事業者に対しては，電子決済を通じて多様な消費支出に関する情報が提供されている，②租税行政庁も，例えば電子決済事業者を通じて反面調査をすることで個人の消費支出に関する情報にアクセスできる，といったものが考えられる。しかし，①については，民間事業者との間ではまさに当該電子決済手段を用いることで個人の消費支出が把握されることに明確な同意があり，法律により強制的に租税行政庁への情報提供を義務づけるのとは質的に性格が異なる[67]。また，民間事業者から他の民間事業者への情報提供に関しても，形式的にせよ本人の同意を要求されるのが通例である[68]。②についても，反面調査によって得られる情報はあくまで調査

---

(64)　最判昭和 60 年 3 月 27 日民集 39 巻 2 号 247 頁。
(65)　長谷部・前掲注（57）156 頁。
(66)　裁判例の中には，例えば，東京地判令和 2 年 2 月 25 日判タ 1485 号 212 頁のように，京都府学連事件最高裁判決（最判昭和 44 年 12 月 24 日刑集 23 巻 12 号 1625 頁）を引用しつつ，「憲法 13 条は，国民の私生活上の自由が公権力の行使に対しても保護されるべきことを規定しているものであり，個人の私生活上の自由の一つとして，個人に関する情報をみだりに収集若しくは利用され，又は第三者に開示若しくは公表されない自由を保障するものと解される」と判示するものがあった。

対象となった事業者の保有する情報に限られ，相手方の個人に係る情報としては網羅性に欠けるため質的に性格が異なる，といった再反論が可能である。

　難しいのは，仮にIAPCTと現行の所得税制との間で納税者による選択を認める税制が立法された場合どのように評価するかである。直接消費税は直接所得税に比べ貯蓄利子部分への課税がない分，税率が同じであれば税負担が軽くなるため，自らの消費支出情報と引き換えにIAPCTを選択する納税者がいてもおかしくない。この点は，租税公平主義（憲法14条）の観点から検討することになろうが，選択制という点で（エで後述する他の行政目的利用に際する制度設計が適切になされていることを前提に）基本的に合憲になると解される。税制優遇措置の対象（貯蓄利子部分）という点ではIAPCTと変わりのない（ただし限度額があるが）NISAやiDeCoの利用も納税者の選択に委ねられているが違憲論は出ていない。

　エ　他の行政目的利用との関係

　①税務情報の収集の可否の判断は，②税務情報の保護の程度にも左右されよう。仮に，②において，他の行政目的での利用が一切認められず[69]，かつ，租税行政庁における情報管理が技術的にも法的にも徹底されている（非現実的だが，サイバー攻撃からの防御が完璧であり，税務職員による税務情報の目的外利用や守秘義務違反も決して起こらない）のであれば，課税目的のためだけに，個人の消費支出の全てを租税行政庁が把握することにも問題

---

(67)　紙レシートを利用者がアプリで読み込み自発的に送付することによりポイントを付与するといった民間事業者の消費支出情報収集のための努力がなされる中，法律で全ての納税者に強制的に情報提供を求めることが容易にできるとは考えるべきではない。

(68)　日本では，個人情報保護法27条1項柱書で本人の同意を要求したうえで，同項1号が法令に基づく場合を除外しているが，法律に規定すれば本人の同意を不要とできるかを憲法的な観点から問題としている。

(69)　吉村・前掲注（48）31頁は，税務行政の効率性確保という観点から，他の行政機関との納税者番号を通じた税務情報の共有を制限する，という考慮がアメリカ法において存在していたことを指摘する。

がないと言えそうである。

　これに対し，個人情報の宝庫である租税行政庁において，税務行政のデジタル化が進んだのちもサイバー攻撃から完璧に防御し続けるという状況は想定し難く[70]，現在の法状況からすれば，②についても，税務情報を種々の公共政策目的のために[71]，また，決済情報を民間の収益機会確保のために[72]，個人情報を適正に取り扱うという前提の下で利活用していく方向性が有力だと思われる。例えば，住基ネット合憲判決やマイナンバー制度合憲判決の判示に鑑みると，厳格な事前ルール（「情報提供ネットワークシステムの適切性や堅牢性[73]」・「構造審査[74]」）の下で他の行政目的への利用が許容されそうである。そうであれば，税務情報の他の行政目的利用や決済情報の民間利用の増加が想定される中，サイバー攻撃対象としての魅力を減じ，また，仮にサイバー攻撃が起きた場合の被害に一定の歯止めをかけられるよう，租税実体法の設計に際して，情報セキュリティを考慮に入れ，①税務情報の収集を謙抑的なものにできるような租税実体法のあり方を考えるべき[75]と言えないか。

---

(70)　Cf. Michael Hatfield, *Cybersecurity and Tax Reform*, 93 IND. L. J. 1161, 1164 (2018).

(71)　番号利用法の令和5年改正（令和5年法律第48号）により，マイナンバーの利用範囲が拡大し，また，データマッチングを行う範囲について主務省令により行政が決定できることとされた。野口貴公美「マイナンバー法とその改正——Society 5.0 時代の行政法の可能性について」ジュリ1589号21頁，23-24頁（2023）。

(72)　財務省・前掲注(60) 10頁。白石大「デジタル・キャッシュとデータ」ジュリ1602号48頁（2024）も参照。

(73)　船所寛生「判解」曹時76巻6号1631頁，1644頁（2024）。

(74)　山本龍彦「データベース社会におけるプライバシーと個人情報保護」『プライバシーの権利を考える』47頁，54-57頁（信山社，2017）［初出2013］；成原慧「マイナンバー制度の合憲性と今後の課題」判例秘書ジャーナル文献番号 HJ100188（2024）。

(75)　*See* Hatfield, *supra* note 70, at 1193-1194. なお，Hatfield は，このような観点から，PAYE，所得税，VAT などを評価するが，直接消費税については触れていない。

なお，憲法学者の山本龍彦は，国家が個々人の健康状態に見合った医療サービスを，提供又は「おすすめ」するために，個人番号と紐づけられたクレジットカードでの購入記録を細かく収集するような事例を想定し，「どのような特定個人情報のやり取りであっても，それには民主的討議の産物である『法律』の根拠を要すると解すべきである」とし[76]，法律の根拠があればこれを許容する趣旨にも読める。これは民主的討議によってその時点の社会における人々のプライバシーの感覚による審査をクリアしていると想定しているのかもしれない。しかし，間接民主政の下では必ずしも民主的討議による審査が十分でない可能性もあり，憲法的統制の余地を残しておく理解もありえよう。

（3）小　　括

以上の検討から，IAPCT の構想は，全ての納税者の，全ての消費支出という家事領域における最もプライバシーとしての要保護性の高い情報を強制的に租税行政庁に提供する義務を負わせるものであり，①税務情報の収集の可否という観点からは，少なくとも現在のわが国におけるプライバシー感覚からすると許容されるものではなく，また，②税務情報の保護において，他の行政目的のための利用や，場合によっては民間利用が想定されることを考えると，匿名化技術やサイバー攻撃からの鉄壁の防御が期待できないのであれば，①の局面においてそもそも税務情報として収集すべきでない，という選択肢は十分にありうる方策であり，課税ベースを消費とする直接税の構想は，後払消費課税や先払消費課税のような代替手段によって実施されるべきである。

Ⅳ　おわりに

金子宏は，包括的所得税の理想を実装するために，納税者番号制度の創

---

(76)　山本龍彦「番号制度の憲法問題——住基ネット判決から考える」山本・前掲注
　　　（74）209 頁，223 頁［初出 2013］。

設と納税者の秘密の保護をはじめとする種々の税務執行上の提案を行ってきた。課税ベースをめぐる議論は租税法理論の最重要テーマであるが，技術的・法的な観点からは，現実に執行できない税制には意味がない。本稿では，包括的所得税と対置される直接消費税について，加減法と積算法という対立軸を設定し，プライバシー保護という法的観点から加減法に優位性があると結論づけた。

金子租税法学の回顧と継承

景気安定化の手段としての
租税制度の可能性とその限界

一橋大学准教授 **藤岡 祐治**

I 本稿の検討対象及び目的

　本稿は，金子宏「経済政策手段としての租税法——景気調整税制とその憲法上の限界——」[1]（以下「金子（1974）」[2]という）を検討対象として取り上げ，経済政策の中でも景気安定化の手段として租税制度を利用する可能性とその限界を検討するものである。後述のように金子（1974）は租税制度を景気安定化政策で用いることの可能性を示唆しつつ，その限界を論じている。もっとも，租税制度を景気安定化政策で用いることに関する議論はその後あまりなされていない。

　近年，景気変動による社会損失を防ぐための様々な事前の措置について検討がなされている。また，より一般的には，法制度も景気変動に限られ

---

(1)　金子宏「経済政策手段としての租税法——景気調整税制とその憲法上の限界——」『租税法理論の形成と解明　上巻』139頁（有斐閣，2010）〔初出法時46巻7号39-46頁（1974）〕（2010年の論文集所収時に，金子（1974）からさらに加筆がなされている（例えば，後掲注（21）参照））。

(2)　なお，1974年の公刊後，題名をやや変えて，金子宏「景気調整と税制——その弾力的運用とその憲法上の限界——」西野嘉一郎＝宇田川璋仁編『現代企業課税論』212-231頁（東洋経済新報社，1977）としても公刊された。

ない様々な経済や社会の変化に対して対応をしており，法制度のあり方と
してその場限りではないより望ましい対応を事前にすべきことが指摘され
ている。

そこで，本稿では，金子（1974）が指摘した憲法上の限界を踏まえつつ，
租税制度を景気安定化政策で用いる可能性及びその課題を検討する。本稿
の構成は，次のとおりである。まず，金子（1974）の内容を概観する（Ⅱ）。
次に，現在から見た金子（1974）の位置付けを論ずる（Ⅲ）。最後に，租税
制度を景気安定化の手段として用いることの可能性と課題を他の景気安定
化の手段も視野に入れつつ論ずる（Ⅳ）。

Ⅱ　金子（1974）の内容

1　金子（1974）の時代背景

金子（1974）は，「経済統制と法」という法律時報の特集における論文の
1つである。この特集が組まれた背景としては，インフレーションが進ん
でいた状況において，生活関連物資の買占め及び売惜しみに対する緊急措
置に関する法律が1973年7月に制定され，同年10月の第1次石油危機の
発生を契機として，同年12月に石油二法と呼ばれる石油需給適正化法と
国民生活安定緊急措置法が制定されたことがある。また，国民生活安定緊
急措置法は，物価統制令及び生活関連物資の買占め及び売惜しみに対する
緊急措置に関する法律を改正した。これらは，経済の安定化を目的[3]とし
て市場経済活動に国家が直接介入することを認めるものであることから，
その法的問題やこれらの法律が目的とする物価の安定と法制度との関係に
ついて議論がなされることになったと考えられる[4]。租税の機能が，公共

---

(3)　これらのうち物価統制令を除く3つの法律は，いずれも「国民生活の安定と国民
　　経済の円滑な運営を図る」ことをその目的として挙げ，物価統制令も「社会経済
　　秩序を維持し国民生活の安定を図る」（引用に当たり仮名表記を改めた）ことを
　　その目的として挙げる。

サービスの資金調達と再分配に限られず，景気調整の機能もあることは既に示されていたが[5]，金子（1974）は，このような経済統制のあり方が問題となっていた時代背景の下で租税制度が経済の安定化のためにどのように利用されるべきかを検討するものである。

そこで，以下では金子（1974）の内容を概観する。

2　金子（1974）の紹介

（1）租税制度の経済政策の手段としての利用

金子（1974）は，租税制度を経済政策の手段として利用する場合の態様を2つに分ける[6]。1つは，「特定の経済政策目的のために租税制度を利用する方法」であり，租税特別措置と呼ぶことができるものである[7]。もう1つは，「租税制度を，より一般的に，フィスカル・ポリシーの一環として，景気の調整，物価の安定，国際収支の均衡等，国民経済の動向に対して好ましい影響を与えるために利用する方法」である[8]。前者の租税特別措置については，整理合理化が今後の課題であるとする。後者の租税制度の景気調整的な機能としての利用については，必ずしも積極的に用いられてきたわけではないと評価する[9]。もっとも，第1次石油危機が起こり，各国は景気後退，物価上昇及び国際収支の悪化に直面したことから，その対策として租税制度を用いることが出てきた。

---

(4)　国民経済の健全性を維持するために，行政作用を行使することについては以前より検討がなされている（中原茂樹「誘導手法と行政法体系」塩野宏古稀『行政法の発展と変革　上巻』553頁，557頁（有斐閣，2001））。

(5)　金子宏「市民と租税」『租税法理論の形成と解明　上巻』前掲注（1）3頁，8-9頁〔初出1966〕。

(6)　中里実「経済的手法の法的統制に関するメモ――公共政策の手法としての租税特別措置・規制税・課徴金――」『課税理論の研究　租税法論集Ⅲ』614頁，616頁注7（有斐閣，2023）〔初出1994〕は，前者をミクロ的な方法，後者をマクロ的な方法と呼ぶ。

(7)　金子・前掲注（1）139-140頁。

(8)　金子・前掲注（1）140頁。

(9)　金子・前掲注（1）140-141頁。

（2）米国，英国，西ドイツ及び日本の景気調整的租税制度

そこで，金子（1974）は，米国，英国，西ドイツ及び日本が用いた景気調整のために租税制度を利用する例（金子（1974）は，これを「景気調整的租税制度」と呼ぶ）を取り上げて紹介する[10]。租税の景気調整的機能が有効であるには，適時にその機能を発揮できる必要があるが，法改正には時間を要する。そのため，実際に経済政策が講じられるべき時期と法改正との間に時間的間隔が生じてしまうことがある。金子（1974）では，各国の制度を紹介する際に，このタイム・ラグを解消するために各国がどのような措置を講じているかに着目しており，これが論文の1つの特色である。

① 米 国

金子（1974）は，米国が1962年の改正で導入した投資税額控除（investment credit）[11]を取り上げ，一時停止と復活が繰り返された点を説明する[12]。そして，投資税額控除について，設備投資を促進する効果は一般減税より直接的で大きいため，実施と停止を適時に繰り返せば景気調整的機能を発揮できると評価するものの[13]，実施及び停止がロビイングの対象になりやすい点と投資の促進効果に比べその抑制効果には疑問があることを指摘する[14]。さらに，タイム・ラグとの関係では，大統領に法律の

---

(10) 当時は，租税制度を物価の安定のために利用することへの関心が高く，志賀櫻「欧米諸国におけるインフレーション抑制のための税制上の措置」ファイナンス10巻9号28頁（1974）でも，金子（1974）が紹介する米国，英国及び西ドイツにおける税制上の措置に加えて，フランスにおける税制上の措置を紹介している。

(11) Revenue Act of 1962, § 2, 76 Stat. at 960, 962-73 (1962).

(12) 金子・前掲注（1）143頁。1962年改正の投資税額控除については，金子宏「アメリカにおける最近の税制改革について」『租税法理論の形成と解明 上巻』前掲注（1）300頁，306-307頁〔初出1965〕。

(13) Stanley S. Surrey, *Federal Tax and Fiscal Policy*, 48 TAXES 49, 54 (1970) は，1960年代の米国では，租税制度を経済の安定化に用いることがなされるようになったものの，その経験から得られたものは乏しいと指摘する。その要因としては，政治の介入によって正しい判断がなされていないことを挙げる（*Id.*）。特に，投資税額控除については，その廃止に課題があったことを示唆する（*Id.*）。

(14) 金子・前掲注（1）143-144頁。

範囲内で税額控除の控除率を随時変更する権限を与えて，機動的な対応をする提案に言及する[15]。

② 英 国

英国の制度として，金子（1974）が注目するのは，1961年の財政法で導入されたレギュレーター（(economic) regulator）と呼ばれるものである[16]。英国は，所得税については年税主義を採るが，消費税については年税主義を採っていないため，景気の変動に応じて税率を変動させるとしても，タイム・ラグが生じてしまう。そこで，レギュレーターと呼ばれる制度は，消費を刺激又は抑制するために，財務大臣に，全ての関税・内国消費税及び仕入税の税率を，上下各10％の範囲内で，引き上げ又は引き下げる権限を与える[17]。ただし，財務大臣がこの権限を行使した場合，事後に必ず国会の承認を得なければならない[18]。その上で，金子（1974）は，一方で，当時の英国のような個別消費税の下では，若干の物品について税率を引き

---

(15) 金子・前掲注（1）144頁（STANLEY S. SURREY, PATHWAYS TO TAX REFORM 358-59 (1973) を引用する）。ただし，この提案を実際にしているのは当時のFRB議長のアーサー・バーンズ（Arthur F. Burns）である（前掲注（1）144頁注12が参照するSURREY at 358-59 n.76 では，"Arthur F Burns, Chairman, Board of Governors of the Federal Reserve System, before the subcommittee on Priorities and Economy in Government, Joint Economic Committee, 92d Cong., 2d Sess. 9 (Dec. 7. 1972)" を引用する）。

(16) 税率などの課税要件を議会が委任することは，英国では，過去に仕入税についてもあった（ERSKINE MAY'S TREATISE ON THE LAW, PRIVILEGES, PROCEEDINGS AND USAGE OF PARLIAMENT 904 (David Natzler & Mark Hutton eds., 25th ed. 2019)）。

(17) 金子・前掲注（1）145頁。Finance Act 1961, 9 &10 Eliz. 2, c. 36, §9, sch. 3, 4 ("If it appears to the Treasury that it is expedient, with a view to regulating the balance between demand and resources in the United Kingdom, that the following subsection should have effect, the Treasury may by order direct that it shall have effect as respects the period during which the order is in force...")．当時の1961年の財政法には，同様の目的から，国民保険料についても付加金（surcharge）を課す権限を財務大臣に付与する規定があった（Finance Act 1961, §30, sch. 3, 5)。なお，1965年の国民保険法（National Insurance Act 1965, c. 51, §6）に同様の規定はあるが，1975年の社会保障法（Social Security Act 1975, c. 14）では同様の規定は見当たらない。

上げても，消費一般を抑制する効果は弱いとしつつ，他方で，多数の生活物品についてまで税率を引き上げた場合には，賃金の上昇により，インフレーションを激化させる可能性があるという課題を指摘する[19]。そして，1972年に導入された付加価値税についてもレギュレーターが導入されたが[20]，レギュレーターの運用にはこの課題が残るとする[21]。

③　西ドイツ

金子（1974）が西ドイツで着目するのは，1967年に制定された経済安定成長促進法である[22]。この法律は，租税を含む財政制度によって景気変動を調整しようとするものである。この法律によって導入された税制上の措置としては，①連邦参議院の同意の下に，法規命令によって，景気後退時に投資税額控除を認める措置，②連邦議会及び連邦参議院の同意の下に，法規命令によって，景気過熱時に，固定資産の減価償却を制限するもの，③連邦議会及び連邦参議院の同意の下に，法規命令によって，景気後退時

---

(18)　金子・前掲注（1）145頁。より細かく述べると，財務大臣が定める命令は，制定法的文書（statutory instrument）として制定され，下院に提出される。その後，21日以内に下院の承認決議が得られないと，効力を失ってしまう（Finance Act 1961, sch. 3 (2)）。

(19)　金子・前掲注（1）146頁。

(20)　1972年の財政法で導入された付加価値税については，1974年の付加価値税率の引下げでレギュレーターが発動された（金子・前掲注（1）145頁も参照）。その後，レギュレーターの発動により，2008年に付加価値税率が17.5%から15%に引き下げられた。これは，1994年の付加価値税法2 (2) が適用された初めての事例である（The Value Added Tax (Change of Rate) Order 2008, SI 2008/3020, Explanatory Memorandum ¶4.3)。なお，現在，付加価値税，たばこ税及びその他の物品税（excise duties）についてレギュレーターが残っている（Value Added Tax Act 1994, c. 23, §§2 (2), 97; Tobacco Products Duty Act 1979, c. 7, §6; Excise Duties (Surcharges or Rebates) Act 1979, c. 8, §§1 (2), 2 (3))。さらに，後掲注（83）も参照。

(21)　金子・前掲注（1）146頁。さらに，中里実「パピーア『財政法上の法律留保とボン基本法の民主主義原則』」『課税理論の研究　租税法論集Ⅲ』前掲注（6）37頁，47-48頁，55頁〔初出1980〕参照。経済安定成長促進法について，手島孝「財政政策と憲法——西ドイツ経済安定成長促進法に即しての批判的考察——」法政41巻4号315頁，325-326頁（1975）参照。

(22)　金子・前掲注（1）147頁。

に，所得税及び法人税の負担を税額の 10% の範囲内で引下げ又は引上げを認める措置である[23]。さらに，経済安定成長促進法は，景気調整準備金の制度を設け，景気加熱時には租税の増収額等を繰り入れ，景気後退時にはこの準備金を取り崩すこととした[24]。

④　日　本

最後に，日本について，金子（1974）が取り上げる景気調整のために税制を用いている例は，延納に係る利子税の特例（現在の租税特別措置法 66 条の 3 及び租税特別措置法施行令 39 条の 11）である。これは，景気調整対策上の措置を講ずることが必要であると認められる期間として政令で定める期間内は，日本銀行の基準割引率の引上げに応じて，利子税率の引上げを認めるものである。また，会社臨時特別税についても，景気調整的要素を有すると評価する[25]。さらに，当時検討がなされていた景気対策的租税についての構想として，経済審議会景気調整政策に関する研究会による報告書[26]，大蔵省が考案した法案[27]及び早川試案と呼ばれる提案[28]の 3 つを紹介する[29]。

（3）租税制度を景気調整に用いることの課題

以上のように，各国における租税制度を景気調整のために利用する具体

---

[23]　金子・前掲注（1）147-148 頁。

[24]　金子・前掲注（1）148 頁。

[25]　金子・前掲注（1）151 頁。

[26]　経済審議会景気調整政策に関する研究会編『これからの景気調整政策』102-105 頁（大蔵省印刷局，1969）では，考えられる税制上の措置として景気変動に応じた法人付加税の創設やレギュレーター制度の導入を検討している。

[27]　大蔵省「経済安定に資するための財政金融に関する特別措置法案（仮称）の概要（昭和 48 年 6 月 7 日）」租税研究 284 号 44 頁，44 頁（1973）によれば，同法案は景気調整のための法人税課税の特例を含み，減価償却に算入する金額を景気変動に応じて調整する内容を含むものである。さらに，当初の法案には，法人税率を一定の範囲内で操作する権限を行政に付与する内容も含んでいたが，租税法律主義との関係で公表された法案には含まれなかったようである（「難産が予想される経済安定特別措置法案」金財 24 巻 18 号 16 頁，16 頁（1973））。

例を確認した上で，金子（1974）は，その有効性と必要性が認められる限り，当時の経済的混乱の下で，国民の生活を守るための手段として，どのように活用すべきかを，真剣に検討すべきであるとまとめる[30]。さらに，ドイツの景気調整準備金のような制度を創設することも考慮すべきと指摘する[31]。

その上で，租税制度を景気調整などの経済政策の手段として利用すること自体は憲法上禁止されていないとするものの，憲法上の制約を3つ挙げる[32]。

1つ目は，憲法が予定する経済秩序から生ずる制約である。憲法13条，22条，29条等の趣旨からすると，国家の経済政策は，私的企業体制を補完又は補充することにとどまるべきであって，それを基本的に変更又は否定するものであってはならない[33]。

2つ目は，平等原則による制約である。景気対策として租税制度を利用する場合にも，所得の性質や納税者の種類によって異なる取扱いをするときは，それが不合理な差別を構成しないか慎重に検討する必要がある[34]。

3つ目は，租税法律主義による制約であり，委任立法と遡及立法の2つの問題がある。まず，委任立法との関係については，民主主義的政策決定手続との両立を図るためには，一般的・白紙的委任は認められず，英国及び西ドイツのような国会の事前又は事後の同意が必要であり，仮に同意があるとしても，委任はなるべく個別的・具体的であることが望ましい[35]。

---

(28)　早川崇＝石原義盛「物価安定の考え方と具体策」小沢守雄編『賃金・物価・所得政策』45頁，51-52頁〔早川〕，68-71頁〔石原〕，73-74頁（労働法令協会，1974）は，資本金10億円以上の営利法人について，政令で定める限度額を超える労務費を支払ったときに，限度額を超える部分の損金算入を否定することを提案する。なお，配当についても同様の特例を定めるものとするが，その詳細は不明である。

(29)　金子・前掲注（1）151頁。

(30)　金子・前掲注（1）153頁。

(31)　金子・前掲注（1）153頁。

(32)　金子・前掲注（1）154頁。

(33)　金子・前掲注（1）154頁。

(34)　金子・前掲注（1）155頁。

景気安定化の手段としての租税制度の可能性とその限界　269

次に，遡及立法との関係については，期間税の年度途中での税率の引上げ
を取り上げて，年度の始めに遡って適用することが認められるかは納税者
の信頼が法的保護に値するかという問題となる[36]。

Ⅲ　金子（1974）の位置付け

1　研 究 手 法

　金子（1974）は，一定の制約がありつつも，経済政策の手段として租税
制度の利用を肯定する実践的な方向性を示す研究成果である[37]。研究手
法としても先例的価値も高く，法制度が個々の家計や企業に影響を与える
場合とマクロな経済全体に影響を与える場合を区別した上で，特に後者に
ついて論ずる金子（1974）は，法とマクロ経済学に関する研究の1つとし
て位置付けることができる。その中でも，金子（1974）は，マクロ経済政
策に関わる法制度に関する分析を行うものである。望ましい法制度のあり
方を検討するためには，経済学の理解が不可欠であるところ，金子
（1974）がその末尾で法学者と経済学者の協力が必要であると指摘する[38]
のは示唆的である[39]。

2　憲法上の制約に関する再検討

　金子（1974）後に，租税制度を景気変動の安定化を目的として用いるこ
とに関する研究はあまり示されていない。これにはもちろん1970年代以
後の経済状況の変化も考えられる[40]。もっとも，金子（1974）が示す租税

---

(35)　金子・前掲注（1）155-156頁。
(36)　金子・前掲注（1）156頁。
(37)　中里・前掲注（6）623-632頁。
(38)　金子・前掲注（1）158頁。
(39)　さらに，中里実＝J・マーク・ラムザイヤー「戦後日本における租税法の成立と
　　　発展——金子租税法学を中心に」金子宏編『租税法の発展』55頁，63-64頁（有
　　　斐閣，2010）は，「租税法を素材として公法学における政策論の重要性を解き，同
　　　時にその際の経済学等の利用の仕方をも明解に示した」と評する。

制度を景気調整などの経済政策の手段として利用する際の3つの憲法上の制約は，租税法の基本原理と接続する重要な課題にとどまらず，今後租税制度を景気安定化の手段として利用する上で必ず問題となる点である。そこで，3つの憲法上の制約について現在の理解を前提にその位置付けを改めて確認する。

1つ目の制約は，憲法が前提とする市場経済秩序の維持及び尊重である。これは，政策目的との関連における憲法的統制であると理解することができるものの[41]，立法府の裁量が広いのが実状であると考えられる。それゆえに，憲法による実質的な制約がどこまで及ぶかは明確でないが，1つの方向性を示すものとして理解することは可能であろう。そして，金子(1974) 執筆時と現在とでは，景気安定化の政策手段に対する理解が変わっている。以上を前提とすると，市場経済秩序の維持及び尊重については，国家の市場に対する関わり方として科学的知見を踏まえたより慎重なものが求められていると理解することも可能であると考えられる。このように考えることができるならば，中央銀行による自律的かつ機動的な金融政策が可能な現状においては，裁量的かつ柔軟な対応が難しい租税制度を用いる必要性は低いということになりそうである。もっとも，財政政策中の自動安定装置については，機動的に対応することが可能であるという側面があり，これを用いることは排除されないであろう。

2つ目の制約は，平等原則である。これは，租税特別措置を内容面から統制しようとするものである[42]。金子 (1974) では，租税負担の公平な配分を重視する立場から[43]，個別経済政策目的のためにする租税の減免措

---

(40)　藤岡祐治「租税の機能としての景気調整機能」フィナンシャル・レビュー 152 号 99 頁，105-108 頁（2023）。

(41)　中里実「税制改革の背景」『課税理論の研究　租税法論集Ⅲ』前掲注 (6) 658 頁，667 頁〔初出 2008〕。

(42)　中里・前掲注 (6) 628-629 頁；吉村政穂「予算審議過程における租税移転（Tax Transfers）把握の試み―租税歳出予算の新たな枠組み―」フィナンシャル・レビュー 103 号 125 頁，127 頁注 8（2011）。

置である租税特別措置に対しては，とても厳しい立場を示している[44]。平等原則による内容的統制が租税特別措置に対して必要であるのは当然であるが，平等原則がどこまで実質的な制約となるかは明らかではない[45]。また，平等原則による制約は，租税法のみに及ぶわけではないのであるから，経済の安定化という目的を実現するために，他の政策手段を含めてどのような制度設計が望ましいかという観点から検討することも必要であると考えられる[46]。

　３つ目の制約は，租税法律主義であり[47]，これは委任立法の問題と遡及立法の問題の２つに分けられる。

　これらのうち，委任立法との関係では，一定の場合に一般的白紙的委任を認める余地はあると考えられる[48]。景気調整的租税制度における一般的白紙的委任が許されるかという点では，国会の事前又は事後の同意の有無も重要な考慮要素であるが，委任立法に時間的な制約が課せられているかという点も重要な考慮要素であろう。すなわち，委任立法は租税法律主義のうち課税要件法定主義との関係で問題になるが[49]，権限を委任された行政が任意のタイミングで委任された権限を行使できなければ，国会に

---

(43)　さらに，金子宏ほか「金子宏先生に聞く（第１回）　租税法の解釈・適用，租税法と私法」法時84巻４号64頁，67頁（2012）〔金子宏，佐藤英明発言〕参照。

(44)　既に金子・前掲注（5）32-36頁において，租税特別措置の導入について，公平負担の原則との関係やそれが政策目的との関係で効果的かを慎重に吟味すべきとして，厳しい姿勢を示していた。

(45)　中里・前掲注（6）629-630頁参照。

(46)　David A. Weisbach & Jacob Nussim, *The Integration of Tax and Spending Programs*, 113 YALE L. J. 955, 980 (2004).

(47)　金子宏「はしがき」『租税法理論の形成と解明　上巻』前掲注（1）i, i-ii頁において，金子（1974）を租税法律主義に関する論文として位置付け，租税法律主義の現代的な機能である法的安定性と予測可能性をどう確保及び維持するかという問題意識に基づくものであるとする。

(48)　さらに，中里・前掲注（21）55頁参照。

(49)　佐藤英明「租税法律による命令への委任の司法統制のあり方――現状と評価――」中里実＝藤谷武史編著『租税法律主義の総合的検討』11頁，11-12頁（有斐閣，2021）〔初出2017〕。

よる民主的な統制が一定程度及んでいると評価することも可能であろう。さらに、税率の上限や下限といった委任された権限の範囲に一定の制限があるならば、課税要件法定主義との関係で問題は生じていないと評価しやすくなると考えられる。

次に、公布の日より前に生じた課税要件に遡って法律を適用する遡及立法について、金子（1974）は租税法律主義の内容として位置付けている[50]。もっとも、予測可能性の保障のために租税法律主義があることを前提に、税収・再分配目的の租税と、それ以外の政策目的の手段として位置付けられる租税を区別し、予測可能性の観点から両者を区別する見解が現在では示されている[51]。遡及立法に関する現時点における議論を前提とするならば、所得税や法人税などの期間税について遡って税率を変えることも景気安定化目的ということならば、認められる可能性が高いと考える。

既に述べたように、金子（1974）は手法面でも先駆的であり、租税制度を景気調整などの経済政策としての利用に内容的統制を及ぼそうとした点で重要な業績である。もっとも、内容的統制が景気安定化のために租税制度を用いるために必要であるとしても、現在の視点からすると異なった理解も可能であり、租税制度を景気安定化目的で利用することについては以前に比べ応用可能性が広がっているとも考えられる。そこで、他の政策手段も視野に入れつつ、租税制度の景気安定化目的の利用可能性を探る。

---

(50)　金子・前掲注（1）156頁。さらに、金子・前掲注（5）15頁参照。

(51)　渕圭吾「租税法律主義と『遡及立法』」中里＝藤谷編著・前掲注（49）61頁、83-87頁〔初出2017〕。さらに、中里実ほか編『租税法概説（第4版）』26-27頁〔藤谷武史〕（有斐閣、2021）参照。

Ⅳ 租税法を景気安定化の手段として用いることの可能性と課題

1 各種の景気安定化政策

　以下では，租税制度を景気安定化政策に用いる前提として，租税制度を含めて，どのような景気安定化政策の手段があるかを確認する。

　伝統的な安定化政策としては，金融政策[52]と財政政策がある。伝統的な金融政策は，公開市場操作等によって金利に影響を与えることによって，経済活動を抑制又は活発にするものである[53]。さらに，ゼロ金利制約下では金利をさらに引き下げることができないため，非伝統的な金融政策として，金利ではなく，中央銀行当座預金残高に着目し，大規模な国債等の資産買入れを実施する量的緩和政策[54]の採用などがある。財政政策は，景気後退時又は景気拡張時に，財政支出の拡大又は縮小等によって総需要の増加又は抑制によって，経済を安定化させるものである[55]。財政政策の中には，予算措置による財政支出を調整するものに加えて，租税負担の増減によるものが含まれる。

　金融政策と財政政策では，実施主体が異なる。一方で，金融政策の実施主体は中央銀行であるが，他方で，財政政策の実施主体は立法府である。

---

(52) ここでの金融政策は，片桐直人「通貨政策と財政政策のあいだ——欧州中央銀行の国債買入政策をめぐる憲法問題——」阪本昌成古稀『自由の法理』485頁，489頁注9（成文堂，2015）が通貨政策と呼ぶものを念頭に置いている。

(53) なお，金融政策と財政政策の分離を厳密に考える場合，通貨制度の維持により，物価の安定が確保される場合に限って，金融政策を景気安定化のために用いることも許されることになる（片桐直人「財政金融と憲法」法教393号4頁，12頁（2013））。

(54) 藤谷武史「租税国家の危機2.0（中）——財政・貨幣・金融の連関構造の動揺と再構築？」法時95巻4号71頁，71-76頁（2023）。

(55) なお，財政支出の増加によって金利が上昇するため，民間投資が減ってしまうクラウディング・アウトが生じてしまうため，金融政策も同時に実施されることになる。

ただし，金融政策と財政政策については，一応の区別は可能であるとして
も，実際には両者の区別が曖昧な場合もあり，必ずしも厳密に区別するこ
とができるわけではない。

　実施主体という観点からすると，立法府は財政支出を決定することがで
きることに加えて，租税法に限らない立法措置を講ずることが可能である。
そして，立法措置には様々なものが含まれるが，景気安定化を目的とする
立法措置もある。例えば失業保険の整備は，景気後退期における失業者の
消費の平準化を可能にする点において，景気安定化機能を有している。ま
た，規制緩和のように法律それ自体が総需要を増加させるものもあり，こ
の場合は成長政策としての側面もあるが，景気変動の安定化にもつなが
る[56]。

　景気安定化政策を実施する主体としては，中央銀行や立法府に加えて，
さらに行政や司法を想定することを可能であるという主張もなされてい
る[57]。これは，伝統的な金融政策と財政政策が効果的ではない状況におい
て，これら以外の手段を探ろうとするものである。

　ここで，行政による景気安定化政策の手段として想定しているのは，行
政が有する裁量権の行使である。行政が財政支出に関する裁量権を有して
いるのであれば，それを行使することによって総需要を増加させることが
可能である（行政による「拡張的財政政策（expansionary fiscal policy）」)[58]。
例えば，景気後退時にある特定の給付の受給率が低い場合，それを引き上
げるように行政が働きかけをすることが考えられる[59]。また，行政がある
規制権限の行使について裁量権を有しているならば，当該裁量権を行使す

---

(56)　YAIR LISTOKIN, LAW AND MACROECONOMICS 129-30 (2019). 同書の書評として，藤
　　　岡祐治「学界展望」国家 135 巻 9・10 号 815 頁（2022）。
(57)　LISTOKIN, *supra* note 56, at 154-62.
(58)　*Id.* at 114-15. なお，財政余力によってではなく，政治的理由によって財政政策を
　　　実施できないことが，行政による拡張的財政政策を実施する前提と想定されてい
　　　る（*Id.* at 114)。
(59)　*Id.* at 121-23.

ることによって総需要に影響を与えることが考えられる（「拡張的法政策（expansionary legal policy）」）[60]。

さらに，司法がその判断に景気循環を考慮することによって，景気安定化政策を実施することも考えられる[61]。例えば，景気後退時には，司法が再生手続における債務免除を広く認めることによって総需要を増加させることが考えられる[62]。

以上のように，景気変動への対応としては，中央銀行による金融政策と立法府による財政政策といった伝統的な手法があることに加えて，立法府は立法措置による景気安定化政策も講じることも可能である。さらに，行政や司法もその裁量の範囲内で景気安定化政策を講じる余地がある。

2 各景気安定化政策の性質
（1）法的統制

以下では，各景気安定化政策の性質を確認する。本稿が注目するのは，これらに対する法的統制，自動的又は裁量的な措置であるか，タイム・ラグ及び対応の正確性である。それぞれの性質を明らかにすることによって，各手段の役割分担や租税制度を景気安定化政策の手段として用いる際の課題を考えることが可能になるためである。

まず，法的統制について，各手段に対する内容的統制と手続的統制を簡潔に概観する。

中央銀行による金融政策については，金融政策の自律性を手放している国家でない限り，その実施主体である中央銀行の独立性が認められるのが

---

(60)　*Id.* at 4. ただし，規制緩和のみが総需要を増加させるわけではなく，規制強化は一定の支出を義務付ける効果もある点で，規制の強化と租税を課すことの効果が必ずしも同じというわけではない（*Id.* at 137）。*See also* Alexander Mechanick & Jacob Weber, *The Countercyclical Benefits of Regulatory Costs*, 16 J. Legal Analysis 120（2024）（流動性の罠の下では，規制を課すことによって社会厚生が増加することがあると指摘する。）.

(61)　Listokin, *supra* note 56, at 183-97.

(62)　*Id.* at 189.

一般的である[63]。もっとも，非伝統的な金融政策である量的緩和政策を進めた結果，金融政策は財政政策と「共依存関係」に陥っているという評価もある[64]。これは，両政策の境界が曖昧である点にも関わるが，中央銀行の独立性にも関わってくる[65]。

　財政政策のうち財政支出を伴うものについては，議会の民主的政治過程に委ねられており（憲法83条参照），予算議決が必要であるものの，基本的にはその内容について司法による統制は予定されていない。また，財政政策のうち，減税等のように租税を財政政策の手段として用いる場合，金子（1974）が示していたように，租税法律主義をはじめとした憲法上の制約が内容面及び手続面で及んでくる[66]。さらに，租税法以外の法律による景気安定化政策については，租税法律主義のような制約はないが，当然租税法と同様に憲法上の制約が及ぶ。

　次に，行政が財政支出に関する裁量権や規制等に関する裁量権を行使する場合について，行政に対する裁量付与の有無及びその範囲自体は，他の立法と同様に一定の内容的統制がある。また，行政が付与された裁量権を行使した場合については，当該裁量権の行使が付与された裁量権の範囲内であるかについて司法による統制がなされる。

　最後に，司法が景気安定化政策の実施主体となる場合，司法権の独立を前提とすると，手続的統制を除き，内容的統制を及ぼすことは実質的には難しいと考えられる[67]。もっとも，法解釈の範囲内であることを担保するために，上級審の裁判所は，景気循環を考慮せずに，下級審の判断が認められる解釈の範囲内であるかを審査することも考えられる[68]。

---

(63)　さらに，片桐直人「日本国憲法の下における中央銀行制度の位置づけとそのデザイン」論ジュリ16号140頁，141-147頁（2016）参照。

(64)　藤谷・前掲注（54）76頁。

(65)　*See also* LISTOKIN, *supra* note 56, at 11.

(66)　金子・前掲注（1）154-156頁。

(67)　LISTOKIN, *supra* note 56, at 190-91, 195-96 は，裁判官がマクロ経済学の専門家ではないことやその判断が独立したものであることから，司法が景気安定化政策を実施するのは，流動性の罠の下にある場合に限ることを提案する。

（2）自動的又は裁量的な措置

次に，考慮すべき景気安定化政策の性質は，実施主体がどれだけ政策について裁量を有しているかである。実施主体が有する裁量は，それを行使するタイミングに関する時間的な裁量と行使する権限の内容に関する裁量の2つに分けることが可能である。

金融政策と財政政策については，実施主体にいずれの裁量も広く認められている。すなわち，景気安定化政策を実施するに当たって，中央銀行と立法府はその実施するタイミングを選ぶことができ，その実施内容についても広い裁量がある。

ただし，実施のタイミングや内容についていずれも事前に中央銀行又は立法府自身がその裁量に制約を課すことも可能である。このとき，将来の中央銀行又は立法府の裁量が限定されることになる。仮に事前に課した制約によって政策の実施の有無やその内容が自動的に決定する場合，それらは自動的な金融政策又は財政政策となる。自動的な財政政策には，例えば，累進構造を持つ所得税のように景気変動に応じて納税額が増減するものや失業保険のように景気の変動に応じて支出が増減するものが含まれる。これらは，増減税や財政支出の決定のタイミングやその内容について立法府の裁量はない。景気の変動にかかわらず適用される制度も考えられるが，景気変動の特定時期に限って適用のある制度のような自動的な財政政策も考えられる[69]。さらに，金融政策についても，特定の指標を参照して，事前に自動的に講ずる措置の内容を定めておくようなものを想定することが可能である。

このように，財政政策と金融政策については，自動的な措置と裁量的な措置のいずれによることも可能である。これに対し，行政と司法による景

---

[68]　*Id.* at 191.

[69]　例えば，失業率が事前に定めた閾値を一定期間超えた場合に，財政支出をする制度が考えられる（Claudia Sahm, *Direct Stimulus Payments to Individuals in* RECESSION READY: FISCAL POLICIES TO STABILIZE THE AMERICAN ECONOMY 67, 76-87 (Heather Boushey et al. eds., 2019)）。

気安定化政策については，それぞれがその裁量権を行使するものであることを踏まえると，行使する権限の内容が自動的に定まっているものは想定しにくい。これに対し，行政と司法による景気安定化政策を講ずるタイミングについては，裁量があるとも考えられる。もっとも，これらが金融政策や財政政策を用いることができない場合の補完的手段であることを前提とすると，タイミングに関する時間的な裁量については制限的に考えるべきである[70]。それゆえ，行政と司法による景気安定化政策については，タイミングについての裁量は限定的に考えるべきであり，その行使する裁量も平時と同じもので[71]，いずれの裁量もそれほど大きくはないものとなるべきである。

（3）タイム・ラグ

景気変動を安定化させるに当たっては，必要なタイミングで適切な措置が講じられることが望ましい。一般的には，金融政策は財政政策に比べ，専門家が経済の変化を捉えて，迅速に対応できる点が利点として考えられている。それゆえ，裁量的な財政政策のうち租税を用いるものについて，金子（1974）は，このタイム・ラグを減らすための各国の工夫を考察した[72]。これに対し，自動的な財政政策による景気安定化政策は，景気変動を的確に捉えて財政政策の発動要件に取り込めているならば，タイム・ラグが小さいというメリットがある。立法府が行政に政策実施のタイミングを委任している場合も行政の専門性次第であるが，タイム・ラグが小さくなる。さらに，行政と司法による景気安定化政策については，立法による承認が必要なものに比べれば，タイム・ラグは小さいとも考えられる[73]。

---

(70)　前掲注（57）に対応する本文参照。

(71)　Listokin, *supra* note 56, at 149-50 は，この点で立法府に比べ行政や司法による景気安定化政策が合理的であるとする。もっとも，景気後退時に裁量権を行使することを意識するようになる結果，それ以外の局面での裁量権行使に影響が出る可能性はある。

(72)　金子・前掲注（1）142-150 頁。

(73)　Listokin, *supra* note 56, at 147-48. さらに，長期停滞（secular stagnation）を前提とするならば，多少のタイム・ラグは大きな問題でないとも考えられる（*Id.*）。

さらに，タイム・ラグとの関係で考慮すべきは，政策を実施した場合に
その政策の効果が現れるタイミング，すなわち即応性である。例えば，金
融政策の場合，複雑な経路を経て，政策目的を実現するため，政策の効果
が出るまでに時間がかかることがある。これに対して，例えば，一時的な
流動性制約が景気安定化のための課題であるならば，金銭の貸付けや給付
などが効果的である。このように，即応性との関係では，問題となってい
る事象によって望ましい政策が変わってくる。

（4）対応の正確性

　最後に，景気安定化政策の手段の性質として考えるべきものは，その手
段としての対応の正確性である。実施主体のマクロ経済政策に関する専門
性は，対応の正確性を担保する１つの要素である。対応の正確性という点
を考えるに当たって課題となるのは，ある対応をした事前の時点における
最適な政策と長期的に見た事後の観点から最適な政策とが異なるという動
学的不整合の問題である。

　金融政策については，専門性を有する中央銀行が実施主体であることに
加えて，動学的不整合の問題を解消するために，実施主体である中央銀行
の独立性を認め，実施する政策への信認を高めるための方策が講じられて
いる。ただし，実際にその政策への信認が得られているかは別の問題であ
る。財政政策については，実施主体である立法府にどこまでマクロ経済政
策に関する専門性を有するかという問題があることに加えて，動学的不整
合の問題は解消されていない[74]。最後に，行政と司法による景気安定化政
策については，専門性に関する評価は分かれるところであるが[75]，裁量の
範囲は狭く，金融政策や財政政策によって措置が講じられない限定的な場
合を想定したものであるゆえに，対応の正確性についてはあまり大きく問

---

(74)　*Cf.* Saul Levmore, *Interest Groups and the Durability of Law, in* THE TIMING OF
　　　LAWMAKING 171, 178-79 (Frank Fagan & Saul Levmore eds., 2017)（財政支出
　　　は一度認められると，廃止されにくい点を指摘する。）．
(75)　なお，立法府に比べて行政や司法の方がマクロ経済政策に関する専門性を有して
　　　いるという評価もある（Listokin, *supra* note 56, at 36-37, 112-13, 145-46）．

題とならないとも考えられる。

（5）小　　括

以上のように，各景気安定化政策は，それぞれ異なった性質を有する。行政と司法による景気安定化政策は特殊な性質を有しており，限られた局面を念頭に置いたものであることは明らかである。制度設計の観点からは，それ以外の手法を主として考えることになる。また，制度設計に当たっては，それぞれの性質を考慮する必要がある。

3　景気安定化政策としての租税法

（1）租税法を含む法制度全体の景気安定化効果の確保

以下では，景気安定化政策として租税法を用いる可能性について探る。景気安定化政策としての租税法はいくつかある手段の中の1つに過ぎない。そのため，他の手段の存在，すなわち，租税法以外の財政政策と金融政策の存在を前提に，租税を手段として用いる可能性を検討する必要がある。

まず，金融政策については，これが景気安定化政策をどこまで担うべきかということは考える必要があるものの，金融政策の存在は所与として考えるべきである。これは，中央銀行に関する制度設計や金融政策の目的をどのように考えるかという課題はあるが，中央銀行が専門性を有しており，機動的に対応できる点は経済の安定化にとって利点があるためである。もちろん，金融政策の効果が現れるのには時間がかかるため，金融政策以外の政策も必要である。

次に，財政政策を含めた立法的措置のあり方についてである。予算と法律という形式は異なるとしても，いずれについても議会による承認が必要である。景気循環と同様に法制度も経済や社会の変化に対応して変化しており，法制度にも一定の循環（legal cycle）が存在するという指摘がある[76]。もっとも，この循環の変化がある度に，場当たり的に法制度の制定や改廃

---

(76)　Frank Fagan, *Legal Cycles and Stabilization Rules, in* The Timing of Lawmaking, *supra* note 74, at 11, 12.

を行うことは非効率的である。なぜならば，法制度の制定や改廃には，利益団体によるロビイング活動が生じることに加えて，変化に対する認知バイアスによって最適な政策が選択されないためである[77]。そこで，法制度の循環を安定化するための制度を事前に採用することが考えられる。このような安定化するための制度を事前に採用することが効果的であるのは，法制度の循環を事前に特定できる場合であり[78]，景気変動に応じて生ずる法制度の循環はまさにその趣旨が妥当する分野であろう。この場合，動学的不整合の問題は一定程度解消されることになる。

　以上の議論が示唆するのは，景気変動に応じて法改正がなされる分野については，事前に法制度の中に自動的な景気安定装置を組み込むことが望ましいということである。リスク愛好的な者でない限り，予測可能性が高い法制度は，取引コストや不確定性を減らすため，より望ましいものである。租税法令の中には既に景気循環抑制効果を有するものがあるが，現時点では租税の景気調整機能はあまり重視されていない[79]。もっとも，租税制度をより積極的に自動的な景気安定化政策の手段として用いる可能性があるかが問題となる。この点についても，他の制度との関係で考えるべきである。すなわち，租税法令を用いた景気安定化政策は手段として即応性に欠ける可能性があることに加えて，景気循環に応じて租税負担を増減させることの効果がどこまであるかを考慮する必要がある。例えば，個人に対する自動的な直接給付[80]の方がより効果的であるならば，そちらによるべきである。

　したがって，景気変動に応じて事前に法制度が講ずべき局面や対応を想定できる場合については，租税法を含めた法制度が全体として景気変動を安定化させる効果を確保していくことが望ましい。その際には，それぞれ

（77）　*Id.* at 12-13.
（78）　*Id.* at 13.
（79）　藤岡・前掲注（40）113-118頁。
（80）　*See* Sahm, *supra* note 69.

の性質を踏まえてより効果的な手段を選んだ上で，その相互作用について
も考慮する必要がある。

（2）事後的に裁量的に租税法を用いる可能性

租税法をはじめとした法制度が循環することを前提に，法制度全体が景
気変動を安定化させるように事前に措置を講じたとしても，事後的な対応
が必要となるケースも考えられる。それが，事前に予期していなかった景
気変動等の変化が生じた局面である。その際には，裁量的な措置を講ずる
ことが必要となる。

そこで，租税制度を裁量的に景気安定化政策の手段として用いるべきか
ということが問題となる。ここでも，当然他の制度の特質を考慮する必要
がある。その上で，租税制度を用いることが望ましいならば，その可能性
は否定されるべきではないであろう。ここで想定しているのは，事前に法
循環を特定できない場合である。仮に法循環を特定できるのであれば，対
処すべきタイミングを定めておき，具体的な対応を行政に委任することは
考えられなくもない。ただし，租税法という形式を用いると，金子（1974）
が指摘する憲法上の制約が当然問題となる[81]。

これに対し，予期できないタイミングを法律で抽象的に定める形で[82]，
裁量的な政策を行政に委任することができるかが問題となる。金子
（1974）が紹介するレギュレーターもその発動するための要件として，か
つては需給を調整する必要性という抽象的な要件が定められていた[83]。
ただし，現在では，そのような要件はないものの，議会による事後的な承
認は必要である[84]。他の政策手段があることを踏まえると，議会による事
後的な承認もなく，法律で抽象的に定める形で行政に対応を委任すること
は望ましくない。

---

(81) いわゆる特殊関税は，租税という形式を採用しているため，問題となる。増井良
　　 啓「緊急関税と租税法律主義」新井隆一古稀『行政法と租税法の課題と展望』393
　　 頁（成文堂，2000）参照。

(82) 関税については，やや不明確な規定が多い（関税定率法6条1項・7条1項・8
　　 条1項・9条1項，関税暫定措置法3条1項等参照）。

さらに，仮に租税制度を裁量的に景気安定化政策の手段として用いるとしても，政策実施の方法については留意する必要がある。特に，政策の発表と実施のタイミングは可能な限り，短くすることが望ましい。なぜならば，政策の発表と実施のタイミングが異なると，家計や企業はそのタイミングの差異を利用した裁定的な行動に出る非効率が生じるためである[85]。

（3）小　　　括

様々な景気安定化政策手段があるところ，租税制度を用いたものはその1つに過ぎない。金融政策による景気安定化政策を前提に，法制度全体として，景気循環を含め事前に法制度が対応すべき局面が想定できるものについては，景気変動を安定化させる性質を内蔵していくことが望ましいと考えられる。もっとも，対応すべき局面を事前に特定できることが前提である。その上で，事前に予期していなかった景気変動等の対応について，租税制度を用いることは考えられるものの，他の景気安定化政策手段と比べる必要があることに加えて，実施方法についても裁定的な行動を減らすよう留意すべきである。

---

(83)　前掲注（17）参照。ただし，現在では，そのような要件はない。なお，2020年のCovid-19の時における対応は，付加価値税率を引き下げる権限を財務大臣に委任した規定（Value Added Tax Act 1994, c. 23, §§2 (2), 97）に基づくものではなく（前掲注（20）参照），軽減税率の対象品目が財務大臣に委任されている規定（Value Added Tax Act 1994, c. 23, §§29A(3), (4)）を利用したものであり，やや性格が異なる（The Value Added Tax (Reduced Rate) (Hospitality and Tourism) (Coronavirus) Order 2020）。なお，英国の場合，ある品目を標準税率ではなく，低い税率の対象に変更する場合，制定法的文書は積極的な決議を必要としない緩やかな手続（negative procedure）によることになる（Value Added Tax Act 1994, c. 23, §97(4)(c)(iia)）。

(84)　前掲注（18）参照。

(85)　なお，英国におけるレギュレーターに関する制定法的文書は，当該命令を施行する少なくとも21日前に議会に提出する必要があるところ（前掲注（18）参照），レギュレーターの発動により，2008年に付加価値税率が17.5％から15％に引き下げられた際の制定法的文書は，この21日ルール（21-day rule）と呼ばれるものに反するものであった（The Value Added Tax (Change of Rate) Order 2008, SI 2008/3020, Explanatory Memorandum ¶ 3）。これは，政策の発表を受けた人々の行動変化をできる限り減らす工夫であるとも考えられる。

金子租税法学の回顧と継承

「租税情報開示禁止原則」について

大阪大学准教授　田中　啓之

I　は じ め に

　金子先生が生前に情熱を傾けた研究課題の一つに，「租税情報（税務情報）の保護」又は「納税者の秘密の保護」という問題がある。

　これは，日本における納税者番号制度の導入が国政で議論されていた1970年代当時に，アメリカの納税者番号制度を紹介する論攷（以下「論文①」という。）[(1)]で，既に「納税者の秘密の保護」として主題化されていた問題であり，金子先生は，「〔納税者番号制度〕が採用されると，納税者に関する広範な情報が租税行政庁の手に集中することになるから，納税者の秘密を守る必要が現在よりもいっそう大きくなるであろう」という認識の下で，秘密保護の必要及び秘密の意義に関する実定法の条文に即した検討とともに，「租税資料開示禁止原則」という法命題を主張されていた。

　このような，金子先生の先駆的なご業績にも支えられて，現在では，日

---

(1)　金子宏「納税者番号制度と納税者の秘密の保護」『所得課税の法と政策』（有斐閣，1996年）180頁（初出1978年）。なお萌芽的には，違法所得との関係で，守秘義務の範囲等が既に問題とされていた。金子宏「租税法における所得概念の構成」『所得概念の研究』（有斐閣，1995年）103頁以下（初出1975年）。

本でも租税情報の保護に関する立法的な整備が拡充しており，国家公務員法及び地方公務員法における公務員の守秘義務（国公 100 条 1 項，地公 34 条 1 項），並びに国税通則法における租税職員の守秘義務（税通 127 条）のほか，情報公開法，（新）個人情報保護法，個人番号法における法的な規律が精緻に発展している。

　ところが，この約半世紀間における租税情報の保護法制の発展において，金子租税法学により定式化された諸問題のうち，「納税者番号制度」及び「租税情報の保護」という大枠については，租税情報保護の立憲的根拠を踏まえて個別法の解釈を図るという議論形式をも尊重する形で，現行法制度との関係を踏まえた丁寧な後続研究[2]が生まれているのに対して，「租税資料開示禁止原則」又は「租税情報開示禁止原則」という法命題については，十分な回顧と継承が図られてきたとは言い難い。

　その理由の一つは，用語法にある。金子先生は，「租税資料開示禁止原則」という名称を租税法学会第 22 回総会（1993 年）（以下「論文②」という。）[3]時点で，「税務情報開示禁止原則」と改称されており，最終的には体系書『租税法』第 7 版（1999 年）以降，第 24 版（2021 年）に至るまで，「租税情報開示禁止原則」という名称を用いている[4]。この名称の変遷が，同原則の通時的かつ統一的な理解を妨げていることは否定し難い。

---

(2)　それぞれ代表的な後続研究として，渕圭吾「日本の納税者番号制度」日税研論集 67 号（2016 年）33 頁，髙橋祐介「納税者番号制度と納税者の秘密の保護」同 183 頁。

(3)　金子宏「税務情報の保護とプライバシー——納税者番号制度を視野に入れて」前掲書註 1 ）231 頁（初出 1994 年）。

(4)　同様に，「租税情報」及び「税務情報」という表現についても，金子先生は，論文②では，「税務情報」という表現を用いており，『租税法』（弘文堂）では，第 7 版（1999 年）以降，「租税情報」という表現を用いている。そこで，本稿では，特に断りのない限り，金子先生の最終的な用語であり，近年では一般的な学術用語でもある「租税情報」という表現を用いることにする。但し，法令用語としては，「租税情報」という表現の使用例はなく，「税務情報」という表現は，地方税法（施行規則）でのみ「機構処理税務情報」（762 条 1 項 3 号）という熟語表現で使用されていることに，一応留意すべきである。

もう一つの理由としては，租税情報の保護法制が整備された現在におい
て，同原則により解決を図られていた問題のうち重要な部分は，個別法の
規定により解決されていることが挙げられる（Ⅳ1参照）。特に，個人情報
保護法及び個人番号法では，保護の対象とされる「個人情報」，「個人関連
情報」及び「特定個人情報」等という情報の類型に応じて，目的外利用及
び提供の範囲が法定されており，同原則を援用する解釈論上の実益は，相
当の程度において失われている。

しかし，金子先生が，体系書の最終版においても同原則に関する記述を
維持した理由は，歴史的な証言を果たし続けるという研究者としての使命
感のみにあるのではなく，むしろ同原則に解釈論を含む法理論上の意義を
依然として与えていたからであると考えられる。

そこで，本稿は，金子先生の真意を解明し，残された世代に託された学
術的遺産の価値を測るため，同原則の意味内容（Ⅱ）及び歴史的な背景（Ⅲ）
を踏まえた上で，同原則の現在における意義について考察したい（Ⅳ）。

Ⅱ 「租税情報開示禁止原則」の意義

1 法的根拠

金子先生は，納税者等の秘密保護の法的根拠として，論文②では，原則
として租税職員の守秘義務（所税234条，法税163条，相税72条，消税69条，
地税22条等）であり，同様の規定がない租税については公務員の守秘義務
（国公100条1項，地公34条1項）であると述べていた[5]。これは，租税職
員の守秘義務は，公務員の守秘義務の特別規定であり，それ故，守秘義務
違反に対する罰則も，前者の方が後者に対し加重されているという趣旨で
あろう（平成22年改正前は，前者が2年以下の懲役又は30万円以下の罰金，後
者が1年以下の懲役又は3万円以下の罰金であり，現在は，前者が2年以下の懲役

---

(5) 金子・前掲註3）240頁。同旨，金子・前掲註1）189頁以下。

又は 100 万円以下の罰金，後者が 1 年以下の懲役又は 50 万円以下の罰金である）。

また，「租税情報開示禁止原則」の法的根拠についても，論文①では，「租税職員の守秘義務に関する規定から導き出すこともできるし，租税資料がもともと租税の賦課・徴収の目的のために収集されたものである，というその本質論から導き出すことも可能である」と述べていた[6]のに対し，論文②では，現行法上，「租税職員の守秘義務を根拠として」妥当すると明言されていた[7]。その趣旨は，①納税者等の秘密を（単なる守秘義務より）手厚く保護するため，②申告納税制度に対する納税者の協力を確保するためであり，同原則のコロラリーとして，租税情報転用禁止原則が妥当するという。

但し，金子先生は，守秘義務と租税情報開示禁止原則の保護範囲は完全には一致せず，例えば，「租税職員が調査の過程で知り得た納税者のプライバシーで資料化ないしデータ化されていないものは，前者〔租税職員の守秘義務〕の規定で保護する必要がある」と論じており[8]，租税情報開示禁止原則とは，あくまで（納税者等の秘密が記録された）「資料」又は「データ」の開示又は転用を禁止する原則と理解されているようである。

2 「租税情報」の意義

金子先生は，守秘義務により保護の対象となる「秘密」の意義として，（1）論文①では，刑法の議論を参照して，「個人であると法人であるとを問わず，私人の生活範囲に属する事実のうち，まだ一般に知られておらず，知られないことがその人の利益に合致すると認められる事実をいう」[9]，（2）論文②では，「個人・法人その他の団体のあらゆる秘密を含むと解すべきであり，その中には，個人のプライバシーも含まれる」[10]，（3）体系

---

(6) 金子・前掲註 1) 193 頁。
(7) 金子・前掲註 3) 241 頁。
(8) 金子・前掲註 3) 242 頁。
(9) 金子・前掲註 1) 191 頁。
(10) 金子・前掲註 3) 240 頁。

書では,「個人または法人の生活や活動に関する事実のうち,一般に知られておらず（秘密性），知られないことが本人の利益に合致し（秘匿の利益），かつ本人も知られないことを欲している（秘匿の意思）事項をいうものと解しておきたい。なお,ここにいう秘密には経済的秘密も含まれると解すべきである」と述べている[11]。

このように,金子先生は,表現において多少の揺れこそあれ,「秘密」とは,いわゆる「形式秘」ではなく,「実質秘」であり,すなわち,「非公知の事実であって,実質的にもそれを秘密として保護するに値すると認められるものをいう」（最決昭和 52 年 12 月 19 日刑集 31 巻 7 号 1053 頁）という判例法理を踏襲して,それを秘密性,秘匿の利益,及び秘匿の意思という 3 要件に分解した上で,租税法の分野では,そこにプライバシー及び経済的秘密が含まれることを強調していると理解することが適当であるように思われる。

これに対して,金子先生は,「租税情報開示禁止原則」により保護される「租税情報」の意義について,定義的な説明を施していないが,体系書では,「秘密」が記録された申告書又は調査書等の書類は,「租税行政組織から原則として門外不出」であり,「租税行政庁は,他の行政機関や国家機関から,これらの書類の提出・開示・閲覧等の要求があっても,これに応じてはならない」と述べており,これを「租税情報開示禁止原則」と命名されている[12]。この説明と,（Ⅱ 1 でも言及した）論文②での説明を併せると,金子先生は,「租税情報」の意義として,「秘密」が記録された「資料」又は「データ」と理解されているようである。

3 「開示」の意義──具体的な類型と例外

金子先生は,まず,守秘義務により禁止される行為として,論文②では,

---

(11) 金子宏『租税法（第 24 版）』（弘文堂,2021 年）935 頁以下（なお書きまでは,初版（1976 年）以降同じ。なお書きも,第 2 版（1988 年）以降同じ）。
(12) 金子・前掲註 11）937 頁（初版から表現を微修正の上,第 2 版以降同じ）。

「納税者等のプライバシーをもらし，又は盗用〔すること〕」を摘示しており，体系書では，「納税者等の秘密を，公務員であると私人であるとを問わず，他の者にもら〔すこと〕」を摘示している(13)。このように，体系書では「漏示」のみを明示されているが，これは，少なくとも国税通則法127条に基づく守秘義務との関係では，「盗用」を含まないという趣旨ではないであろう。

　また，体系書では，「これに対する唯一の例外」として，「租税行政組織の内部において，当該調査事案に関する租税の確定・徴収のために必要な範囲内で，上司および当該事案の調査に従事する他の職員に知らせること」を挙げており，税務調査と犯則調査の関係における秘密の保護については，この文脈で整理を図られている(14)。

　これに対して，金子先生は，「租税情報開示禁止原則」により禁止される「開示」の意義について，体系書では，「その職員の属する租税行政組織から原則として門外不出である」とのみ述べている(15)が，論文②では，「租税情報」を，①（租税行政庁の外部にある）他の行政機関及び国家機関並びに私人に対して，「提出」，「開示」又は「閲覧」等させる（する）こと，及び（厳密には同原則の派生である「租税情報転用禁止原則」により禁止される行為であるが）②（租税行政以外の）他の行政目的へ「転用」すること，を挙げている(16)。また，「これに対する例外は，法令によって，その開示が要求され，あるいは閲覧が認められている〔こと〕」であるという(17)。

　以上の理路を踏まえて，金子先生は，租税職員の守秘義務又は「租税情報」の利用が問題となり得る具体的な類型に応じて，以下のとおり，現行法の整理とご見解の提示を図られている。

---

(13)　金子・前掲註11) 936頁（初版以降同じ）。
(14)　金子・前掲註11) 936頁以下（初版から表現を微修正の上，第2版以降同じ）。
(15)　金子・前掲註11) 937頁（初版から表現を微修正の上，第2版以降同じ）。
(16)　金子・前掲註3) 241頁以下。
(17)　金子・前掲註11) 937頁（読点の追加を除き，初版以降同じ）。

（1）犯則調査との関係

　金子先生は，税務調査と犯則調査の関係という文脈において，質問検査権の行使について憲法 35 条及び 38 条は適用されないと判断した最高裁大法廷判決[18]を巡り，「憲法 38 条の趣旨が実質的に損なわれるのを防止するため」，①「質問・検査によって得られた資料は，関係者の刑事責任追及のために利用することはできず，また刑事手続において証拠能力をもたない」，②「租税職員が質問・検査の過程でたまたま納税義務者の租税犯則事実を知った場合は，租税職員の守秘義務が公務員の告発義務に優先し，租税職員はそれを外部にもらしてはならない義務を負う」という二つの主張を提示されている[19]。①の主張は，特に質問検査権等の行使により得られた資料を犯則調査における令状発布のための疎明資料としても用いてはならないという主張を含んでいる。

（2）民事訴訟との関係

（a）証言義務

　金子先生は，民事訴訟法における公務員の証言義務（民訴 191 条）は，確かに「職務上の秘密」について，「公共の利益を害し，又は公務の遂行に著しい支障を生ずるおそれがある場合」として，監督官庁が承認を拒むことができる場合を除き，（守秘義務の例外として）証言拒絶権を否定しているが，「納税者等の秘密については例外を定めていないこと，にかんがみると，租税職員の守秘義務は，原則としてこれらの場合にも及ぶと解すべきであろう」という解釈を提示されている[20]。

（b）文書提出義務

　金子先生は，平成 8 年法律 109 号による改正前の民事訴訟法における文書提出義務（旧 312 条，現 220 条）について，当事者の文書提出義務の要件である「訴訟において引用した文書」の意義として，「訴訟においてその

---

(18)　最大判昭和 47 年 11 月 22 日刑集 26 巻 9 号 554 頁（川崎民商事件）。

(19)　金子・前掲註 11) 996 頁（初版以降同じ）。

(20)　金子・前掲註 11) 937 頁（第 2 版以降同じ）。

存在を引用した文書」という（裁）判例及び通説によれば，例えば，推計課税の基礎とされた同業者の申告書等の資料もこれに該当し得るが，「租税情報開示禁止原則」により文書提出義務は否定されるべきであるという解釈を提示されていた。

これに対して，平成8年法律109号による改正後の民事訴訟法では，「公務員又は公務員であった者がその職務に関し保管し，又は所持する文書」（220条4号括弧書）を文書提出義務の例外から除外したところ，これは，情報公開法の制定と並行して再検討されることとされていた（附則27条）。そこで，平成13年法律96号による改正後の民事訴訟法では，文書提出義務の例外として，公務秘密文書（民訴220条4号ロ）が定められた。

金子先生は，公務秘密文書の要件である「職務上の秘密」の意義として，「職務上知り得た秘密（私人の秘密を含む）」とほぼ同義であり，公務員の所掌事務に属する秘密のみでなく，公務員が職務を遂行する上で知ることのできた私人の秘密であって，それが公にされることにより，私人との信頼関係が損なわれ，公務の公正かつ円滑な運営に支障を来すこととなるものも含まれるという判例[21]によれば，同業者の申告書等の資料もこれに該当し，結論として，平成8年改正前と同様に，文書提出義務は否定されるという理解を示している。

（3）国政調査との関係

金子先生は，（2）（a）と同様に，租税職員の守秘義務は，国政調査権の行使に対する証言義務（議院における証人の宣言及び証言等に関する法律5条）に優先すると述べている[22]。

（4）「正当な理由」

金子先生は，租税職員が，新聞社の取材に応じて，ある納税者に対する査察調査の結果を告発前の段階で公表したという事案について，守秘義務を免除すべき正当な理由があると判断した東京高判昭和59年6月28日訟

---

(21)　最決平成17年10月14日民集59巻8号2265頁。
(22)　金子・前掲註11）937頁（初版以降同旨）。

月 30 巻 12 号 2573 頁に反対して，国家賠償法における違法性の阻却と守秘義務の免除は区別されるべきであると述べている[23]。

4　小　　括

　以上のとおり，金子先生の学説は，体系書『租税法』初版（1976 年）の時点で殆ど完成されており，論文①で「租税資料開示禁止原則」という命名が行われ，論文②で「開示」の意義が明示されたほかは，立法及び判例の展開に即応した記述の追加と文言の微修正等が行われているのみである。このように，金子先生の学説は，世界的に見ても，（租税）情報保護法制の生成途上において形成された当時の最先端であり，先行研究[24]によれば，申告書情報等の「開示」（disclosure）に関する 1976 年米国内国歳入法典6103 条の規律等を踏まえた比較法としての水準も備えたものである。しかし，その後約半世紀を経て，日本の情報法が米国法と異なる在り方で発展を遂げ，諸概念の整理が図られた現在の視点では，少なくとも以下の問題を含んでいると考えられる。

（1）「租税情報」の意義──「媒体」との関係

　金子先生は，論文②以降，体系書の最終版に至るまで，「租税情報」とは，「秘密」が記録された「資料」又は「データ」と理解されているようである。

　これは，金子先生が，論文②において，「租税（税務）情報開示禁止原則」という表現を用いる理由として，「税務のコンピューター化の進展とともに，今日では，税務資料の多くがデータ化されつつあることにかんがみると，税務資料門外不出原則・税務資料開示禁止原則および税務資料転

---

(23)　金子・前掲註 11）937 頁以下（第 2 版以降同旨）。

(24)　石川欽也「米国の税務情報保護規定に関する歴史的考察──内国歳入法典第6103 条の改正経緯の検討を中心に」税務大学校論叢 41 号（2003 年）289 頁，吉村政穂「行政内部における租税情報の共有と制限──アメリカにおける納税者番号（TINs）をめぐる議論を中心に」税大ジャーナル 14 号（2010 年）19 頁，西本靖宏「租税情報の保護と開示：アメリカ内国歳入法典 6103 条を参考として」法学新報 123 巻 11 = 12 号（2017 年）313 頁。

用禁止原則という言葉の代わりに，今後は，『税務情報門外不出原則』，『税務情報開示禁止原則』および『税務情報転用禁止原則』という言葉を使うことが適当である。もちろん，ここにいう税務情報の中には税務資料も含まれる。」[25]と述べていることから窺い知れるものであり，金子先生のご理解では，「情報」とは，「資料」及び「データ」を包含する上位概念と整理されている。

しかし，現行の情報法では，「文書，図画及び電磁的記録」という「媒体」としての行政文書等と，「媒体」に記録された「情報」とが明確に区別されており，原則として，「情報」とは「媒体」に化体された「意味」を指す概念とされている。但し，個人情報保護法では，「保有個人情報」とは，行政文書等に記録されている所定の個人情報を意味しており，その限りで，「情報」という概念が行政文書等の「媒体」を前提とする場合があることには留意すべきである。

（2）「租税情報」の意義——「秘密」との関係

金子先生は，「租税情報」の範囲と「秘密」の範囲を直結させており，「秘密性」，「秘匿の利益」及び「秘匿の意思」という3要件を充足する「実質秘」に限り，保護の対象になると理解されている。

しかし，個人情報保護法では，保護の対象となる「個人情報」は公知か否かを問わないと理解されており，「実質秘」でなくても，生存する個人に関する識別可能な情報であれば，要保護性が認められている。また，同法は，必ずしも「個人情報」に該当しない「仮名加工情報」等も保護の対象としつつ，法人等の団体に関する情報は保護の対象から除外しており，公務員の守秘義務とは異なる多層的な情報類型の概念体系を擁している。

（3）「開示」の意義

金子先生は，「開示」とは，①租税行政機関以外の行政機関等に対する提出，開示又は閲覧等，及び②他の行政目的への転用であると説明されて

---

(25)　金子・前掲註3）242頁。

いる。これは，現行法との関係では，例えば，情報公開法における「文書開示請求権」，個人情報保護法における「保有個人情報」の「目的外利用」及び「第三者提供」という概念に加えて，民事訴訟法に基づく「文書提出義務」，更に各種の「閲覧請求権」等という，多様な制度を包含し得る概念として把握することができるものである。

このような包括的な概念構成は，金子租税法学の大きな特徴の一つであり，異なる制度に共通する法原理を発見する総論的思考の発露であると積極的に評価し得るものであるが，時として制度の差異に応じた各論的思考の妨げになり，議論の単純化をもたらすおそれがあることも否定し難いように思われる。

（4）守秘義務と「租税情報開示禁止原則」の関係

ところで，以上の確認作業を踏まえると，金子先生の立論においては，（租税職員等の）守秘義務と「租税情報開示禁止原則」の関係がそもそも不分明であるようにも思われる。

金子先生は，現行法上，「租税情報開示禁止原則」は租税職員の守秘義務から導かれるが，両者の保護範囲は完全には一致しないと論じている。具体的には，「租税職員が調査の過程で知り得た納税者のプライバシーで資料化ないしデータ化されていないものは，前者〔租税職員の守秘義務〕の規定で保護する必要がある」と述べており，その限りでは，守秘義務の保護範囲の方が「租税情報開示禁止原則」の保護範囲より広いと考えている。

他方，金子先生は，「租税情報開示禁止原則」により禁止される「開示」の意義として，①租税行政機関以外の行政機関等に対する提出，開示又は閲覧等，及び②他の行政目的への転用を挙げているが，これらが守秘義務により禁止される行為に該当する否かについては，明確な判断を示していない。しかし，例えば，「租税情報」の「盗用」に該当しない目的外利用は，「租税情報開示禁止原則」によってのみ禁止されると理解すべきように思われる。仮にこの理解が正しいならば，その限りでは，「租税情報開示禁

止原則」の保護範囲の方が守秘義務の保護範囲より広いことになる。

（5）比例原則に基づく比較衡量の余地

更に，金子先生の立論においては，「租税情報」についても，「開示」についても，非常に包括的な概念構成が図られているため，少なくとも表見的には，「租税情報」の要保護性の程度，並びに「開示」の具体的な態様による被侵害利益の程度及び目的の重要性等を，比例原則の枠組みで比較衡量する余地が乏しいようにも思われる。

事実，金子先生は，「秘密」には，プライバシー及び経済的秘密が含まれると注意を喚起しておきながら，それらを異別に取り扱うより，むしろ経済的秘密を含めてすべての秘密の「開示」を，民事訴訟法における文書提出義務等との関係でも，一律に（原則として）否定するという解釈を志向されているように思われるのである。

Ⅲ　「租税情報開示禁止原則」の背景

ところで，前節（Ⅱ）で概観した，金子先生の「租税情報開示禁止原則」は，どのような立法的及び社会的な背景において提唱されたものであろうか。そこで，本節では，日本法の背景を現在に至る歴史的な経緯として概観しておきたい。

1　個人情報保護法

先行文献[26]によれば，個人情報保護のための法制度は，個人情報に関する電子計算機処理の広まりとともに，1960年代後半から各国で検討されるようになり，1970年代にはスウェーデンを皮切りに，各国で立法化が相次いだ。また，日本でも，同年代には複数の自治体で個人情報保護条例が制定された。

---

(26)　日本における個人情報保護法の制定経緯について，園部逸夫＝藤原靜雄『個人情報保護法の解説（第3次改訂版）』（ぎょうせい，2022年）13頁以下参照。

他方，各国の個別的な法整備と国際間のデータ通信の調和を図るための国際的な取組みとして，1980 年には，OECD「プライバシー保護と個人データの国際流通についてのガイドラインに関する理事会勧告」(OECD ガイドライン）が採択され，プライバシーと個人の自由の保護に係る OECD 8 原則[27]を加盟国が国内法の中で考慮することが求められた。

このような各国等の対応及び OECD ガイドラインを受けて，日本でも，漸く 1988 年に行政機関の保有する電子計算機処理に係る個人情報の保護に関する法律（行政機関電算機個人情報保護法）(昭和 63 年法律 95 号）が制定され，1990 年 10 月から全面施行された。これは，「行政機関の保有する電子計算機処理に係る個人情報の取扱いに関する基本的事項」として保有の制限及び本人からの開示請求等を定めることにより，「行政の適正かつ円滑な運営を図りつつ，個人の権利利益を保護することを目的」としていた（1 条）。

更に，1990 年代には，「個人データの処理に係る個人の保護及びその自由な流通に関する欧州議会及び EU 理事会指令」(1995 年 10 月）が採択され，EU 加盟国に対して第三国が十分な保護措置を確保している場合に限り個人データの第三国移転を認める国内法実施を求めるいわゆる第三国移転制限条項が設けられたことや住民基本台帳法の改正（1998 年）により住民基本台帳ネットワークシステムの導入が図られたこと等を契機に，民間分野を包括的に対象とする個人情報保護のための制度とともに，公的分野においてもより厳格な個人情報保護の規律が要請されるに至った。

そこで，個人情報保護検討部会及び個人情報保護法制化専門委員会における検討を経て，2001 年には，個人情報の保護に関する法律案が国会に提出されたものの，翌年に審議未了のまま廃案となる。この旧法案を基礎に

---

(27)　OECD 8 原則とは，「収集制限の原則」(7 項），「データ内容の原則」(8 項），「目的明確化の原則」(9 項），「利用制限の原則」(10 項），「安全保護の原則」(11 項），「公開の原則」(12 項），「個人参加の原則」(13 項），「責任の原則」(14 項）をいう。

所要の修正を加えて，漸く 2003 年に，個人情報の保護に関する法律（個人情報保護法）（平成 15 年法律 57 号），行政機関の保有する個人情報の保護に関する法律（行個法）（同 58 号），独立行政法人の保有する個人情報の保護に関する法律（独個法）（同 59 号），情報公開・個人情報保護審査会設置法（同 60 号），行政機関の保有する個人情報の保護に関する法律等の施行に伴う関係法律の整備等に関する法律（整備法）（同 61 号）という関係 5 法が成立し，①利用目的の特定，②利用目的による制限，③利用目的の通知，④第三者提供の制限等を含む広範な規律が定められた。

　その後，個人情報法保護関係 5 法は，2009 年における消費者庁設置に伴う改正を除いて暫く大幅な改正を受けなかったが，情報通信技術の更なる進展によるビッグデータの活用等に伴う新たな課題が生まれたこと等を踏まえて，特に個人の行動等に関するパーソナル・データの適正な保護を図るとともに，第三者機関の設置等を内容とする「個人情報の保護に関する法律及び行政手続における特定の個人を識別するための番号の利用等に関する法律の一部を改正する法律」（平成 27 年法律 65 号）が成立した。

　また，2020 年には，平成 27 年改正法附則 12 条 3 項のいわゆる「3 年毎見直し」規定に基づく改正として，①利用停止・消去等の拡充，②漏えい等の報告・本人通知，③不適正利用の禁止，④仮名加工情報の創設，⑤個人関連情報の第三者提供制限，⑥越境移転に係る情報提供の充実等の措置を含む広範な規律が定められた（令和 2 年法律 44 号）。

　そして，翌 2021 年には，デジタル社会の形成を図るための関係法律の整備に関する法律（令和 3 年法律 67 号）により，（旧）個人情報保護法，行政機関個人情報保護法，及び独立行政法人等個人情報保護法の 3 本の法律を（新）個人情報保護法として統合するとともに（公民一体化。セグメント方式からオムニバス方式への移行），地方公共団体の個人情報保護制についても全国的な共通ルールを規定し，全体の所管を個人情報保護委員会に一元化する等の措置が図られ，令和 2 年改正とともにその大部分が令和 4 年 4 月から施行された（地方部分は令和 5 年 4 月施行）。

2 情報公開法

先行文献[28]によれば，情報公開の理念を表現する「知る権利」という言葉は，第二次世界大戦直後の新聞週間の標語に採用され，東京地判昭和33年12月24日民集20巻5号1125頁，及び最大決昭和44年11月26日刑集23巻11号1490頁等の（裁）判例において法的概念として承認された[29]。

また，1970年代には，ベトナム機密文書報道事件（1971年），外務省秘密伝聞漏洩事件（1972年）及びロッキード事件（1976年）等の内外における相次ぐ政治事件により，政府情報の公開を求める国民世論が興り，1982年には，複数の自治体において情報公開条例が制定された。

これに対して，国においては，第二次臨時行政調査会の最終答申（1983年）を受けて，総務庁行政管理局長の私的諮問機関である情報公開問題研究会において検討作業が行われ，その後政権交代を経て，行政改革委員会及び行政情報公開部会の検討作業を踏まえて，漸く1999年に行政機関情報公開法（平成11年法律42号）が制定され，2001年4月1日から同法が施行された。

他方，行政機関情報公開法の制定過程では，同法における情報開示請求制度及び情報提供制度の対象機関に含まれない，特殊法人（法律により直接に設立された又は特別の法律により特別の設立行為をもって設立された法人のうち，民間法人化されたものを除いたもの）についても，今後立法が予定される独立行政法人制度との関係を整理する形で法整備を行うとされており，当該方針に沿い，2001年に独立行政法人等情報公開法（平成13年法律140号）が制定され，2002年10月1日から同法が施行された[30]。

ところで，行政機関情報公開法及び独立行政法人等情報公開法では，情

---

(28) 日本における情報公開法の制定経緯について，宇賀克也『新・情報公開法の逐条解説（第8版）』（有斐閣，2018年）9頁以下参照。

(29) 但し，情報開示請求権という意味で，「知る権利」を認めた最高裁判例はないという。同・34頁以下参照。

(30) 同・238頁以下参照。

報公開と文書管理が「車の両輪」という認識に立ち，文書管理の基本原則について定める規定が置かれており，その詳細は各法施行令及び「行政文書の管理方策に関するガイドライン」により定められていたところ，その運用面での不備及び法制度の限界が社会的に認識されるようになり，現用文書と非現用文書を包括した公文書のライフサイクル全体を対象としたオムニバス方式の一般法として，2009年に公文書管理法（平成21年法律66号）が制定され，同年7月1日から同法が施行された[31]。

3 個人番号法

先行文献[32]によれば，番号制度に類似する制度は繰り返し検討されており，行政管理庁による事務処理用統一個人コード（1970年）及び国税庁による納税者番号制度（1978年）の検討にはじまり，グリーン・カード制度（1980-1985年）の導入に際しても類似の制度が検討された。その後，社会保険庁による基礎年金番号の導入（1997年）及び住民基本台帳ネットワークシステムの第一次稼働（2002年）により，特定の行政分野では，個人情報の一元的な管理のための制度が始動したが，社会保障番号（2006年）及び国民ID（2010年）等のより包括的な制度の検討は，悉く挫折してきた。

以上に対し，個人番号法の直接の契機は，民主党政権のマニフェスト及び税制改正大綱（平成21年12月22日閣議決定）であり，同政権下で，「社会保障・税に関わる番号制度についての基本方針」及び「社会保障・税番号大綱」が作成された（2011年）。旧法案は，第180回通常国会（2012年）に提出されたが，衆議院解散に伴い審議未了廃案となった。その後，自民党及び公明党の連立政権下で，新法案として第183回通常国会（2013年）

---

(31) 日本における公文書管理法の制定経緯について，同・14頁以下参照。現行条文の解説として，公文書管理研究会「令和4年改正対応逐条解説公文書管理法・施行令」（ぎょうせい，2023年）。

(32) 日本における個人番号法の制定経緯について，簡潔には，水町雅子『逐条解説マイナンバー法』（商事法務，2017年）55頁以下，詳細には，宇賀・後掲註49）2頁以下参照。

に提出されて成立したのが，行政手続における特定の個人を識別するための番号の利用等に関する法律（個人番号法）（平成25年法律27号）を含む，マイナンバー関連4法である。

IV　「租税情報開示禁止原則」の現在

1　立法の現在[33]

（1）個人情報保護法

　個人情報保護法は，同法で保護の対象となる「個人情報」とは，「生存する個人に関する情報」であって（提供元における）容易照合可能性があるもの又は個人識別符号が含まれるもの（2条1項）と定めている。これは，「個人に関する情報」のうち，特定の個人を識別できるものに限り，「個人情報」として保護するという趣旨である[34]。

　まず，「個人に関する情報」とは，観念的には広範であり，ある個人の私生活，社会的・経済的活動に関する情報全般を含み，個人の思想，信条，嗜好，資質等の内面的な状況のみならず，身体・外観，行動実績，経済状態，肩書等の外面的な性質，活動等の状況に関する事実，判断，評価を表す全ての情報（個人の属性情報）がこれに含まれると理解されている[35]。

　次に，特定の個人を識別できる情報は，属性情報が特定個人に結び付けられることにより，同人の権利利益が侵害される危険が生じる。特にデジタル社会においては，検索・突合等の容易性から，軽微な情報であっても利用のされ方等により深刻な権利利益の侵害が生じるおそれがある。そのため，プライバシー等の人格権に関する情報だけでなく，財産権に関する

---

(33)　令和3年時点における租税情報保護に関する法状況の概観を試みた例として，中尾真和「租税情報の取扱いにおける日本の現状」租税法研究50号（2022年）157頁以下。

(34)　高橋滋＝斎藤誠＝上村進『条解行政情報関連三法（第2版）』（弘文堂，2023年）574頁［上村進］。

(35)　同・574頁以下。

情報等も含めて，個人の識別可能性を基準として，保護の範囲が定められている[36]。

　なお，法人等の団体に関する情報は，個人に関する情報でないため，「個人情報」に該当しないが，例えば法人の取締役等の機関に関する情報は，当該機関に任命されている個人を識別できる限りで，「個人情報」に該当する。

　更に，個人情報保護法は，平成27年改正により，「個人識別符号」（2条2項），「要配慮個人情報」（3項），及び「匿名加工情報」（現6項）という概念を新設し，令和2年改正により，「仮名加工情報」（5項），及び「個人関連情報」（7項）という概念を新設して，特に欧州一般データ保護規則（GDPR）との整合性を確保する形で，保護の範囲及び程度を拡張している。

　このうち，「要配慮個人情報」とは，いわゆる機微情報（センシティブ・データ）であり，「人種」，「信条」，「社会的身分」，「病歴」，「犯罪の経歴」，「犯罪により害を被った事実」のほか，障害等の事実，健康診断等の結果等，刑事事件及び少年事件に関する手続の事実等の記述等が含まれる個人情報である。要配慮個人情報については，個人情報取扱事業者による取得に際し原則として本人の同意が必要とされており（20条2項），行政機関等による個人情報ファイルの取得等に際し個人情報保護委員会に通知する義務（75条）等が定められている[37]。また，「仮名加工情報」とは，元の個人情報から氏名等の記述等を削除等することにより作成されるものであり，個人情報に該当するものと該当しないものがあるが，いずれも保護が強化されている（41条，42条，73条）。他方，「匿名加工情報」とは，個人識別性の喪失措置及び安全管理措置を講じられた情報（パーソナルデータ）であり，個人情報に該当しないという整理の下で，ビッグデータ活用を可能にしている[38]。最後に，「個人関連情報」とは，「生存する個人に関する情報であ

---

(36)　同・575頁以下。
(37)　同・585頁以下。
(38)　同・593頁以下。

って，個人情報，仮名加工情報及び匿名加工情報のいずれにも該当しないもの」であるが，提供元では個人情報に該当しなくても，提供先では個人情報に該当するおそれがあるため，第三者提供に係る諸要件が定められている（31条，72条）[39]。

以上のとおり，現行の個人情報保護法は，情報類型の性質に応じて，緻密な保護の体系を構築しているが，最も基本となる「個人情報」に係る行政機関等の義務として，個人情報の保有（61条）並びに保有個人情報の利用及び提供に関する規律（69条）が挙げられる。

まず，行政機関等は，①個人情報を保有するに当たり，所掌事務等を遂行するため必要な場合に限り，かつ，その利用目的をできる限り特定しなければならないこと（61条1項），②当該特定された利用目的の達成に必要な範囲を超えて，個人情報を保有してはならないこと（2項），③利用目的の変更は，変更前の利用目的と相当の関連性を有すると合理的に認められる範囲に限られること（3項）が定められている。ここで，「保有個人情報」とは，行政文書等に記録されている所定の個人情報に限られる（60条1項）と定められており，その限りでは，「文書，図画及び電磁的記録」という媒体に記録された個人情報の利用及び提供が制限されていることになる。

次に，行政機関の長等は，①法令に基づく場合を除き，利用目的以外の目的のために保有個人情報を自ら利用し，又は提供してはならない（69条1項）とされており，個人情報の目的外利用及び第三者提供は原則として禁止されている。但し，②本人の同意がある場合，③内部利用かつ相当の理由がある場合，④外部利用かつ相当の理由がある場合，⑤統計又は学術目的等の場合（以上2項各号）であれば，本人又は第三者の権利利益を不当に侵害するおそれがない限り，例外が認められている。解釈論上は，利用目的の範囲が争われることが多いようである[40]。また，法令に基づく場

---

(39)　同・597頁以下。

合の例として，注釈書では，国会法 104 条（官公署等に対する報告・記録請求），刑事訴訟法 197 条 2 項（公務所等に対する報告請求）等が挙げられている[41]ほか，例えば，社会扶助法の分野では，生活保護法 29 条，児童手当法 28 条，児童扶養手当法 30 条等の規定があり，都市法の分野では，空家等対策の推進に関する特別措置法（平成 26 年法律 127 号）10 条 3 項，所有者不明土地の利用の円滑化等に関する特別措置法（平成 30 年法律 49 号）43条，都市再生特別措置法（平成 30 年法律 22 号による改正）109 条の 12 等の規定がある[42]。

　なお，個人情報保護法における守秘義務（67 条）と公務員の守秘義務の関係について，本規定で保護される「個人情報」は公知であるか否かは問題とされておらず[43]，禁止される秘密の漏洩及び不当目的利用も，業務上の権限等として本法に基づく個人情報の利用及び提供をする以外の場合で，個人情報の内容を他人に知らせたり，個人情報を利用するといずれも推定されるという解釈が有力に主張されており[44]，本規定の方が守秘義務の範囲は拡張されていることになる。但し，個人情報保護法でも，「2 年以下の懲役又は 100 万円以下の罰金」という刑事罰の対象となるのは，あくまで「個人の秘密に属する事項が記録された」「個人情報ファイル」の提供であり（176 条），個人の秘密に該当しない個人情報の漏洩等は，懲戒処分等の対象となり得るにすぎない。

（2）情報公開法

　行政機関情報公開法は，「何人も，この法律の定めるところにより，行政機関の長……に対し，当該行政機関の保有する行政文書の開示を請求す

---

(40)　行政機関電算機個人情報保護法時代の裁判例として，東京地判平成 16 年 2 月 12 日訟月 51 巻 2 号 489 頁。

(41)　高橋ほか・前掲註 34）811 頁以下［水野靖久］。

(42)　大橋洋一「行政情報利用をめぐる現代的課題」大橋洋一＝仲野武志編『法執行システムと行政訴訟』高木光先生退職記念論文集（弘文堂，2020 年）65 頁，80 頁以下。

(43)　高橋ほか・前掲註 34）803 頁［興津征雄］。

(44)　同・804 頁以下。

ることができる」（3条）と定めており，「行政文書」とは，「行政機関の職員が職務上作成し，又は取得した文書，図画及び電磁的記録……であって，当該行政機関の職員が組織的に用いるものとして，当該行政機関が保有しているものをいう」（2条2項）と定めている。

このように，同法は，情報公開請求制度の対象を「情報」それ自体でなく，「文書，図画及び電磁的記録」という（記録）媒体のうち，所定の「行政文書」であると定めている。そのため，「文書，図画及び電磁的記録」という媒体に記録されていない情報は，開示請求の対象外であり，他方，「行政文書」のうち情報が記録されている部分のみが対象となるのでなく，当該文書全体が対象となると解されている[45]。

また，同法は，行政文書の開示義務を原則とし，不開示となる例外の範囲を，行政文書に記録された「不開示情報」を列挙するという形式で定めている（5条1号ないし6号）[46]。

この点，租税情報との関係では，①「個人識別情報」（1号）（の記録された行政文書）は原則として不開示であり，同号但書イ（いわゆる「公領域情報」）・ロ・ハのいずれかに該当する場合に限り，開示が義務付けられること，②法人等情報及び個人事業情報（2号）については，「公にすることにより，当該法人等又は当該個人の権利，競争上の地位その他正当な利益を害するおそれがあるもの」（いわゆる「企業秘密関連情報」）（イ），及び「行政機関の要請を受けて，公にしないとの条件で任意に提供されたものであって，法人等又は個人における通例として公にしないこととされているものその他の当該条件を付することが当該情報の性質，当時の状況等に照らして合理的であると認められるもの」（いわゆる「非公開約束条項」）（ロ）のいずれかに該当する場合に限り，不開示となること，③国の機関等が行う

---

(45)　以上を含む「行政文書」の意義及び特徴について，宇賀・前掲註28）44頁以下参照。

(46)　詳細について，宇賀・前掲註28）69頁以下，高橋ほか・前掲註34）270頁以下〔下井康史〕参照。

租税の賦課若しくは徴収に係る事務に関する情報で，公にすることにより，「正確な事実の把握を困難にするおそれ又は違法若しくは不当な行為を容易にし，若しくはその発見を困難にするおそれ」等があるものは不開示であること（6号イ）が，重要である[47]。また，④個人情報保護関係5法の改正（平成28年法律51号）に伴い，「行政機関非識別加工情報」等が不開示情報に加えられており（1号の2），その後の改正（令和3年法律37号）で，「行政機関等匿名加工情報」等と不開示の範囲が整理されたことにも留意すべきである。

　なお，以上の情報公開義務と守秘義務との関係について，日本では明示的規定は置かれていないが，有力な学説によれば，「行政機関の職員に守秘義務を課す規定における秘密は実質秘，すなわち，非公知の事実であって，実質的にもそれを秘密として保護するに値すると認められるものである」（最決昭和52年12月19日刑集31巻7号1053頁，最決昭和53年3月31日刑集32巻3号457頁）という理解を踏まえて，「行政機関情報公開法上，開示を義務づけられている情報は，そもそも実質秘には該当しないとも考えられるが，実質秘に該当するか否かを問わず，行政機関情報公開法上の義務として開示することは，国家公務員法100条1項等にいう漏洩行為には当たらず，守秘義務違反にはならないと解すべきであろう」と主張されている[48]。

（3）個人番号法

　個人番号法は，個人情報保護のための基本的な仕組みとして，個人情報保護法を踏まえて，①個人番号の利用範囲について，別表第一上欄に掲げる行政機関等が同表下欄に掲げる事務の処理に関して個人情報の効率的な検索及び管理のために必要な限度で個人番号を利用できる等（9条1項な

---

(47)　租税行政庁が移転価格税制の適用に関して収集した情報が，3種類の不開示情報に該当すると判断された事例として，東京地判平成19年8月28日訟月55巻8号2764頁。
(48)　宇賀・前掲註28）72頁。

いし5項）という，いわゆるポジティブリスト方式で定めており，②「特定個人情報」と呼ばれる個人番号をその内容に含む個人情報（2条8号）の提供範囲についても，同様に，ポジティブリスト方式で定めている（19条1号ないし17号）。更に，特定個人情報の目的外利用等については，個人情報保護法の読替形式で，同法の規制を強化する趣旨の規定が置かれている（30条）。特に，個人情報保護法に基づく目的外提供は否定されており，目的外利用も単に「本人の同意があるとき」等では足らず「人の生命，身体又は財産の保護のために必要がある場合であって，本人の同意があり，又は本人の同意を得ることが困難であるとき」に限られている。

　以上により，租税情報との関係では，①国税庁長官は，地方税法による譲渡割の賦課徴収又は譲渡割に関する調査（犯則事件の調査を含む）のため（別表25号），及び国税通則法等による国税の納付義務の確定又は調査（犯則事件の調査を含む。）等のため（別表57号）に個人番号を利用することができるとされており，②所定の国税又は地方税等に関する国税地方税間又は地方税相互間の情報交換も許容されている（19条10号）。

　なお，個人番号法における守秘義務（25条）による保護の対象は，「その業務に関して知り得た当該事務に関する秘密」であり，具体的には，情報連携の際に使用される符号（リンクコード），情報提供ネットワークシステムの機器構成・設定，暗号・複合に係る鍵情報が想定されている[49]。以上に対して，特定個人情報については，提供制限（19条）により保護されるという整理が図られており，制限違反行為のうち，「個人の秘密に属する事項が記録された特定個人情報ファイル」の提供に該当するものは，4年以下の懲役又は200万円以下の罰金（48条），個人番号の不正目的提供又は盗用は，3年以下の懲役又は150万円以下の罰金に処せられる（49条）ことになり，いずれも租税職員の守秘義務違反より罰則を強化されている。

---

(49)　宇賀克也『マイナンバー法の逐条解説』（有斐閣，2022年）170頁以下。

(4) 情報連携

個人情報保護法及び個人番号法に基づく租税情報の提供（交換）の在り方としては，閲覧，文書照会及び電話照会等の個別照会のほか，情報連携という電子情報処理制度がある。個別照会は，税務署等への物理的な移動又は郵送作業等の事務負担があり，連携対象情報の拡充とともに，オンライン照会による事務負担の軽減が立法上予定されている[50]。

このうち，国税と地方税の情報連携は，地方税関係手続用電子情報処理組織（eLTAX）[51]を介して，国税庁は確定申告データ等を専用回線で，地方団体は課税情報を LGWAN 回線で連携する形で実施されており，連携対象情報の範囲は，所得税確定申告書（平成 23 年 1 月）に始まり，法定調書[52]（一部）（平成 25 年 5 月），扶養是正調書（同年 6 月），源泉徴収義務者情報（平成 29 年 6 月），法人納税者の開廃業・異動届等（令和 2 年 3 月），法人税関係書類としての財務諸表等（令和 2 年 4 月），法人税情報（法人名簿情報・申告決議情報等）（同年 11 月）等の順序で年々拡大している。

また，租税行政機関以外との情報連携も，固定資産税等に係る登記所との情報連携（令和 2 年 1 月），不動産取得税に係る登記所との情報連携（令和 5 年 4 月）のように，漸進的な拡充が図られている。

2 解釈の現在

(1) 法的根拠

金子先生は，「租税情報開示禁止原則」の法的根拠について，もともと論文①の時点では，おそらく（申告書及び申告書情報等の開示等を制限する）

---

(50) 総務省「地方税における電子化の推進に関する検討会（令和 6 年度第 1 回）」（令和 6 年 10 月 17 日）資料参照。

(51) 平成 31 年 4 月以降は，地方税共同機構の管理運営に移管されている。地方税共同機構とは，地方税法 761 条以下の規定に基づき設立された地方共同法人である。

(52) 但し，連携対象とされている法定調書は，①給与所得の源泉徴収票，②報酬，料金，契約金及び賞金の支払調書，③利子等の支払調書，④配当，剰余金の分配，金銭の分配及び基金利息の支払調書，⑤公的年金等の源泉徴収票等の一部に限られている。

米国内国歳入法典6103条を念頭に置いて，「筆者としては，納税者の秘密を保護しつつ，この点に関する法律関係を明確ならしめるため，たとえば国税通則法の中に，この問題に関する規定を設け，租税資料開示禁止原則を明定する一方，いかなる場合に例外が認められるかを明確に規定すべきであると考える」[53]と述べていたが，論文②以降では，「租税職員の守秘義務を根拠」とする旨のみを述べていた。これは，もちろん立法論を控えて解釈論の枠組みに自制したためだと理解することもできるが，日本法では守秘義務と「租税情報開示禁止原則」の関係を明確にする必要があると考えたためだと理解することもできよう。

　しかし，前述のとおり（Ⅱ4（4）），金子先生の議論の内在的な理解として，租税職員の守秘義務と「租税情報開示禁止原則」の関係は，特に（対象となる情報及び禁止される行為により特定される）保護範囲の面において必ずしも明確でないと考えられることに加えて，現在の個人情報保護法における守秘義務は，租税職員等の守秘義務よりも拡張された上で，刑事罰との直接的な関係も切り離されており（Ⅳ1（1）），守秘義務と「租税情報開示禁止原則」との関係，及び守秘義務と刑事罰との関係について，改めて整理し直す必要があると考えられる。

　そこで解釈論としては，「個人情報」の漏洩及び不当目的利用は，個人情報保護法により禁止されることになり，「個人情報」以外の「秘密」（例えば「法人等情報」）の漏示等は，租税職員の守秘義務により禁止されると整理した上で，いずれを根拠としても禁止できない租税情報の「開示」は，現行法上は許容され得るという理解が，一つ考えられる。

　しかし，立法論として理想的には，金子先生がもともと主張していたとおり，国税通則法において，守秘義務との関係を明らかにする形で，租税情報の取扱い（処理）に関する規定を設けるべきであると考えられる。また，その際は，個人情報保護法と同様に，守秘義務と刑事罰との直接的な

---

(53)　金子・前掲註1）193頁以下。

関係を切り離した上で，およそ「個人情報」及びそれ以外の「秘密」の漏示等を守秘義務により原則として禁止し，更にドイツ租税通則法29条以下のように[54]，およそ租税情報の取扱い（処理）については法的根拠を要するとした上で，守秘義務違反に該当しない行為を個人情報保護法等との関係を明らかにする形で，できる限り具体的かつ包括的に規定することが望ましいと考えられる。

（2）保護されるべき租税情報

(a)「媒体」との関係

金子先生は，前述のとおり（Ⅱ4（1）），「租税情報開示禁止原則」にいう「租税情報」の意義について，「秘密」が記録された「資料」又は「データ」と理解されている。しかし，現行の情報法と用語を合わせるならば，「租税情報」とは「秘密」と同じく，行政文書等の媒体に記録され得る「意味」として再解釈されるべきであろう。

その上で，「租税情報」の範囲を「保有個人情報」等と同じく，行政文書等に記録された情報に限定することもできる。このとき，「租税情報開示禁止原則」は，個人情報に関する限りでは，個人情報保護法における目的外利用及び第三者提供の禁止に解消されることになる。

これに対して，金子先生の文言的理解からは外れてしまうが，「租税情報」の範囲を行政文書等に記録された情報に限定しないという解釈もあり得る。このとき，「租税情報開示禁止原則」は，およそ「租税情報」の目的外利用及び第三者提供を，例えば証言義務との関係又は租税行政組織内での利用関係においても，禁止する原則として理解されることになる。この解釈によれば，（租税職員の）守秘義務を根拠とする目的外利用等の禁止と「租税情報開示禁止原則」を区別する必要がなくなり，およそ「租税情報」の取扱い（処理）に厳格な規律を求める金子先生の真意を直截に実現でき

---

(54) ドイツ法の状況については，拙稿「租税情報の他の行政目的への活用可能性と法的限界——ドイツ法における議論」法律時報1176号（2022年）26頁，同「ドイツ法における租税秘密と個人データ処理」税大ジャーナル36号（2024年）1頁。

る可能性が生まれる。

(b)「秘密」との関係

金子先生は，同じく前述のとおり（Ⅱ4（2）），「租税情報」の意義を「秘密」と直結して理解されている。しかし，金子先生の理解は，「租税情報開示禁止原則」の法的根拠を租税職員の守秘義務に求めたことから生まれており，金子先生の真意が，「秘密」に該当しない「個人情報」等の目的外利用等を許容することにあるとは考え難い。

むしろ，金子先生の真意は，現行の個人情報保護法で保護されている，「個人情報」及び「個人関連情報」等のみならず，「生存する個人に関する情報」でないため現行の個人情報保護法で保護されていない，法人等情報等についても，およそ「適正な取扱い」（処理）を求めることにあり，その目的外利用等については，少なくとも「法律の根拠」を求めることにあると理解すべきでないだろうか。

このように理解すれば，「租税情報開示禁止原則」とは，現行の個人情報保護法より広い射程を有する法原理として，解釈論及び立法論上の意義を依然として保持することになる。また，「租税情報」の中には，要保護性において異なる多層的な情報類型が存在することを認めれば，各類型に応じて，「開示」が許容される限界を精緻に画することも可能になると考えられる[55]。

（3）禁止されるべき行為——具体的な類型とその限界

金子先生は，前述のとおり（Ⅱ4（3）），「租税情報開示禁止原則」により禁止されるべき「開示」とは，①租税行政機関以外の行政機関等に対する提出，開示又は閲覧等，及び，②他の行政目的への転用であると説明されている。これは，「個人情報」については，現行の個人情報保護法で制限

---

[55] この文脈において，内国歳入法典を参照し，情報の取得源及び転用の目的に応じた比較衡量を主張する議論は，現行の日本法との関係では，本人の同意及び目的の範囲に関する議論として理解することもできると考えられる。吉村政穂「租税法における情報の意義」金子宏編『租税法の発展』（有斐閣，2010年）161頁。

されている，目的外利用及び第三者提供という行為類型に相当するものであると考えられる。そのため，「開示」の意義については，個人情報保護法における議論の進展と歩調を合わせる形で，明確化を図る作業が期待されよう。

但し，これは，「開示」の具体的な類型とその限界を解明する際に，問題となる法領域に固有の制度を看過したり，個人情報保護法以外の理由に基づく制約法理の援用を排除する趣旨ではあり得ない。そこで，以下では，「開示」の具体的な類型とその限界として，金子先生が主題化された諸問題のうち，近年に至る法発展がみられる，(a) 犯則調査との関係，及び (b) 民事訴訟との関係について，現行の個人情報保護法等の枠組みも踏まえる形で，金子先生の議論の整理を図りたい。

(a) 犯則調査との関係

金子先生は，前述のとおり（Ⅱ3（1）），税務調査と犯則調査の関係という文脈において，①「質問・検査によって得られた資料は，関係者の刑事責任追及のために利用することはできず，また刑事手続において証拠能力をもたない」，②「租税職員が質問・検査の過程でたまたま納税義務者の租税犯則事実を知った場合は，租税職員の守秘義務が公務員の告発義務に優先し，それを外部にもらしてはならない義務を負う」という主張を示されている。

この金子先生の主張相互の関係及び構造については，いくつかの理解があり得る。一つは，①の主張は，税務調査の権限又は目的に関する国税通則法74条の8を法的根拠とし，②の主張は，租税職員の守秘義務を法的根拠とするという理解である。この理解は，守秘義務が②との関係でのみ援用されている文章記述の文言的理解として素直であるが，守秘義務の射程を告発義務（刑事訴訟法239条2項）との関係に限定することが，およそ租税情報の「適正な取扱い」を企図していたと考えられる金子先生の真意に合致するか，疑問の余地もある。これに対して，もう一つは，①の主張も，守秘義務又は「租税情報開示禁止原則」を法的根拠とするという理解

であるが⁽⁵⁶⁾，少なくとも課税部門から査察部門への情報提供等が秘密漏示に該当し，刑事罰の対象になるという主張を含んでいるとは考え難い。

いずれにせよ，最高裁⁽⁵⁷⁾は，税務調査により得られた資料を犯則調査に係る臨検捜索差押許可状の疎明資料とし，当該許可状に基づく臨検等により得られた証拠資料に証拠能力を認めることは適法であると判断しており，①の主張は，少なくとも部分的に否定されている。

そもそも，金子先生が念頭に置いていたと考えられる米国内国歳入法典6103条でも，申告書情報等の開示（disclosure）が厳格に制限されているのは，非租税刑事手続との関係であり（(i) 項），租税刑事手続との関係では，開示の制限は緩和されている（(k) 項）⁽⁵⁸⁾。同様に，ドイツでも租税資料から知り得る情報（Kenntnisse）の利用が厳格に制限されているのは，非租税犯罪との関係においてのみである（ドイツ租税通則法393条2項）。

但し，ドイツでは，自己負罪拒否特権の保障（租税通則法393条1項）という観点から，租税資料の非租税犯罪への利用が制限されていることには意を払うべきである。そのため，仮に日本の税務調査が実務上の運用として「刑事責任追及のための資料の取得収集に直接結びつく作用を一般的に有する手続」⁽⁵⁹⁾でないことが保障されていたとしても，現在の判例法理の下で個別具体的な事案における情報の利用を認めることは，自己負罪拒否特権（憲法38条）の侵害になり得るという議論は正当であり，①の主張も，質問との関係では，自己負罪拒否特権を法的根拠としており⁽⁶⁰⁾，かつ，正当であり得ると考えることができる⁽⁶¹⁾。

他方，②の主張については，近年の裁判例⁽⁶²⁾では，所得税法違反の罪に

---

(56)　吉村・前掲註 55）167 頁以下。

(57)　最決平成 16 年 1 月 20 日刑集 58 巻 1 号 26 頁（興新海運事件）。

(58)　吉村・前掲註 55）168 頁以下参照。

(59)　最大判昭和 47 年 11 月 22 日刑集 26 巻 9 号 554 頁（川崎民商事件）。

(60)　金子宏「行政手続と自己負罪の特権」『所得概念の研究』（有斐閣，1995 年）308 頁（初出 1987 年）。同様の指摘として，笹倉宏紀「自己負罪拒否特権」法学教室 265 号（2002 年）103 頁，同「手続間情報交換」金子宏監修『現代租税法講座（4）』（日本評論社，2017 年）325 頁，327 頁以下。

関する国税局収税官吏から検察官への告発に係る国家賠償法違反が争われた事案において，告発時における各種の調査資料を総合勘案した合理的な判断過程により犯則があると思料する程度の嫌疑が存在したことを理由として，国家賠償法上の義務違反が否定されており，少なくとも租税犯則事実との関係で守秘義務が告発義務に常に優先するという解釈を維持すべきかどうか，再考の余地はあると考えられる。

（b）民事訴訟との関係

（ア）証言義務

民事訴訟法では，裁判所が，「公務員又は公務員であった者を証人として職務上の秘密について尋問する場合には」，監督官庁の承認を要するとした上で，同承認は，「公共の利益を害し，又は公務の遂行に著しい支障を生ずるおそれがある場合を除き，拒むことができない」と定められている（191条）[63]。

この公務員の証言義務について，金子先生は，前述のとおり（Ⅱ3（2）（a）），「職務上の秘密」と「納税者等の秘密」を区別した上で，後者については，承認拒絶事由（の例外）が定められていないという理解に基づいて，租税職員の守秘義務が優先し，原則として証言は拒絶されなければならないという解釈を提示している。

また，証言義務と文書提出義務の関係について，平成8年法律109号に

---

(61) 但し，仮に①の主張の法的根拠を自己負罪拒否特権に求めるとしても，なおドイツでは非租税犯罪と租税犯罪が区別されていることを，日本法の解釈上どのように参酌するかという問題は残る。例えば，犯則調査の存在意義を「租税の公平な賦課徴収」という任務を達成するために自ら最適な選択を可能にする点にあると理解することで，税務調査と犯則調査の連続性を説明するという方向はあり得るかもしれない。笹倉宏紀「国税犯則調査の性質」中里実先生古稀記念祝賀論文集『市場・国家と法』（有斐閣，2024年）435頁。

(62) 東京地判平成30年3月12日（平成26年（ワ）第12113号）判例集未登載（クレディスイス事件）。

(63) 監督官庁の承認拒絶要件は，従来は解釈に委ねられていたところ，平成8年改正により明文化されたものである。兼子一ほか『条解民事訴訟法（第2版）』（弘文堂，2011年）1085頁［松浦馨＝加藤新太郎］。

よる改正前の旧民事訴訟法下でも,「証言拒絶権に関する規定は,文書提出義務について類推適用されるという解釈がほぼ確立されており」[64],平成13年法律96号による改正後の民事訴訟法では,文書の一般提出義務に対する除外事由が,証言拒絶権に対応する形で明文化された(民訴220条4号イ・ロ・ハ)[65]。また,限定提出義務(民訴220条1号ないし3号)については明文で除外事由は定められていないが,「公務員の職務上の秘密に該当する文書であって,その提出により公務の遂行に著しい支障を生ずるおそれがある」場合は,「民訴法191条,197条1項1号の各規定の趣旨に照らし」,文書提出義務が否定されるという最高裁判例が示されている[66]。金子先生は,以上の通説的な理解を背景として,平成13年改正前の民事訴訟法下でも,「納税者等の秘密」について,証言拒絶事由とともに,文書提出義務の除外事由も認められるという解釈を提示していた。

金子先生による「職務上の秘密」と「納税者等の秘密」を区別する解釈は,国家公務員法及び地方公務員法の用語法として,「職務上知り得た秘密」(旧法)又は「職務上知ることのできた秘密」(新法)とは,「職務を遂行する上で知ることができた秘密で,その公務員の所掌事務に属する秘密のみならず,私人の秘密をも含む」のに対し,「職務上の秘密」とは,「公務員の所掌事務に属する秘密のみを指すものであると解されている」[67]ことを踏まえたものであり,現在でも相応の説得力を有し得るものである。

但し,平成13年改正により文書提出義務の除外事由とされた「公務員の職務上の秘密」(220条4号ロ)の意義について,現在の最高裁判例[68]では,「『公務員の職務上の秘密』には,公務員の所掌事務に属する秘密だけ

---

(64) 伊藤眞「証言拒絶権の研究——公務員の証言拒絶権を中心として(1)」ジュリスト1051号(1994年)88頁,89頁。

(65) 兼子ほか・前掲註63)1200頁以下[加藤新太郎]。

(66) 最決平成16年2月20日判時1862号154頁。

(67) 深山卓也ほか「民事訴訟法の一部を改正する法律の概要(上)」ジュリスト1209号(2001年)102頁,104頁。

(68) 最決平成17年10月14日民集59巻8号2265頁。

でなく，公務員が職務を遂行する上で知ることができた私人の秘密であっ
て，それが本案事件において公にされることにより，私人との信頼関係が
損なわれ，公務の公正かつ円滑な運営に支障を来すこととなるものも含ま
れる」という解釈が示されている。そのため，この文書提出義務に関する
判例を証言義務にも援用すると，証言拒絶事由に係る「職務上の秘密」に
も「納税者等の秘密」が含まれると理解した上で，証言により「公務の遂
行に著しい支障を生ずるおそれがある」場合には，監督官庁は承認を拒絶
することができるという論理による方が適当であるかもしれない。

　いずれの論理の方が適当であるにせよ，「納税者等の秘密」について，
証言拒絶が原則であるという金子先生の解釈に対しては，例えば推計課税
の合理性を争う納税者の攻撃・防御方法を制約するものであり，不当であ
るという趣旨の批判が（平成8年改正前から）民事訴訟法学において有力に
主張されている[69]。確かに，現行の情報公開法でも，法人等情報及び個人
事業情報（5条2号）については，「企業秘密関連情報」（同号イ）等に該当
しない限り，不開示情報に該当しないという整理が図られており，第三者
の青色申告書情報等について当然に証言拒絶及び文書提出義務の除外事由
を認めるべきかどうか，後述の情報公開法と民事訴訟法との関係を含めて
再考の余地はあると考えられる。

　（イ）文書提出義務
　金子先生は，前述のとおり（Ⅱ3（2）(b)），平成13年改正により，文
書提出義務の一般義務化とともに，除外文書として「公務秘密文書」（220
条4号ロ）が法定された現行法の下でも，前述の最高裁判例を援用して，
「租税情報開示禁止原則は維持されている」という評価を下している。

---

(69)　「職務上の秘密」と「職務上知り得た秘密」という両概念の異同を踏まえて，特に
　　推計課税を巡る第三者の青色申告書記載事項が「職務上知りえた秘密」に該当す
　　ることを前提として，下級審裁判例の分析とともに，訴訟法上の取扱いを検討し
　　た論文として，伊藤眞「証言拒絶権の研究——公務員の証言拒絶権を中心として
　　（2）（3）」ジュリスト1052号93頁，1053号59頁（以上1994年）。

「租税情報開示禁止原則」について　317

　但し，当該最高裁判例は，原告により労災事故の事実関係を明らかにするため，労働基準監督署長の災害調査復命書に係る文書提出命令の申立てがされたという事案において，「公務員の職務上の秘密」には「私人の秘密」も含まれ得るが，同文書のうち，「本件調査担当者が職務上知ることができた本件事業場の安全管理体制，本件労災事故の発生状況，発生原因等の被告会社にとっての私的な情報」に係る部分は，その提出により「公務の遂行に著しい支障が生ずるおそれが具体的に存在するということはできない」と判断したものであり，結論として「私人の秘密」に係る文書提出義務は肯定されている。

　これに対して，租税事件では，特に推計課税における第三者の青色申告書に係る文書提出義務が（平成13年改正前から）下級審裁判例の傾向として否定されており[70]，現行法下における最高裁判例後も，担当審判官の作成した質問書[71]，税務調査の調査記録[72]，法人税の納税申告書等[73]の各租税資料について文書提出義務を肯定する裁判例も少数現れているが，滞納処分表[74]，移転価格調査の内容を記録した議事録（「公務員の所掌事務に属する秘密」）[75]，類似法人又は比較法人の確定申告書類等[76]，同規模同業者の青色申告決算書[77]，土地売買契約の相手先である売主の法人税申告書に添付された減価償却資産の台帳部分[78]，相続税の納税申告書等[79]，国税徴収法における質問検査及び捜索により作成された調査報告書[80]等

---

(70)　参照，伊藤・前掲註69），今村隆「租税訴訟における文書提出命令」租税法研究37号（2009年）65頁，68頁。
(71)　高松高決平成18年3月29日税務訴訟資料256号順号10357。
(72)　大阪高決平成19年3月29日税務訴訟資料257号順号10679。
(73)　札幌高決平成21年3月31日税務訴訟資料259号順号11175。
(74)　東京高決平成19年3月30日訟月54巻5号1143頁。
(75)　東京高決平成19年7月18日訟月54巻9号2065頁。
(76)　福岡高決平成20年5月28日税務訴訟資料258号順号10962。
(77)　広島高裁松江支決平成23年2月21日訟月58巻7号2804頁。
(78)　横浜地決平成23年2月24日税務訴訟資料261号順号11625。
(79)　福岡高裁宮崎支決平成28年5月26日判時2329号55頁。
(80)　東京高決令和2年9月2日訟月67巻5号619頁。

の各租税資料について，文書提出義務を否定する裁判例が依然として趨勢
を占めている。

　これも，証言義務に係る問題の状況と同様であり，特に情報公開法と民
事訴訟法の関係について，「文書に記載されている情報が不開示情報に該
当しない場合には，その文書の記載内容について国家公務員法上の守秘義
務は働かず，不開示情報が記載されていない行政文書が公務秘密文書に該
当する余地はないと考えられる」という，平成 13 年改正に係る立案担当
者の見解[81]を尊重すれば，法人等情報及び個人事業情報は，「企業秘密関
連情報」に該当しない限り，原則として民事訴訟法上の除外事由に該当し
ないという解釈も，一考の余地はあると考えられる[82]。

　他方，情報公開法では，原則として不開示とされている「個人識別情
報」等については，民事訴訟法において，当然に文書提出義務が否定され
るのでなく，「その提出により公共の利益を害し，又は公務の遂行に著し
い支障を生ずるおそれがあるもの」に該当するかどうか，民事訴訟法の基
準に従い重ねて判断されるべきだと考えられる。この点，最高裁判例[83]で
は，統計法に基づく全国消費実態調査の調査票情報を記録した準文書につ
いて，「調査票情報に含まれる個人の情報が保護されることを前提として
任意に調査に協力した被調査者の信頼を著しく損ない，ひいては，被調査
者の任意の協力を通じて統計の真実性及び正確性を担保することが著しく
困難となることは避け難い」と述べて，文書提出義務が否定されている。
また，同事案での統計法に基づく調査と同様に，供述拒否又は検査忌避等
に対する罰則が定められているという意味で，純粋な任意調査[84]でなく，

---

(81)　深山ほか・前掲註 67) 106 頁。

(82)　平成 8 年改正後の「自己利用文書」(220 条 4 号ハ) との関係で，説明責任の確保
　　及び公正で民主的な行政の推進という情報公開法の目的（1 条）と，公正な裁判
　　の実現という民事訴訟法の目的の差異を踏まえて，文書提出義務の範囲を情報公
　　開義務の範囲より広く解釈する見解として，新山一雄「文書提出命令と情報公開
　　法の制定」塩野宏先生古稀記念『行政法の発展と変革（下）』（有斐閣，2001 年）
　　121 頁，134 頁以下。

(83)　最決平成 25 年 4 月 19 日訟月 60 巻 10 号 2243 頁。

間接強制を伴う任意調査である税務調査についても，同判例の射程が及ぶことを示唆する見解が存在する[85]。仮に，この見解を法人等情報及び個人事業情報についても及ぼすならば，情報公開法と民事訴訟法の関係については，再考の必要があり得ると考えられる。

V　おわりに

　金子先生の「租税情報開示禁止原則」は，世界的に見ても，租税情報保護法の生成途上において形成された1970年代当時の最先端であり，法解釈論としても，「守秘義務」により租税行政組織内部における「秘密」の利用範囲を所掌事務（課税・徴収）及び組織機構との関係で制限し，「租税情報開示禁止原則」により租税行政組織外部に対する第三者提供等を制限するほか，民事訴訟との関係でも，文書提出義務の除外事由が明文化されていない時代において，証言拒絶事由と同様に，納税者等の秘密の保護を図る理論的な基盤を与えた等の多大な学術的功績を誇るものであり，現在でも，例えば個人情報保護法で保護されていない法人等情報等については，理論的な意義を保ち続けている。

　他方，「租税情報開示禁止原則」は，その提唱から約半世紀を経て，個人情報保護法等の一般情報法体系との間で，用語及び概念等にずれが生じてしまっていることは否定し難い。そこで，現行法を前提として，同原則の目的を適切に実現するためには，例えば，個人情報保護法と同様に，守秘義務と刑事罰の直接的な関係を切り離した上で，およそ「個人情報」及びそれ以外の「秘密」の漏示等を守秘義務により原則として禁止し，租税情報の取扱いについては法的根拠を要するとした上で，守秘義務違反に該当

---

(84)　同概念について，参照，田中晶国「純粋な任意調査の現状と課題」法政研究87巻3号（2020年）213頁。

(85)　東京高決・前掲註80）に係る「解説」627頁。同旨，今村・前掲註70）79頁以下。

しない行為を個人情報保護法等との関係を明らかにする形で明文化するという立法的な手当てが望ましいと考えられる。

また,「租税情報開示禁止原則」により解決を企図された諸問題の中には,なお未解明の論点が多く残されており,立法及び判例の展開とともに新たな課題も次々と生まれている。今後も,立法及び解釈の指導原理として,同原則の趣旨及び射程を明らかにするとともに,具体的な問題に対する妥当な規律の在り方を導くことは,残された世代の責務であろう。

金子租税法学の回顧と継承
―金子宏先生追悼論文集―

日 税 研 論 集　第 86 号　（2025）

令和 7 年 3 月 20 日　発行

定　価　6,930 円（本体 6,300 円＋税 10％）

編　者　公益財団法人　日本税務研究センター

発行者　西　村　　　新

東 京 都 品 川 区 大 崎 1 - 11 - 8
日本税理士会館 1 F

発行所　公益財団法人　日本税務研究センター

電話（03）5435-0912（代表）

製　作　財経詳報社

※無断転用・転載等は，一切お断り致します。